A2

BITÁCORA 2
NUEVA EDICIÓN

**Curso
de español**

Pedro Molina
Núria Murillo
Emilia Conejo

Libro del profesor

Créditos

Autores
Pedro Molina
Núria Murillo
Emilia Conejo

Coordinación pedagógica
Agustín Garmendia, Ernesto Martín Perís, Neus Sans

Coordinación editorial
Ana Martínez, Emilia Conejo

Diseño gráfico y maquetación
Grafica, Rui Moreira

Ilustraciones
Juanma García Escobar

Corrección
Carmen Aranda

Fotografías
Fichas fotocopiables: Patricia Hofmeester /Dreamstime, Heiko Küverling/Dreamstime, Josefina Moreno/Dreamstime, Adisa/ Dreamstime, Mohol/Dreamstime, Caetano/Dreamstime, Ruslanomega/Dreamstime, Nattakit Khunburan /Dreamstime, Okea/Dreamstime, Canettistock/Dreamstime, Yekophotostudio/Dreamstime, Hdcphoto/Dreamstime, Alfonsodetomas/Dreamstime, Luis Alvarenga/Dreamstime, Absolut_photos/Dreamstime.

Agradecimientos
Luisa Pascual, Pablo Garrido

difusión
Centro de Investigación y Publicaciones de Idiomas, S.L.

C/ Trafalgar, 10, entlo. 1ª
08010 Barcelona
Tel. (+34) 93 268 03 00
Fax (+34) 93 310 33 40
editorial@difusion.com

www.difusion.com

© Los autores y Difusión, S.L. Barcelona 2017
ISBN: 978-84-16657-57-5
Impreso en España por Servinform

Queda prohibida cualquier forma de reproducción, distribución, comunicación pública y transformación de esta obra sin contar con la autorización de los titulares de la propiedad intelectual. La infracción de los derechos mencionados puede ser constitutiva de delito contra la propiedad intelectual (arts. 270 y ss. Código Penal).

ÍNDICE

UNIDAD 0 — P. 9
NOSOTROS Y EL ESPAÑOL

UNIDAD 1 — P. 15
¿TENER O NO TENER?

UNIDAD 2 — P. 27
DOS HABITACIONES Y EL SALÓN

UNIDAD 3 — P. 39
VIDA Y OBRA

UNIDAD 4 — P. 51
BOLSOS Y BOLSAS

UNIDAD 5 — P. 63
TE LLAMO Y HABLAMOS

UNIDAD 6 — P. 74
AÑOS, SIGLOS Y MILENIOS

UNIDAD 7 — P. 85
DE USAR Y TIRAR

UNIDAD 8 — P. 96
¿IGUALES, PARECIDOS O DIFERENTES?

UNIDAD 9 — P. 108
DE IDA Y VUELTA

PREPARACIÓN AL DELE — P. 120

FICHAS FOTOCOPIABLES Y MI DICCIONARIO DE CONSTRUCCIONES VERBALES — P. 130

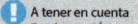

PROPUESTAS PARA TRABAJAR CON LAS ACTIVIDADES DEL LIBRO DEL ALUMNO

La información necesaria para la secuenciación de las actividades del Libro del alumno está organizada de la siguiente manera:

Palabras clave
Se destacan las actividades comunicativas, habilidades, competencias y/o estrategias que se ponen en marcha en la actividad.

Objetivo
Se indican los objetivos de la actividad. Pueden ser léxicos, gramaticales, estratégicos, culturales, pragmáticos, etc.

Para empezar
Se propone un modo de presentar la actividad y de activar los conocimientos previos.

Desarrollo
Se explican los pasos a seguir para la realización de la actividad en el aula.

> **A tener en cuenta**
> Se dirige la atención del profesor hacia aquellos aspectos o informaciones que pueden pasar desapercibidos o resultar problemáticos en el desempeño de la actividad, ya sean aspectos interculturales, gramaticales, de remisión al Cuaderno de ejercicios, consejos prácticos, etc.

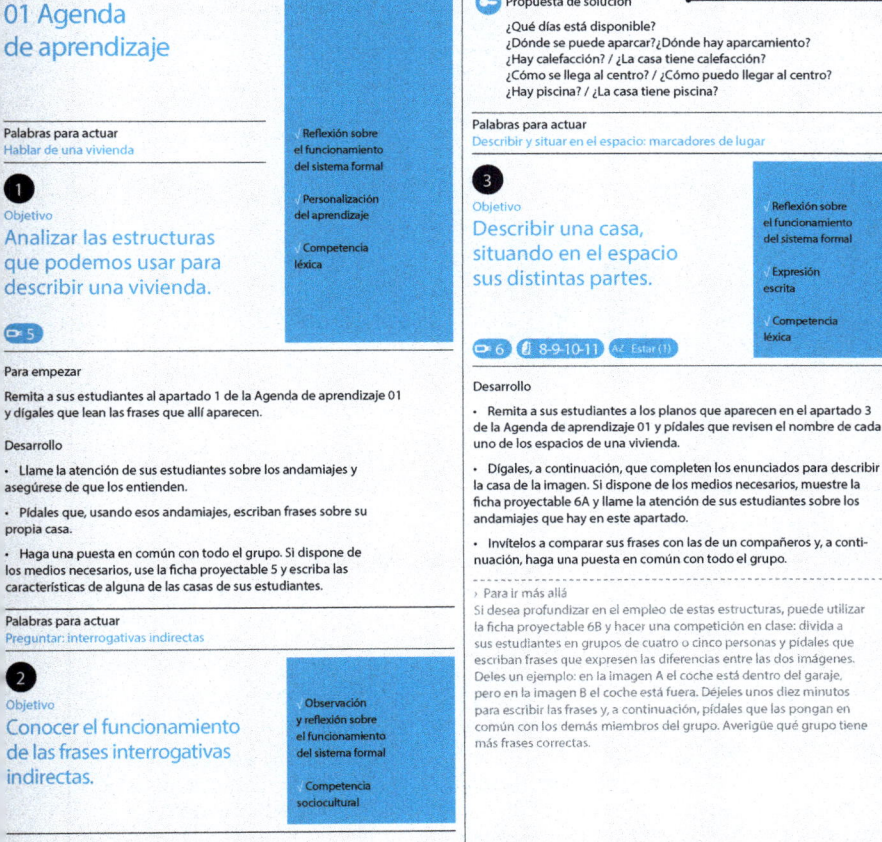

UNIDAD 2

01 Agenda de aprendizaje

Palabras para actuar
Hablar de una vivienda

1
Objetivo
Analizar las estructuras que podemos usar para describir una vivienda.

▸ 5

- Reflexión sobre el funcionamiento del sistema formal
- Personalización del aprendizaje
- Competencia léxica

Para empezar
Remita a sus estudiantes al apartado 1 de la Agenda de aprendizaje 01 y dígales que lean las frases que allí aparecen.

Desarrollo
- Llame la atención de sus estudiantes sobre los andamiajes y asegúrese de que los entienden.
- Pídales que, usando esos andamiajes, escriban frases sobre su propia casa.
- Haga una puesta en común con todo el grupo. Si dispone de los medios necesarios, use la ficha proyectable 5 y escriba las características de alguna de las casas de sus estudiantes.

Palabras para actuar
Preguntar: interrogativas indirectas

2
Objetivo
Conocer el funcionamiento de las frases interrogativas indirectas.

- Observación y reflexión sobre el funcionamiento del sistema formal
- Competencia sociocultural

Desarrollo
- Llame la atención de sus estudiantes sobre los ejemplos de preguntas indirectas que se muestran en el apartado 2 de la Agenda de aprendizaje 01.
- Hágales notar cómo la primera parte de las frases se emplea para introducir una pregunta de manera indirecta y, por tanto, de una forma más cortés y educada.
- Pídales que escriban una pregunta directa para cada uno de los ejemplos que se muestran.

Propuesta de solución
¿Qué días está disponible?
¿Dónde se puede aparcar? ¿Dónde hay aparcamiento?
¿Hay calefacción? / ¿La casa tiene calefacción?
¿Cómo se llega al centro? / ¿Cómo puedo llegar al centro?
¿Hay piscina? / ¿La casa tiene piscina?

Palabras para actuar
Describir y situar en el espacio: marcadores de lugar

3
Objetivo
Describir una casa, situando en el espacio sus distintas partes.

▸ 6 8-9-10-11 AZ Estar (1)

- Reflexión sobre el funcionamiento del sistema formal
- Expresión escrita
- Competencia léxica

Desarrollo
- Remita a sus estudiantes a los planos que aparecen en el apartado 3 de la Agenda de aprendizaje 01 y pídales que revisen el nombre de cada uno de los espacios de una vivienda.
- Dígales, a continuación, que completen los enunciados para describir la casa de la imagen. Si dispone de los medios necesarios, muestre la ficha proyectable 6A y llame la atención de sus estudiantes sobre los andamiajes que hay en este apartado.
- Invítelos a comparar sus frases con las de un compañeros y, a continuación, haga una puesta en común con todo el grupo.

› **Para ir más allá**
Si desea profundizar en el empleo de estas estructuras, puede utilizar la ficha proyectable 6B y hacer una competición en clase: divida a sus estudiantes en grupos de cuatro o cinco personas y pídales que escriban frases que expresen las diferencias entre las dos imágenes. Deles un ejemplo: en la imagen A el coche está dentro del garaje, pero en la imagen B el coche está fuera. Déjeles unos diez minutos para escribir las frases y, a continuación, pídales que las pongan en común con los demás miembros del grupo. Averigüe qué grupo tiene más frases correctas.

31

Solución
Se proporcionan las soluciones o posibles soluciones a las actividades planteadas, tanto en el Libro del alumno como en las fichas fotocopiables.

› **Para ir más allá**
Aporta ideas para ampliar la actividad, tales como el trabajo con fichas fotocopiables, actividades del Cuaderno de ejercicios de especial relevancia, propuestas alternativas que implican el uso de aplicaciones o sitios web, etc.

5

REFERENCIAS AL MATERIAL COMPLEMENTARIO

Bajo los objetivos aparecen los iconos de remisión al material complementario disponible para cada actividad.

Vídeo
Se propone un doble trabajo con el vídeo. El primero, como toma de contacto con la unidad. El segundo, al final de la misma, como repaso y profundización en los contenidos lingüísticos, pragmáticos, culturales, etc. del vídeo. En el Libro del profesor se explican las propuestas iniciales y se incluyen remisiones a actividades del Cuaderno de ejercicios que guían el segundo visionado.

Fichas proyectables
Se ofrecen actividades, esquemas o material gráfico que se pueden proyectar en una pantalla. Estas fichas facilitan la puesta en común de las actividades grupales y aportan ideas para practicar, ampliar, profundizar o sistematizar los contenidos de una unidad. Contienen recursos interactivos, tablas gramaticales para completar y enlaces a los vídeos y audios de la unidad.

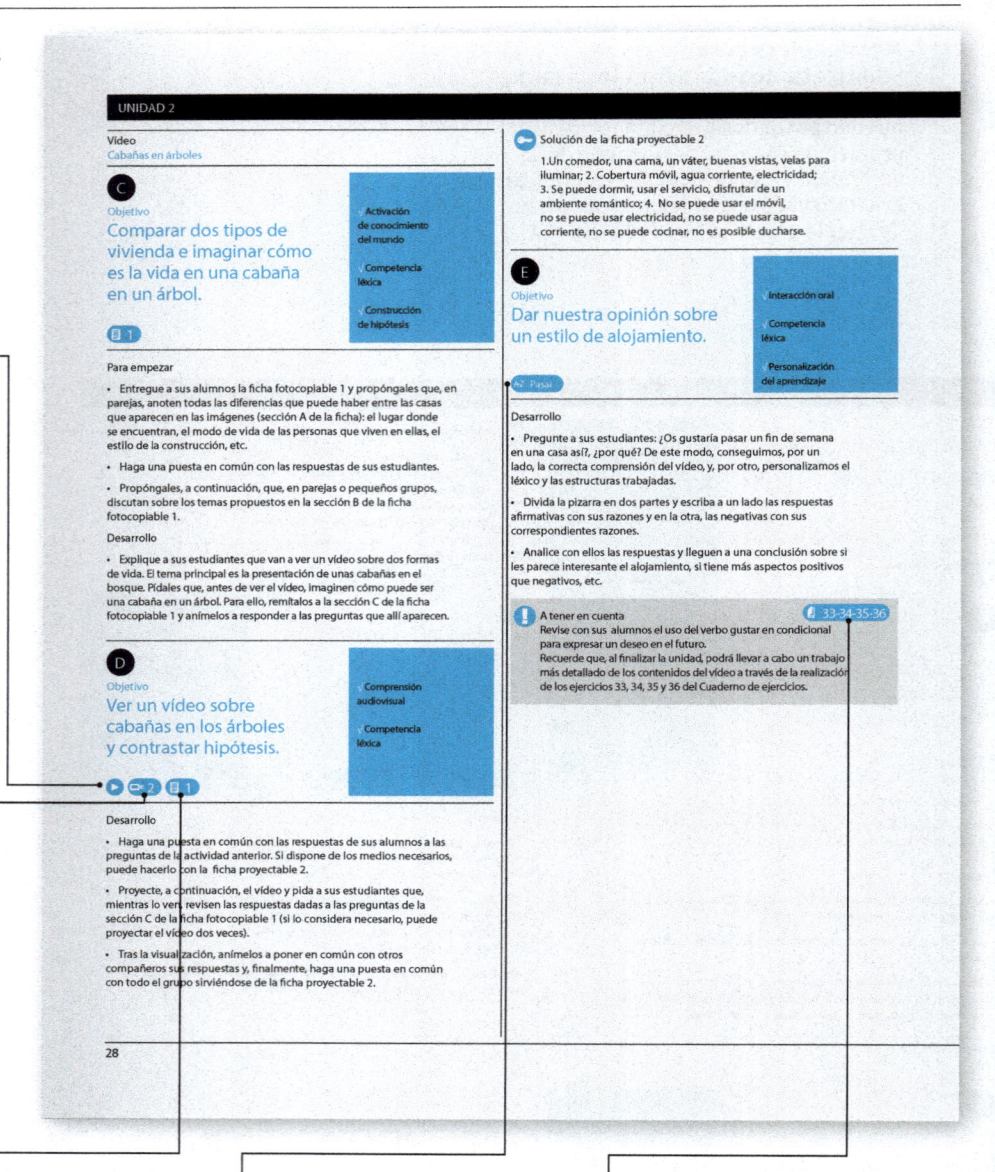

Fichas fotocopiables
Se trata de fichas para fotocopiar que se encuentran al final del Libro del profesor. Presentan propuestas de trabajo complementarias a las actividades del Libro del alumno. Contienen tarjetas recortables, fichas para el apoyo de presentaciones orales, actividades de ampliación de léxico o guías para la interacción oral.

Mi diccionario de construcciones verbales
Se proporciona una ficha fotocopiable para que el estudiante pueda personalizar el Diccionario de construcciones verbales del Libro del alumno. En dicha ficha, el alumno puede escribir la traducción de la construcción a su lengua, sus propios ejemplos y palabras que asocia con la forma en cuestión.

Cuaderno de ejercicios
Se incluyen remisiones a los ejercicios del Cuaderno de ejercicios relacionados con los contenidos de la actividad.

INVENTARIO DE PALABRAS CLAVE DEL
LIBRO DEL PROFESOR[1]

✓ **Activación de conocimientos previos:** los conocimientos previos son la información que un usuario de la lengua meta tiene sobre la realidad de dicha lengua y su cultura. Dado que influyen en la comprensión de textos escritos y orales, es conveniente activarlos mediante actividades previas al trabajo con textos (orales o escritos) y de precalentamiento general.

✓ **Activación de conocimiento del mundo:** el conocimiento del mundo es la información que una persona tiene almacenada a partir de su experiencia de vida. A diferencia de los conocimientos previos, no se refiere específicamente a la lengua meta, sino a conocimientos y habilidades de carácter más general.

✓ **Aprender a aprender**: consciencia que el aprendiente de una lengua desarrolla sobre su proceso de aprendizaje, de forma que este se torne más eficaz, significativo y autónomo.

✓ **Interacción oral:** actividad comunicativa de la lengua destinada a construir una conversación entre varios interlocutores mediante la negociación de significados. En ella, los participantes actúan como hablantes y como oyentes.

✓ **Componente lúdico:** introducción del juego en una actividad o dinámica de clase.

✓ **Comprensión de lectura:** actividad comunicativa de la lengua en la que un lector interpreta y procesa la información de un texto escrito. Para ello, extrae información del código escrito, pero aporta a su vez su propio bagaje, sus esquemas cognitivos y otros factores personales.

✓ **Comprensión auditiva:** actividad comunicativa de la lengua en la que un oyente interpreta y procesa la información de un texto oral emitido por uno o varios hablantes. No se limita para ello a descodificar la información meramente lingüística, sino que aporta su propio bagaje, sus esquemas cognitivos y otros factores personales.

✓ **Comprensión audiovisual:** actividad comunicativa de la lengua en la que un usuario recibe, procesa e interpreta un input auditivo y visual.

✓ **Competencia léxica:** competencia lingüística que atañe/corresponde al conocimiento del léxico de una lengua y a la capacidad del usuario para activarlo correctamente.

✓ **Competencia sociocultural:** capacidad de un individuo para utilizar una lengua relacionando la actividad lingüística con unos determinados esquemas de conocimiento que comparte una comunidad de habla, tales como rutinas o convenciones sociales, entre otros.

✓ **Competencia existencial:** una de las competencias generales del individuo que influyen en toda actividad comunicativa. Abarca factores de personalidad relacionados con las actitudes, los valores, los estilos cognitivos, las motivaciones, etc.

✓ **Competencias pragmáticas:** competencias lingüísticas que atañen/corresponden a la capacidad del individuo para comunicarse teniendo en cuenta las relaciones que se dan entre el código lingüístico, los interlocutores y el contexto comunicativo. En concreto, se distinguen tres subcompetencias: discursiva (organización, estructuración y ordenación de los mensajes), funcional (realización de funciones comunicativas) y organizativa (secuenciación de los mensajes a partir de esquemas de interacción).

✓ **Competencia plurilingüe:** según el MCER, "la competencia plurilingüe y pluricultural hace referencia a la capacidad de utilizar las lenguas para fines comunicativos y de participar en una relación intercultural en que una persona, en cuanto agente social, domina -con distinto grado- varias lenguas y posee experiencia de varias culturas".[2]

✓ **Competencia ortoépica:** Competencia lingüística relacionada con la capacidad de pronunciar las formas escritas. Abarca aspectos como el conocimiento de las convenciones ortográficas y de puntuación y su interpretación en el discurso oral, el reconocimiento de las convenciones que se utilizan para representar la pronunciación, etc.

✓ **Competencia ortográfica:** competencia lingüística que atañe/corresponde al conocimiento y la habilidad para percibir y producir por escrito los símbolos de los que se componen los textos escritos, tales como la ortografía y el uso de los signos de puntuación.

✓ **Competencia fonológica:** competencia lingüística referida al conocimiento y la habilidad para percibir y producir oralmente los fonemas y sus alófonos, sus rasgos distintivos, la composición fonética de las palabras, la prosodia y fenómenos de reducción fonética.

✓ **Competencia intercultural:** capacidad del usuario de la lengua para desenvolverse adecuadamente en las situaciones de comunicación que se producen en una sociedad pluricultural.

INVENTARIO DE PALABRAS CLAVE DEL
LIBRO DEL PROFESOR

√ **Construcción de hipótesis:** estrategia cognitiva que se enmarca dentro de la teoría constructivista, la cual postula que el aprendizaje tiene lugar mediante la construcción de nuevos conocimientos en un proceso que implica la reestructuración de los ya existentes. El usuario de la lengua construye su aprendizaje haciendo hipótesis acerca del funcionamiento de la lengua. Estas se ven después confirmadas o corregidas y reestructuran los conocimientos adquiridos anteriormente.

√ **Expresión escrita:** actividad comunicativa de la lengua en la que uno o varios usuarios producen un texto escrito para ser leído por uno o varios lectores.

√ **Expresión oral:** actividad comunicativa de la lengua en la que un usuario produce un texto oral que reciben uno o más oyentes. Para ello, el hablante debe dominar no solo la pronunciación, el léxico y la gramática, sino también ciertos conocimientos socioculturales y pragmáticos.

√ **Investigación en internet:** propuesta de trabajo que consiste en procesar e interpretar información encontrada en internet para elaborar, normalmente en grupo, un producto comunicativo.

√ **Memoria a corto y largo plazo:** en la memoria a corto plazo la información permanece solo temporalmente, mientras se procesa el mensaje. Después, solo la información relevante pasa a la memoria a largo plazo. Los factores que determinan la selección de un dato como relevante son personales y no siempre conscientes, y guardan una estrecha relación con la inteligencia emocional. Para almacenar la información que llega a la memoria a largo plazo, se crean redes y conexiones con otros datos guardados previamente, y estas conexiones se activan cuando se accede a dicha información.

√ **Observación y reflexión sobre el funcionamiento del sistema formal:** estrategia cognitiva basada en el aprendizaje por descubrimiento, la construcción de hipótesis y su confirmación o corrección posterior para construir el aprendizaje personal de cada individuo.

√ **Personalización del léxico/del aprendizaje:** concepto basado en enfoques humanistas que dan importancia a factores personales y afectivos para el aprendizaje de una lengua por parte de un individuo. Se refiere a la relación que se establece entre el conocimiento nuevo y rasgos personales de motivación, actitud ante la lengua, valores, experiencias vitales, etc. del usuario. El grado de imbricación entre estos componentes determina en gran medida la significatividad y eficacia del aprendizaje.

√ **Trabajo cooperativo:** según el Diccionario de términos clave de ELE: "el aprendizaje en cooperación es una propuesta educativa que surge en el marco del enfoque centrado en el alumno y cuya característica principal es la organización del aula en pequeños grupos de trabajo. Existen diversos modelos de aprendizaje en cooperación, pero todos ellos comparten los siguientes procesos: la interdependencia positiva entre los alumnos, la interacción grupal cara a cara, la asunción de responsabilidades individuales y grupales, la ejercitación de destrezas sociales y la reflexión sobre estos mismos procesos."

---

1. Las definiciones de este glosario se basan en su gran mayoría en el **Marco Común Europeo de Referencia** y en el Diccionario de términos clave de ELE publicado por el **Centro Virtual Cervantes** (http://cvc.cervantes.es/ensenanza/biblioteca_ele/diccio_ele/indice.htm#e).
Para saber más, consúltense estas dos fuentes.

2. **MCER**, capítulo 8.

UNIDAD 0

NOSOTROS Y EL ESPAÑOL

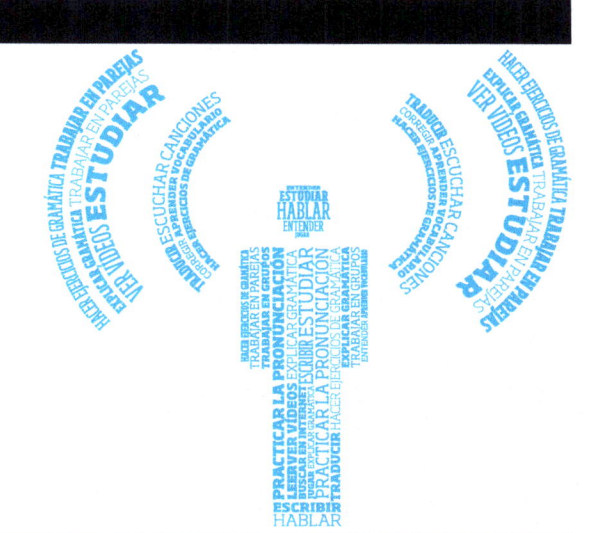

Punto de partida

Antes de empezar
Nosotros y los idiomas

A

Objetivo
Completar una ficha con datos personales y presentarse.

- ✓ Competencia léxica
- ✓ Activación de conocimientos previos
- ✓ Interacción oral

Para empezar

- Preséntese a sus alumnos. Puede decirles: **¡Hola! Me llamo… y voy a ser vuestro/a profesor/a de español.**

- Diríjase a algunos ellos y pregúnteles su nombre: **¿Cómo te llamas?** A continuación, hágales otras preguntas: **¿De dónde eres? ¿Estudias? ¿Qué estudias? ¿Trabajas? ¿En qué trabajas?**

Desarrollo

- Distribuya a sus alumnos en parejas, remítalos a la ficha que tienen en la actividad A del Punto de partida y léala con ellos.

- Anímelos a completar la ficha con sus datos personales. Mientras lo hacen, ofrezca su ayuda por si tuvieran alguna duda o dificultad.

- Una vez completada la ficha, anímelos a comentarla con su compañero y a intercambiar los datos que hay en ella.

> **! A tener en cuenta**
> Esta actividad supone un primer contacto entre sus estudiantes y es muy importante para empezar a trabajar la cohesión del grupo y para desarrollar el componente afectivo. Asegúrese de que ninguno de sus estudiantes se siente forzado o incómodo hablando con sus compañeros.

B

Objetivo
Presentar a un compañero de clase.

- ✓ Expresión oral
- ✓ Competencia pragmática (discursiva)

📄 1

Desarrollo

- Distribuya a sus alumnos en grupos de cuatro o seis personas (en cada grupo debe haber dos o tres parejas formadas en la actividad anterior) y explíqueles que tienen que presentar a su compañero (del que han preparado la ficha) al resto de los miembros del grupo.

- Remítalos a la muestra de lengua que tienen en la actividad B del Punto de partida, ya que les servirá de ayuda para preparar su presentación.

- Deles unos minutos para preparar la actividad y anímelos, a continuación, a presentar a sus compañeros.

- Una vez terminadas las presentaciones, invítelos a cambiar de grupo para presentar a su compañero a otras personas de la clase.

Nube de palabras
Aprender idiomas

C

Objetivo
Clasificar las palabras y expresiones de la nube en cuatro grupos.

- ✓ Competencia existencial
- ✓ Aprender a aprender
- ✓ Activación de conocimientos previos

📄 1   A-Z Aprender   A-Z Explicar   A-Z Hablar (1)
A-Z Hablar (2)   A-Z Traducir

Para empezar

- Remita a sus alumnos a la nube de palabras de la página 16. Si dispone de los medios necesarios, muestre la ficha proyectable 1.

UNIDAD 0

- Llame la atención de sus estudiantes sobre el título de la unidad, "Nosotros y el español", y explíqueles que en ella van a trabajar sobre contenidos relacionados con sus preferencias, su relación con el español y el aprendizaje de lenguas.

- Señale a sus alumnos los contenidos que se van a trabajar en esta unidad (en la página 17); de esta manera, activarán los conocimientos previos y se prepararán para los contenidos nuevos.

Desarrollo

- Anime a sus estudiantes a identificar las palabras y expresiones de la nube de palabras y a clasificarlas en los cuatro grupos que se proponen: **cosas que me gusta hacer solo**, **cosas que podemos hacer en clase**, **cosas que tiene que hacer el profesor** y **cosas que no me gusta hacer**.

- Invítelos a poner en común sus resultados con los de un compañero.

- Haga una breve puesta en común con las distintas aportaciones de sus alumnos. Le recomendamos que las anote, ya que esta información será de gran ayuda para usted en la preparación de sus clases.

D

Objetivo
Hablar sobre recursos y estrategias para aprender y mejorar el español.

- √ Aprender a aprender
- √ Competencia existencial
- √ Interacción oral

📄 2   A-Z Llevar (2)

Desarrollo

- Diríjase a sus alumnos y pregúnteles: **¿Qué cosas hacéis vosotros para aprender español?** Deles un ejemplo de su propia experiencia: **yo, para aprender inglés, veo series en versión original con subtítulos en el mismo idioma.**

- Anímelos a que, de manera individual, escriban las actividades que hacen para aprender español. Llame su atención sobre los andamiajes que tienen en la actividad y explíqueles que pueden utilizarlos.

- Deles unos minutos para preparar sus frases. A continuación, haga agrupaciones de cuatro o cinco personas y anímelos a que cuenten a sus compañeros qué hacen para aprender español.

- Haga una puesta en común con toda la clase y pregunte a sus estudiantes cuál de las estrategias y/o actividades para aprender español les ha parecido más útil.

> **❗ A tener en cuenta**
> Aclare a sus estudiantes el uso enfático del pronombre personal **yo** en las frases de los andamiajes.

E

Objetivo
Hablar sobre experiencias y gustos en el aprendizaje de español.

- √ Interacción oral
- √ Aprender a aprender
- √ Competencia pragmática

📄 3-4   A-Z Ayudar   A-Z Costar (2)   A-Z Encantar
A-Z Gustar   A-Z Interesar   A-Z Parecer (3)

Desarrollo

- Mantenga las agrupaciones y remita a sus estudiantes al enunciado de la actividad E del Dosier 01.

- Aclare las dudas de vocabulario que puedan surgir y anímelos a pensar en las cosas que les ayudan, les cuestan y les gustan a la hora de aprender español. Pídales que, de manera individual, lo escriban en su cuaderno. Llame su atención sobre los andamiajes de la actividad.

- Deles unos minutos y, a continuación, anímelos a compartir sus producciones con varios compañeros.

- Haga una puesta en común para comprobar en qué puntos coinciden con sus compañeros. Si lo considera conveniente, recuerdo el uso de **A mí también** y **A mí tampoco**.

Antes de leer
Conocer a los demás

01 Nos conocemos más

A

Objetivo
Escribir preguntas para conocer mejor a una persona.

- √ Expresión escrita
- √ Competencia existencial
- √ Activación de conocimientos previos

Desarrollo

- Diríjase a sus alumnos y pregúnteles: **¿Qué preguntas podemos hacer para conocer a otra persona?** Haga una breve puesta en común con las diferentes propuestas de sus alumnos.

- Anímelos, a continuación, a escribir las tres preguntas que elegirían para conocer mejor a una persona. Remítalos a los ejemplos que se les proponen en esta actividad.

UNIDAD 0

B

Objetivo
Leer un cuestionario y comparar las preguntas con las formuladas en la actividad anterior.

✓ **Comprensión de lectura**

✓ **Competencia léxica**

📘 5

Desarrollo

• Pida a sus estudiantes que, de manera individual, lean el cuestionario de las páginas 18 y 19.

• Anímelos a trabajar en parejas o en grupos de tres personas para comprobar si sus preguntas de la actividad anterior se parecen a las del cuestionario.

• Realice una puesta en común para averiguar qué preguntas de las formuladas por sus estudiantes estaban incluidas en el cuestionario y cuáles son nuevas. En el caso de grupos muy numerosos, puede limitarse a pedir las preguntas no incluidas en el cuestionario.

Texto y significado
Nuestras respuestas

C

Objetivo
Escuchar una entrevista y anotar la información contenida en ella.

✓ **Comprensión auditiva**

✓ **Competencia sociocultural**

🔊 1 📀 2

Para empezar

• Explique a sus alumnos que van a escuchar una entrevista donde se hacen algunas de las preguntas del cuestionario que han leído.

• Dígales que van a escuchar el audio dos veces. Pídales que durante la primera audición se concentren en marcar en el cuestionario del libro las preguntas que se formulan en la entrevista.

Desarrollo

• Haga una puesta en común y escriba en la pizarra las preguntas que han aparecido en la grabación.

• Ponga el audio una segunda vez y pida a sus estudiantes que escriban las respuestas que se dan a las preguntas anteriores.

• Si dispone de los medios necesarios, use la ficha proyectable 2 para hacer la corrección.

🔑 Solución

– ¿Cuál es tu estación del año favorita?
– El otoño.

– ¿Qué cualidad prefieres en los seres humanos?
– La gente que es generosa (la generosidad).

– ¿Dónde te gustaría vivir?
– En una cabaña en el bosque, si es posible, con un lago cerca.

– Un color que te encanta.
– El verde.

– Cuéntame algo que quieres hacer en el futuro.
– Quiero aprender submarinismo.

– ¿Cuáles son tus héroes de la vida real?
– Aquellas personas que dedican su vida a ayudar a los demás.

D

Objetivo
Hacer un cuestionario a un compañero para conocerse un poco más.

✓ **Interacción oral**

✓ **Competencia intercultural**

✓ **Competencia existencial**

Desarrollo

• Explique a sus alumnos que deben realizar el cuestionario de las páginas 18 y 19 a un compañero. Dígales que, además de las preguntas del cuestionario, deben incluir las preguntas nuevas que habían planteado en la actividad A de este Dosier.

• Remítalos a los andamiajes que se ofrecen en esta actividad, ya que les servirán para formular preguntas.

• Anímelos a escribir las respuestas de su compañero.

• Ayúdelos en caso de duda o dificultad y corrija sus frases si lo considera necesario.

Con lápiz o con ratón
Nuestros titulares

E

Objetivo
Presentar a los compañeros de clase los resultados de la encuesta.

✓ **Expresión oral**

✓ **Competencia existencial**

Desarrollo

• Invite a sus estudiantes a analizar las respuestas que sus compañeros han dado a las preguntas del cuestionario.

• Indíqueles que deben presentar al resto de la clase cinco respuestas de las dadas por su compañero. Las pueden seleccionar siguiendo alguno de estos criterios: cosas que les han sorprendido, cosas interesantes o curiosas, cosas que hacen los dos, cosas que les gustan a los dos, etc.

• Si lo cree conveniente, divida la clase en grupos y, si dispone de tiempo, permita que sus estudiantes cambien de grupo para repetir la presentación.

UNIDAD 0

F

Objetivo
Escribir una frase que defina a nuestro compañero

📖 6

√ Expresión oral
√ Competencia existencial

Desarrollo

- Pida a sus alumnos que escriban una frase sobre su compañero basándose en la información recopilada en la actividad anterior.
- Remítalos a los modelos de lengua que tienen en la actividad y entrégueles un pósit a cada uno.
- Pídales que escriban sus frases y que peguen los pósits en las paredes de la clase.
- Anímelos a pasear por el aula y a leer las diferentes frases de sus compañeros. Si alguno les parece interesante o curioso, invítelos a preguntar al autor por qué ha elegido esa frase.
- Para finalizar, pida a cada estudiante que recoja el pósit con la frase que lo define y diga si está de acuerdo o no con lo que dice.

01 Agenda de aprendizaje

Reglas y ejemplos
Clases de verbos: gustar, encantar, costar, divertir...

1

Objetivo
Recordar la formación de verbos como **gustar**.

📹 3   📖 7-8-9   A-Z Gustar

√ Observación y reflexión sobre el funcionamiento del sistema formal
√ Construcción de hipótesis

Desarrollo

- Remita a sus estudiantes al apartado 1 de la Agenda de aprendizaje 01 y anímelos a completar el cuadro de la formación y funcionamiento del verbo **gustar**. Si dispone de los medios necesarios, use la ficha proyectable 3 para completar el cuadro y mostrar la solución. Si no, escriba la solución en la pizarra.

2

Objetivo
Escribir frases con otros verbos que funcionan como **gustar**.

📖 10-11-12-13-14   A-Z Ayudar   A-Z Costar (2)
A-Z Interesar   A-Z Molestar   A-Z Parecer (3)

√ Competencia léxica
√ Personalización del léxico
√ Memoria a corto y largo plazo

Desarrollo

- Remita a sus alumnos a los ejemplos que tienen en este apartado y recuérdeles que estas estructuras ya las han usado en la actividad E del Punto de partida.
- Hágales ver el paralelismo entre las estructuras **me cuesta**, **me parecen**, **me ayuda** y la formación del verbo **gustar**.
- Deles un tiempo para observar y comprender las estructuras. Aclare las dudas que pueda haber en cuanto a significado y a formación y pídales que escriban, a continuación, sus propios ejemplos con las estructuras propuestas.

› **Para ir más allá**
Pregunte a sus estudiantes si conocen otros verbos que funcionan de manera similar. Si no los mencionan, señale los verbos **interesar** y **molestar** y hágales algunas preguntas para que los practiquen: ¿Qué te interesa en la vida? ¿Qué te molesta en tu trabajo/tu universidad/ tu escuela?

En español y en otras lenguas
Frases interrogativas: qué, cuál

3

Objetivo
Observar el uso de **qué** y **cuál/cuáles** y escribir ejemplos

📹 4   📖 15

√ Observación y reflexión sobre el funcionamiento del sistema formal
√ Competencia plurilingüe
√ Personalización del léxico

Desarrollo

- Remita a sus alumnos al texto de las páginas 18 y 19 y pídales que observen las preguntas con los pronombres interrogativos **qué** y **cuál/cuáles**.
- Si dispone de los medios necesarios, muestre a sus estudiantes la ficha proyectable 4, anímelos a analizar los ejemplos y a deducir la regla (**qué** + verbo/sustantivo, **cuál** + verbo, **cuáles** + verbo). Si no dispone de los medios para proyectar, remita a sus alumnos a los ejemplos que pueden encontrar en el apartado 1 de la Agenda de aprendizaje 01 y explíqueles el uso de estas estructuras.
- Subraye que **cuál** nunca va acompañado de sustantivo. Para este uso, **cuál** debe ser sustituido por el pronombre **qué**.

UNIDAD 0

- Pídales, para finalizar, que escriban algunas cosas que quieran preguntar a su profesor (usted). Déjeles un tiempo para hacerlo y responda después a sus preguntas.

> **A tener en cuenta**
> Es posible que a sus estudiantes les cueste ver la diferencia entre **qué** y **cuál** cuando anteceden a un verbo. Acláreles que, en este caso, ambos se usan para elegir un elemento de un grupo, pero con esta diferencia: **qué** se usa cuando el grupo es heterogéneo: ¿Qué **te gusta de tu país?** (pueden ser cosas muy variadas), mientras que **cuál** se usa para elegir un elemento de un grupo homogéneo: ¿Cuál **es tu película preferida?** (el grupo está compuesto solamente por películas).

4

Objetivo
Recordar estrategias de comunicación para la clase de español.

√ **Aprender a aprender**

√ **Personalización del aprendizaje**

Desarrollo

- Remita a sus alumnos a los andamiajes que tienen en este apartado, asegúrese de que los conocen y aclare las posibles dudas que pueda haber.

- Anímelos a incluir otros recursos que consideren útiles.

01 Taller de uso

En grupos
Nuestras palabras preferidas

A

Objetivo
Escoger tres palabras favoritas en español.

√ **Personalización del léxico**

√ **Interacción oral**

√ **Competencia existencial**

Desarrollo

- Explique a sus alumnos que van a hablar de sus palabras favoritas en español.

- Distribúyalos en grupos de cuatro personas y anímelos a elegir, individualmente, tres palabras que les gusten (porque suenan bien, por su significado, porque son útiles, etc.) y a explicar el porqué de su elección.

B

Objetivo
Hablar con los compañeros sobre las palabras preferidas y explicar los motivos de esta elección.

√ **Interacción oral**

√ **Competencia existencial**

√ **Competencia plurilingüe**

Desarrollo

- Pida a sus estudiantes que digan a los compañeros de su grupo qué palabras han elegido y las razones de esta elección. Remítalos a la muestra de lengua que se ofrece en la actividad B del Taller de uso 01.

- Anime a los demás miembros del grupo a preguntar **¿Cómo se escribe?** o **¿qué significa?** El alumno que ha aportado la palabra debe responder a estas preguntas y aportar un ejemplo o una traducción a una lengua común.

› **Para ir más allá**
Para introducir un componente lúdico, entregue a sus alumnos unas tarjetas para que escriban en ellas las palabras que han elegido, acompañadas de un ejemplo. Recoja las tarjetas, barájelas y colóquelas boca abajo sobre la mesa. Cada miembro del grupo deberá tomar una tarjeta, enseñarla a los demás miembros del grupo y, si lo sabe, explicar qué significa. A continuación, deberá hacer hipótesis sobre quién ha propuesto esa palabra. Por ejemplo: **yo creo que esta palabra es de...** Finalmente, el autor de la palabra explicará si está de acuerdo o no con la definición que ha dado su compañero, y si este no lo ha hecho, explicará qué significa y por qué la ha elegido.

En grupos
Palabras a fondo

C

Objetivo
Seleccionar una palabra para realizar un póster sobre ella.

√ **Competencia léxica**

√ **Interacción oral**

Desarrollo

- Explique a sus alumnos que, en grupos, van a realizar un póster sobre una palabra del español.

- Distribúyalos en grupos de tres o cuatro personas (si lo considera conveniente, puede mantener los grupos de la actividad anterior) y pídales que elijan la palabra sobre la que quieren hacer el póster.

- Remítalos, para negociar sobre la palabra que van a elegir, a la muestra de lengua de la actividad C del Taller de uso 01.

UNIDAD 0

D

Objetivo
Realizar un póster sobre una palabra.

√ **Competencia sociocultural**

√ **Trabajo cooperativo**

√ **Aprender a aprender**

◻ 5   ◻ 16

Para empezar

Remita a sus estudiantes al póster de la actividad D del Taller de uso 01 y lea con ellos la información que se da sobre la palabra **café**. Llame su atención sobre las tres partes en las que deben dividir el póster:

1. ¿Con qué relacionamos esa palabra?
2. ¿Con qué otras palabras se combina?
3. ¿Cómo la usamos en español?

Desarrollo

• Forme grupos de cuatro personas y explique a sus estudiantes que deben elegir una palabra del español y realizar un póster similar al del ejemplo de esta actividad.

• Explíqueles que pueden utilizar el diccionario e internet para buscar información y material para confeccionar su póster.

• Si dispone de los medios necesarios, muestre la ficha proyectable 5 para que vean claro qué secciones del póster deben completar.

• Pase por los grupos mientras trabajan y ofrezca su ayuda, tanto con las construcciones y el vocabulario, como con la distribución de las diferentes partes del póster.

• Haga una puesta en común para conocer las palabras que ha elegido cada grupo y anótelas en la pizarra. Elija una y complete el póster sobre la ficha proyectable 5.

• Pida a sus estudiantes que cuelguen su póster en las paredes de la clase y que vean los pósteres de los otros grupos. Anímelos a preguntar a sus compañeros por qué han elegido esa palabra y aclare dudas que puedan surgir.

> **Para ir más allá**

Puede pedir a sus estudiantes que elaboren el póster con alguna herramienta digital, como Piktochart o Canvas, que permiten crear, de manera sencilla, pósteres o infografías visualmente muy atractivas. Lino o Padlet son otras herramientas que tienen menos opciones de diseño, pero permiten crear muros de notas compartidos donde pueden trabajar varias personas a la vez.

UNIDAD 1

¿TENER O NO TENER?

Punto de partida

Nube de palabras
Cosas que usamos

A

Objetivo
Introducir el tema de la unidad a partir del título y de la imagen de la página de entrada.

- ✓ Competencia léxica
- ✓ Activación de conocimientos previos
- ✓ Construcción de hipótesis

🎬 1 A-Z Tener (1)

Para empezar

Si dispone de los medios necesarios, muestre a sus estudiantes la nube de palabras en la ficha proyectable 1. Si no, remítalos a la página 22 del Libro del alumno.

Desarrollo

• Pida a sus estudiantes que identifiquen el objeto que representa la nube de palabras.

• Escriba en la pizarra la palabra **cafetera**. A continuación, anime a sus alumnos a identificar otras palabras que conozcan de la nube.

• Remítalos al título de la unidad, "¿Tener o no tener?", y pregúnteles si les suena a alguna frase famosa. Si no lo mencionan, señale el paralelismo con la famosa frase de Hamlet: "¿Ser o no ser?"

• Anime a sus alumnos a que hagan hipótesis sobre el tema de la unidad. Ayúdelos a llegar a la respuesta de que se trata de los objetos que poseemos.

• Pídales que completen la actividad A del Punto de partida con palabras de la nube que ya conocen o que pueden deducir. Han de añadir dos objetos más en cada columna.

> **❗ A tener en cuenta**
> Llame la atención de sus alumnos acerca del uso de **ni**… **ni**… en las frases copulativas negativas. Por ejemplo: ni **tengo moto** ni **la necesito porque voy a clase en autobús**.

B

Objetivo
Comparar los objetos propios con los de un compañero.

- ✓ Competencia léxica
- ✓ Activación de conocimientos previos
- ✓ Interacción oral

Desarrollo

• Disponga a sus alumnos en grupos y anímelos a que pongan en común sus respuestas de la actividad anterior.

• Haga una puesta en común y escriba las palabras nuevas en la pizarra. Asegúrese de que todos las comprenden.

• Reflexione con sus estudiantes sobre la importancia de conocer el nombre de las cosas que nos rodean y sobre los recursos que podemos usar cuando no conocemos el nombre de un determinado objeto. Si sus alumnos no lo mencionan, recuérdeles que pueden preguntar: **¿Qué significa…? ¿Cómo se dice…?**

> **❗ A tener en cuenta**
> Es importante que en esta primera fase el alumno comprenda el objetivo de la unidad y cuáles van a ser, *grosso modo*, los mecanismos de trabajo. Por ello, una vez realizada esta primera actividad, revise con sus alumnos los contenidos de la unidad que aparecen junto a la nube de palabras, y reflexionen de manera conjunta sobre lo que conocen y lo que no. Ello les ayudará a preparar las estrategias que deberán usar para cumplir con los objetivos de la unidad.

UNIDAD 1

Vídeo
¿Qué llevas en el bolso?

C

Objetivo
Identificar objetos de uso diario.

√ Comprensión audiovisual
√ Competencia léxica
√ Construcción de hipótesis

▶ 📹 2

Desarrollo

• Remita a sus estudiantes a la actividad C del Punto de partida y explíqueles que van a ver un vídeo en el que aparecen algunos de los objetos de la lista que allí aparece. Aclare que no todos los objetos de la misma aparecen en el vídeo y que hay otros que no están en ella.

• Proyecte la primera parte del vídeo sin sonido (hasta el segundo 32 aproximadamente) y repita la proyección si fuese necesario.

• Pida a sus alumnos que, en grupos, hagan una puesta en común de sus respuestas.

• Vuelva a proyectar la primera parte del vídeo, esta vez con sonido, y pida a sus alumnos que comprueben sus resultados e identifiquen en voz alta los objetos que aparecen en el vídeo y no están en la lista.

• Si dispone de los medios necesarios, use la ficha proyectable 2 para hacer una puesta en común. Ayude a sus estudiantes a identificar aquellos objetos que no hayan podido reconocer.

🔑 **Solución**

1. Un lápiz; **2.** Un cronómetro; **3.** Un teléfono móvil; **4.** Una cuchara; **5.** Unas llaves; **6.** Unos zapatos; **7.** Un libro; **8.** Un mechero; **9.** Una botella; **10.** Unas tijeras y papel celo; **11.** Una lámpara; **12.** Un disco; **13.** Unas muñecas rusas; **14.** Un bolso.

Objetos que aparecen en el vídeo pero no en la lista:
un cepillo de dientes, unos auriculares, un Ipod, un anillo.

D

Objetivo
Escuchar una entrevista e identificar objetos.

√ Comprensión audiovisual
√ Competencia léxica

▶ 📹 3 📄 1 A-Z Llevar (2)

Para empezar

• Explique a sus alumnos que van a ver el vídeo completo. Acláreles que en él se entrevista a algunas personas para saber qué objetos llevan en el bolso.

Desarrollo

• Reparta la ficha fotocopiable 1 y pida a sus estudiantes que la completen al mismo tiempo que ven el vídeo.

• Anímelos a comparar sus resultados con los de un compañero y vuelva a poner el vídeo si fuera necesario.

• Si dispone de los medios necesarios, haga la corrección de la ficha fotocopiable 1 con ayuda de la ficha proyectable 3. Tenga en cuenta que esta ficha proyectable consta de tres partes.

• Aclare las dudas de vocabulario.

❗ **A tener en cuenta** 📄 32-33-34-35

Aclare a sus estudiantes que la expresión **llevar encima** se usa para hablar de cosas que llevamos con nosotros (bolso, dinero, llaves, etc.).
Recuerde que, al final de la unidad, tiene disponibles los ejercicios 32, 33, 34 y 35 del Cuaderno de ejercicios para realizar una explotación más detallada del vídeo.

🔑 **Solución**

¿Qué llevas siempre encima?
Ramón: las gafas, las llaves y la cartera.
Nerea: el móvil, la cartera y las llaves.
Marta: las llaves, la billetera y el móvil.
Elisa: las llaves, el monedero y clínex.
Emilio: una revista.
Carmen: las llaves, la cámara de fotos, el móvil, papeles, documentos, facturas.

¿Qué llevas hoy en el bolso?
Alba: unas medias, las llaves y un monedero.
Marta: un estuche, unos apuntes, un diccionario de latín, un libro de Plauto, una botella de agua, los focos de la bici, la billetera, las llaves.
Carmen: la chaqueta, unas magdalenas, la correa del perro, un pareo.
Emilio: dos botellas de agua, un mapa.

¿Qué es lo más raro que llevas hoy?
Nerea: confeti.
Elisa: palillos y mejillones.
Carmen: no lo quiere decir.

E

Objetivo
Identificar los objetos que llevamos encima.

√ Interacción oral
√ Personalización del léxico

📄 36 A-Z Ser (1)

Para empezar

• Ponga su bolso o mochila sobre la mesa y pregunte a sus alumnos: **¿Qué creéis que llevo en el bolso/mochila?**

• Permita que sus alumnos nombren algunos objetos y, a continuación, saque objetos de su bolso o mochila y vaya nombrándolos con su ayuda.

Desarrollo

• Pregunte a sus alumnos: **¿Qué llevas hoy encima?** o **¿qué llevas en el bolso o mochila?**

• Pídales que, en parejas o pequeños grupos, nombren los diferentes objetos que llevan con ellos.

• Para finalizar, haga una puesta en común y pregunte: **¿Qué llevan nuestros compañeros encima? ¿Quién lleva algo poco habitual en el bolso o mochila?**

UNIDAD 1

01 No puedo vivir sin...

Antes de leer
¿Quién dice qué?

A

Objetivo
Relacionar unas frases con unas fotografías.

√ Competencia léxica

√ Construcción de hipótesis

Desarrollo

- Remita a sus alumnos al título de la sección "No puedo vivir sin..." y pregúnteles por su significado.

- Pídales que miren las imágenes de las páginas 24 y 25 y que, sin leer el texto, identifiquen los objetos que allí aparecen.

- Invite a sus estudiantes a leer las seis frases de la actividad A del Dosier 01 y anímelos a hacer hipótesis sobre quién dice cada una de ellas, de acuerdo a las imágenes que acaban de ver. Es importante que observen las imágenes y hagan hipótesis tanto sobre quién habla en casa caso, como sobre el significado de las frases propuestas. Esta negociación de significado ayudará en la comprensión del texto y en la elaboración de estrategias de aprendizaje.

Texto y significado
Objetos importantes

B

Objetivo
Leer un texto y comprobar las hipótesis de la actividad anterior.

√ Comprensión de lectura

√ Interacción oral

√ Memoria a corto y largo plazo

📖 1-2-3-4   A-Z Estar (4)   A-Z Llevar (2)
A-Z Salir (2)

Desarrollo

- Pida a sus alumnos que lean los textos de las páginas 24 y 25 para comprobar las hipótesis de la actividad anterior.

- Haga una puesta en común de las respuestas obtenidas.

🔑 **Propuesta de solución**

1. Álvaro; 2. Tania; 3. Álvaro/Mario; 4. Itziar; 5. Itziar; 6. Álvaro/Tania.

C

Objetivo
Hablar de objetos importantes para los estudiantes.

√ Interacción oral

√ Personalización del léxico

📖 5-6

Para empezar

- Muestre a sus estudiantes un objeto que lleve consigo (un móvil o un reloj, por ejemplo) y dígales: **no puedo vivir sin mi**... y explique por qué.

- Anime a sus estudiantes a decir qué objetos son imprescindibles para ellos. Remítalos al andamiaje de la actividad C del Dosier 01.

Desarrollo

- Anime a sus estudiantes a que, en pequeños grupos, hablen con sus compañeros sobre uno o dos objetos que son importantes para ellos y expliquen sus razones.

- Pase por los grupos para escuchar las diferentes propuestas y atender a las dificultades que puedan surgir.

Texto y lengua
Otras cosas imprescindibles

D

Objetivo
Escuchar a tres personas que hablan sobre cosas que les parecen imprescindibles.

√ Comprensión auditiva

√ Competencia léxica

🔊 2-4   📹 4   A-Z Escribir

Para empezar

Remita a sus alumnos a las fotografías de Alberto, Míriam y Mario de la página 25 y pídales que identifiquen los objetos que tienen.

Desarrollo

- Explique a sus estudiantes que van a escuchar un audio en el que esas tres personas hablan de un objeto importante para ellas y que han de completar la información que se solicita en la actividad: nombre del objeto, ¿cómo es?, ¿qué hace con ese objeto?, ¿por qué es importante?

- Dígales que van a escuchar el audio dos veces. Sugiérales que la primera vez se concentren en las dos primeras preguntas y dejen las preguntas 3 y 4 para una segunda audición.

- Si dispone de los medios necesarios, haga la corrección del audio con la ficha proyectable 4; si no, escriba las respuestas en la pizarra.

17

UNIDAD 1

🔑 Propuesta de solución

	Objeto	¿Cómo es?	¿Qué hace con ese objeto?	¿Por qué es importante?
Alberto	Un wok	Es muy práctico	Hace unos platos estupendos.	Es importante para él porque lo utiliza para todo.
Míriam	Una pluma	Es de plata	La utiliza para preparar sus clases, hacer la lista de la compra y escribir poesía.	Es importante para ella porque se la regaló su padre.
Mario	Una cámara de fotos	Es una cámara profesional	La lleva siempre con él.	Porque quiere ser fotógrafo profesional.

Texto y lengua
Los nombres y sus "acompañantes"

E

Objetivo
Analizar los complementos que podemos usar para describir objetos.

📄 2

- √ Competencia léxica
- √ Observación y reflexión sobre el funcionamiento del sistema formal
- √ Interacción oral

Desarrollo

• Remita a sus estudiantes a la actividad E del Dosier 01 y anímelos a que, en parejas o pequeños grupos, elijan con qué complementos pueden combinar los objetos que allí aparecen: **una tableta**, **un piano**, **unos patines** y **unas gafas**; pídales que añadan un complemento más. De este modo, conseguimos una negociación en clase y una reflexión sobre la forma y el significado.

• Recoja las respuestas de sus alumnos y anote en la pizarra los elementos nuevos que hayan añadido.

> **Para ir más allá**
Si lo considera conveniente, puede usar la ficha fotocopiable 2 para analizar con sus estudiantes las diferentes clases de complementos que se pueden añadir a las palabras, distinguiendo entre material, uso y otras características; de este modo, se afianzan los conocimientos vistos en el aula y predisponemos a nuestros alumnos para la siguiente actividad de la Agenda de aprendizaje 01.

01 Agenda de aprendizaje

Palabras en compañía
El nombre y sus complementos

1

Objetivo
Analizar los complementos que podemos usar para describir objetos.

📷 5 📄 7

- √ Reflexión sobre el funcionamiento del sistema formal
- √ Competencia léxica
- √ Personalización del léxico

Para empezar
Remita a sus estudiantes al ejercicio 1 de la Agenda de aprendizaje 01 y llame su atención sobre los recursos marcados en negrita que sirven para describir las características de un objeto.

Desarrollo

• Pida a sus alumnos que describan cada una de las imágenes que aparecen más abajo, empleando las estructuras ofrecidas en los ejemplos anteriores.

• Haga una puesta en común de las diversas propuestas de sus alumnos. Sírvase, para ello, de la ficha proyectable 5, donde podrá escribir las respuestas de sus estudiantes.

• Anímelos, por último, a describir un objeto importante para ellos empleando el mayor número de elementos posibles.

> **Para ir más allá**
Si desea introducir un elemento lúdico, puede proponer a sus estudiantes que describan el objeto sin especificar el nombre, para que sean sus compañeros quienes lo adivinen.

Reglas y ejemplos
Presencia/ausencia del artículo

2

Objetivo
Observar la presencia o ausencia del artículo (definido o indefinido).

📄 8-9-10-11

- √ Observación y reflexión sobre el funcionamiento del sistema formal
- √ Construcción de hipótesis

Desarrollo

• Remita a sus alumnos a los ejemplos del apartado 2 de la Agenda de aprendizaje 01 y pídales que establezcan hipótesis sobre la presencia o ausencia del artículo.

UNIDAD 1

- Haga una puesta en común y, si sus estudiantes no lo han mencionado, explíqueles que no es preciso poner artículo cuando los sustantivos no son contables (**dinero**, **crema**, **agua**) o cuando nos referimos a un grupo de cosas y no tenemos interés en especificar la cantidad (**fotos**, **aspirinas**, **monedas**).

- Añada que, por otra parte, un sustantivo lleva artículo definido cuando es el único objeto de ese tipo (**el** carné de conducir, **el** DNI, **las** llaves de casa) o bien cuando ya hemos hablado de él con anterioridad.

- En cuanto al artículo indefinido, señale que se usa cuando no es el único objeto de ese tipo (**un** bolígrafo) o cuando hablamos de él por primera vez (**unas** gafas de sol).

Reglas y ejemplos
Complementos del nombre: relativas

3

Objetivo
Observar la construcción de oraciones de relativo con el pronombre **que**.

▶ 6

√ **Reflexión sobre el funcionamiento del sistema formal**

√ **Competencia léxica**

√ **Personalización del aprendizaje**

Para empezar

Pida a sus estudiantes que observen las frases de la actividad A del Dosier 01 y pregúnteles si saben por qué se usa el pronombre **que**.

Desarrollo

- Llame su atención, a continuación, sobre el uso que se hace del relativo **que** en los ejemplos que se ofrecen en el apartado 3 de la Agenda de aprendizaje 01. Explíqueles que el uso de los relativos evita tener que usar de nuevo las palabras **bolso** y **gafas**.

- Anímelos, a continuación, a completar las frases que aparecen bajo los recuadros. Sugiérales que lo hagan con objetos que realmente tienen, a fin de hacer el aprendizaje más significativo y que su uso se corresponda con la realidad.

- Si dispone de los medios necesarios, use la ficha proyectable 6 para hacer una puesta en común. Si no, escriba las respuestas de sus estudiantes en la pizarra.

- Si su clase es muy numerosa, haga la puesta en común en pequeños grupos y asegúrese de resolver las dudas que puedan surgir.

01 Taller de uso

En grupos
Cosas que usamos

A

Objetivo
Hablar de objetos que tenemos y del uso que les damos.

▶ 7

√ **Interacción oral**

√ **Personalización del aprendizaje**

√ **Competencia existencial**

Para empezar

- Si dispone de los medios necesarios, pida a sus alumnos que cierren el libro y muestre la ficha proyectable 7. A continuación, pregúnteles: **¿Cómo se llaman estos objetos?** Escriba sus nombres sobre el proyectable o en la pizarra.

- Si no trabaja con el material proyectable, propóngales que, con el libro abierto, relacionen el nombre de los objetos con la imagen correspondiente.

Desarrollo

- Divida a sus estudiantes en grupos de cuatro personas y explíqueles que deben hablar sobre las siguientes cuestiones: **¿Quién de nosotros tiene estas cosas? ¿Las usamos mucho? ¿Cuándo? ¿Para qué?** Póngales un ejemplo: **yo tengo una bicicleta, pero no la uso mucho porque voy al trabajo en autobús**.

- Déjeles unos minutos para discutir, vaya pasando por los grupos y participe en la conversación.

- Para finalizar, haga una breve puesta en común y pregunte: **¿Hay algún objeto que usáis todos? ¿Hay alguno que no usa nadie?**

En grupos
En nuestra maleta

B

Objetivo
Familiarizarse con el nombre de las cosas que llevamos en la maleta cuando viajamos.

📄 12 📖 3

√ **Personalización del léxico**

√ **Competencia existencial**

√ **Aprender a aprender**

Desarrollo

- Disponga a sus alumnos en grupos de tres o cuatro personas y entrégueles la ficha fotocopiable 3.

- Propóngales que completen la primera columna de la ficha con diez objetos que llevan normalmente cuando viajan. Permítales el uso de un diccionario para buscar aquellas palabras que no conocen.

19

UNIDAD 1

> **A tener en cuenta**
> Dependiendo de si el grupo es más o menos numeroso y de la cultura de nuestros alumnos, puede hacerse necesario ampliar el número de objetos que se pueden incluir en la maleta. El objetivo de la actividad es que los alumnos negocien significados, lleguen a acuerdos y justifiquen y argumenten su selección con el objetivo de que el aprendizaje sea más significativo.

› **Para ir más allá**
Si lo cree adecuado, puede preguntar a sus estudiantes si cuando viajan llevan cosas propias de su país en la maleta.

C

Objetivo
Comparar los objetos que llevamos en la maleta con los de otros compañeros.

√ **Personalización del léxico**

√ **Interacción oral**

Desarrollo
- Pida a sus estudiantes que comparen sus listas con las de otros grupos y anoten en la segunda columna de la ficha fotocopiable 3 las cosas en las que coinciden con ellos.
- Haga una puesta en común y pregunte: **¿Hay cosas que llevamos todos los grupos? ¿Cuáles son las cosas más extrañas que lleváis en la maleta? ¿Qué grupo lleva las cosas más extrañas?**

02 Mis cosas y yo

Antes de leer
Las cosas de Roberto

A

Objetivo
Observar unas imágenes y hacer hipótesis sobre los gustos y el carácter de una persona.

🎬 8

√ **Interacción oral**

√ **Construcción de hipótesis**

√ **Activación de conocimientos previos**

Desarrollo
- Si dispone de los medios necesarios, muestre la ficha proyectable 8; si no, remita a sus estudiantes a la página 28 del Libro del alumno y pídales que observen la fotografía en la que aparece Roberto rodeado de cosas que le definen.
- Invite a sus estudiantes a hacer hipótesis sobre la personalidad y los gustos de Roberto a partir de lo que ven en las fotografías; ayúdelos con estas preguntas: **¿Cómo creéis que es Roberto, el chico de la foto?, ¿qué cosas creéis que le gustan?**

- Remítalos a la muestra de lengua de esta actividad para que elaboren sus respuestas.

Texto y significado
¿Somos lo que tenemos?

B

Objetivo
Leer la primera parte del texto y opinar sobre lo que se dice en él.

√ **Comprensión de lectura**

√ **Interacción oral**

A-Z **Ser (1)**

Desarrollo
- Pida a sus alumnos que lean el primer párrafo del texto de la página 28.
- Pregúnteles: **¿Estáis de acuerdo con la frase "los objetos que nos rodean dicen mucho sobre nosotros"?**
- Haga una puesta en común.

C

Objetivo
Leer un texto e identificar los adjetivos para describir a una persona.

√ **Comprensión de lectura**

√ **Competencia léxica**

Desarrollo
- Pida a sus alumnos que lean la segunda parte del texto de la página 28.
- Dígales, a continuación, que subrayen los adjetivos que sirven para describir el carácter de una persona (**sofisticado**, **aventurero**, **conservador**, **consumista**, **austero**, **romántico**, **práctico**) y aclare su significado en caso necesario.
- Anímelos a que, en pequeños grupos o en parejas, se hagan las preguntas que aparecen en el texto.

> **A tener en cuenta**
> Es conveniente que en un lado de la pizarra anote los diferentes adjetivos que irán apareciendo, a fin de que los alumnos los tengan accesibles a un golpe de vista. Se trata de vocabulario que necesitarán tener presente en actividades siguientes.

UNIDAD 1

D

Objetivo
Buscar en el diccionario el significado de palabras que no conocemos.

✓ **Competencia léxica**

✓ **Aprender a aprender**

📘 13

Desarrollo

- Pregunte a sus alumnos si conocen el significado de las palabras que aparecen en la actividad D del Dosier 02. Si algún estudiante lo conoce, anímelo a explicarlo en clase, ya sea con sinónimos o con una traducción a una lengua conocida por todos.

- Organícelos en grupos de tres personas y pídales que busquen en el diccionario el significado de las palabras que no conocen.

- Haga una puesta en común.

> **A tener en cuenta**
> La realización del ejercicio 13 del Cuaderno de ejercicios permitirá a sus estudiantes personalizar el aprendizaje, integrar el nuevo léxico en el ya conocido y relacionar los contenidos de la unidad con su realidad y con su entorno inmediato.

Con lápiz o con ratón
Nuestro compañero

E

Objetivo
Responder a las preguntas de un test de personalidad y describir el carácter de una persona.

✓ **Comprensión lectora**

✓ **Interacción oral**

✓ **Competencia existencial**

📘 14   A-Z Llevar   A-Z Llevar (2)   A-Z Ser (1)

Para empezar

Invite a sus alumnos a leer el test de la página 29 y aclare las dudas de vocabulario que puedan surgir.

Desarrollo

- Divida la clase en parejas y propóngales que se hagan el test uno a otro.

- Remítalos, al finalizar, a los adjetivos de carácter que han visto en el texto y en la actividad D del Dosier 02, pídales que elijan los que creen que definen mejor a su compañero y pregúnteles por la causa de esta elección.

- Sugiérales, por último, que redacten una breve descripción de su compañero y que se la entreguen. Si lo cree conveniente puede dar un modelo describiéndose a sí mismo: **soy una persona moderna, porque me gustaría tener un coche eléctrico. También soy muy práctico/a porque me gusta comprar cosas útiles.**

> **A tener en cuenta**
> Con esta actividad sus alumnos compartirán con sus compañeros las respuestas del test de personalidad y usarán los adjetivos para describir el carácter de forma significativa, justificando su elección. De este modo, podrán conocerse un poco mejor, lo que normalmente contribuye a cohesionar el grupo y a favorece la motivación. Es importante fomentar, en la medida de lo posible, que la descripción del compañero se centre en destacar los aspectos positivos.

F

Objetivo
Averiguar a qué sustantivo se refiere un pronombre.

✓ **Competencia gramatical**

✓ **Comprensión de lectura**

✓ **Construcción de hipótesis**

Desarrollo

- Pida a sus alumnos que lean las frases que se proponen en esta actividad y que las localicen dentro del texto.

- Pregúnteles, a continuación: **¿A qué se refieren las palabras marcadas en negrita?**

- Permítales hacer hipótesis y ayúdelos, si fuera necesario, a encontrar la respuesta.

🔑 **Solución**

1. películas; **2.** libros; **3.** música; **4.** calendario.

UNIDAD 1

02 Agenda de aprendizaje

En español y en otras lenguas
Pronombres de objeto directo:
lo, la, los, las

1

Objetivo
Comprender el significado y uso de los pronombres átonos de objeto directo: **lo**, **la**, **los**, **las**.

√ Observación y reflexión sobre el funcionamiento del sistema formal

√ Construcción de hipótesis

√ Competencia plurilingüe

▶ 9   📄 15-16-17-18-19

Para empezar

• Llame la atención de sus alumnos sobre la presencia de los pronombres de OD en algunas frases del test de la página 29: los **libros**, los **saco de la biblioteca**; mi **calendario**, lo **actualizo en internet**.

• Pregúnteles: **¿A qué palabras se refieren** los **y** lo**?** Asegúrese de que entienden que en esos ejemplos los pronombres **lo** y **los** se refieren a los libros y al calendario.

Desarrollo

• Remita a sus estudiantes, a continuación, al apartado 1 de la Agenda de aprendizaje 02 y pídales que observen las frases en las que aparecen otros pronombres.

• Pida a sus alumnos, para finalizar, que traduzcan los ejemplos a su lengua o a otra que conozcan. Puede pedirles que escriban estos ejemplos sobre la ficha proyectable 9 o en la pizarra.

> ❗ **A tener en cuenta**
> Es posible que la lengua materna de sus estudiantes no siga la misma estructura que el español en cuanto a los pronombres (concordancia, presencia o ausencia, uso, etc.), por lo que es conveniente, en la medida de lo posible, establecer un paralelismo con otra lengua que los alumnos conozcan, ya que les ayudará en la asimilación de la estructura.

Reglas y ejemplos
Relativas: el que, lo que

2

Objetivo
Entender el uso de **lo que** y diferenciarlo de **el que**, **la que**, **los que**, **las que**.

√ Observación y reflexión sobre el funcionamiento del sistema formal

√ Construcción de hipótesis

▶ 10   📄 20-21-22-23

Para empezar

Remita a sus estudiantes al apartado 2 de la Agenda de aprendizaje 02 o muéstreles la ficha proyectable 10. Pregúnteles la razón por la que en el primer caso se usa **el que** y en el segundo, **lo que**. Ayúdelos a llegar a la conclusión de que **el que** se usa para seleccionar un objeto de entre otros de la misma categoría y **lo que** se usa para seleccionar un objeto de entre otros de diferente categoría.

Desarrollo

• Ponga ejemplos de uso de **la que**, **los que** y **las que**. Recuérdeles que **el que**, **la que**, **los que** y **las que** se usan para destacar un objeto entre varios del mismo tipo (**el que**, para nombres que son masculino singular; **la que**, para nombres femenino singular; **los que**, para nombres masculino plural y **las que**, cuando hablamos de un conjunto de objetos que son femenino plural). **Lo que**, por su parte, se usa para hacer referencia a un objeto entre objetos de varios tipos.

• Pídales, a continuación, que escriban cuál de los objetos que aparecen en el libro prefieren.

• Haga una puesta en común y pídales que expresen sus preferencias. Póngales un ejemplo: **de los dos pares de zapatillas, las que más me gustan son las azules.**

• Si trabaja con la ficha proyectable, puede pedirles que la completen, seleccionando los objetos que prefieren.

Reglas y ejemplos
Presencia y ausencia del artículo con el verbo tener

3

Objetivo
Deducir cuándo usamos artículo delante de sustantivos que acompañan al verbo **tener**.

√ Observación del funcionamiento del sistema formal

√ Construcción de hipótesis

√ Personalización del aprendizaje

📄 24   A-Z Tener (1)

Para empezar

• Pida a sus alumnos que lean las frases de los ejemplos que aparecen en el apartado 3 de la Agenda de aprendizaje 02 y anímelos a fijarse en que en unos casos se emplea el artículo y en otros no.

UNIDAD 1

• Déjeles unos instantes para reflexionar y anímelos a expresar sus hipótesis.

Desarrollo

• Explique a sus estudiantes, si no han podido deducirlo ellos o no ha quedado suficientemente claro, que en la última frase (**aquí tienen ordenadores bastante baratos**) la palabra **ordenadores** no lleva artículo porque se refiere a una cantidad indeterminada.

• En cuanto a las dos primeras frases (**tengo ordenador / no tengo ordenador**), no llevan artículo porque no se refieren a un objeto en concreto, sino al medio de comunicación o de trabajo.

• En la tercera frase, sin embargo, el artículo sirve para identificar un elemento concreto y diferenciarlo de otro (**un PC y un Mac**).

• Pídales que completen el apartado con sus propios ejemplos.

02 Taller de uso

En grupos
El objeto misterioso

A

Objetivo
Describir un objeto sin decir de qué se trata.

25-26-27   A-Z Servir (1)

√ Expresión escrita

√ Personalización del aprendizaje

√ Aprender a aprender

Para empezar

• Explique a sus alumnos que a menudo no sabemos el nombre de algún objeto y optamos por explicar cómo es, cuándo lo usamos y para qué, dónde lo llevamos, etc., a fin de que el interlocutor sepa de qué estamos hablando.

• Hágales ver que estas estrategias de comunicación son muy importantes cuando aprendemos una lengua extranjera.

Desarrollo

• Lea con sus estudiantes los andamiajes que se ofrecen en la actividad y, si fuera necesario, recuérdeles el uso de los pronombres **lo**, **la**, **los**, **las** o del relativo **que**.

• Utilice los andamiajes que se proponen en la actividad para describir un objeto importante para usted.

• Pídales, a continuación, que seleccionen tres de los andamiajes y redacten tres frases sobre un objeto muy necesario para ellos; explíqueles que sus compañeros deberán adivinar más tarde de qué objeto se trata.

B

Objetivo
Averiguar el objeto descrito por los compañeros en la actividad anterior.

√ Personalización del aprendizaje

√ Interacción oral

√ Componente lúdico

Desarrollo

• Divida a sus alumnos en grupos de tres o cuatro personas y explíqueles el funcionamiento de la actividad: un compañero debe leer las frases que ha escrito para definir su objeto misterioso y los demás miembros del grupo deben tratar de adivinarlo.

• Si no adivinan el nombre de algún objeto, permita a sus estudiantes que hagan preguntas a su compañero que puedan ayudarlos.

• Vaya pasando por los grupos y participe haciendo preguntas y controlando que la actividad se desarrolla adecuadamente.

• Una vez que hayan leído la descripción de sus objetos, anime a sus estudiantes a formar nuevos grupos y a repetir el procedimiento.

En grupos
La palabra secreta

C

Objetivo
Preparar fichas con la descripción de objetos.

11   4

√ Competencia gramatical

√ Competencia léxica

√ Componente lúdico

Desarrollo

• Divida la clase en dos equipos (o en tres o cuatro si el grupo fuese muy numeroso).

• Remita a sus estudiantes a la actividad C del Taller de uso 02 o muéstreles, si dispone de medios, la ficha proyectable 11A.

• Entregue a sus estudiantes la ficha fotocopiable 4 y pida a cada grupo que haga una ficha como la que se muestra en el ejemplo de esta actividad para ocho objetos diferentes. Explíqueles que cada palabra debe tener cinco "acompañantes".

UNIDAD 1

D

Objetivo
Adivinar el objeto descrito por los compañeros.

🎬 11

√ **Competencia léxica**
√ **Interacción oral**
√ **Componente lúdico**

Desarrollo

• Mantenga la agrupaciones anteriores y establezca un orden de participación.

• Cada equipo leerá las características (sin decir el nombre del objeto) hasta que los miembros de otro equipo adivinen de qué objeto se trata. Si dispone de los medios necesarios, sírvase del esquema en blanco de la ficha proyectable 11B para ir recogiendo los "acompañantes" que sus alumnos añadan a la palabra secreta.

• La puntuación se sumará tal y como se detalla en la actividad D del Taller de uso 02.

• Ganará el equipo que más puntos obtenga al final de la actividad.

> ❗ **A tener en cuenta**
> En el caso de grupos muy numerosos, en los que se haga necesario dividir a los estudiantes en tres o cuatro grupos, conviene establecer un orden de participación a la hora de dar las respuestas. Una posible solución es nombrar un portavoz para cada grupo, que puede ir cambiando por turnos. También, puede otorgarse la palabra a quien primero levante la mano, aunque ello suele ser en ocasiones más difícil de controlar si son muchos los participantes.

Archivo de léxico

Palabras en compañía
Llevar

1

Objetivo
Observar distintos usos del verbo **llevar** y las palabras a las que suele acompañar.

🎬 12   A-Z **Llevar (2)**

√ **Observación y reflexión sobre el funcionamiento del sistema formal**
√ **Construcción de hipótesis**
√ **Competencia léxica**

Desarrollo

• Si dispone de los medios necesarios, muestre a sus estudiantes la ficha proyectable 12; si no, remítalos al apartado 1 del Archivo de léxico para que observen las combinaciones léxicas con el verbo **llevar**.

• Aclare los usos del verbo **llevar** que aparecen en las series y hágales ver que puede ir seguido de un sustantivo con un artículo definido (**el móvil**), un sustantivo sin artículo (**crema**) o un sustantivo con un artículo indefinido (**un libro**).

• Anímelos, finalmente, a escribir sus propios ejemplos con los diversos usos de **llevar**.

• Haga una puesta en común y corrija las frases de sus estudiantes.

Palabras en compañía
Tener, tener que

2

Objetivo
Observar distintos usos del verbo **tener** y el tipo de palabras que pueden acompañarlo.

🎬 13   📄 28-29   A-Z **Tener (1)**
A-Z **Tener (5)**

√ **Competencia léxica**
√ **Aprender a aprender**
√ **Observación del funcionamiento del sistema formal**

Desarrollo

• Si dispone de los medios necesarios, muestre a sus estudiantes la ficha proyectable 13 y haga que relacionen el significado de las diferentes combinaciones léxicas con el verbo **tener**; si no dispone de medios para proyectar, remita a sus estudiantes al apartado 2 del Archivo de léxico.

• Forme parejas o grupos de tres personas entre sus estudiantes y anímelos a añadir palabras a cada una de las series.

• Realice una puesta en común y escriba las respuestas, si es posible, sobre la ficha proyectable.

Mis palabras
objetos cotidianos

3

Objetivo
Enumerar objetos de uso cotidiano.

📄 30-31

√ **Personalización del léxico**
√ **Competencia léxica**

Desarrollo

• Pida a sus alumnos que hagan una lista con diez cosas que usan a diario.

• Mientras escriben, vaya pasando por las mesas para ayudarlos.

• Pídales que comparen su lista con la de un compañero, para comprobar si tienen objetos comunes. A continuación, anímelos a hacer lo mismo en pequeños grupos.

• Haga una puesta en común con todo el grupo y pregúnteles: **¿Qué objetos tenemos en común en la lista?** Anótelos en la pizarra.

UNIDAD 1

Proyectos

Proyecto en grupo
Objetos de nuestro país

A

Objetivo
Preparar una presentación sobre objetos típicos del país del estudiante.

√ Expresión oral

√ Trabajo cooperativo

√ Activación de conocimiento del mundo

Para empezar
Muestre a sus alumnos un objeto típico de un país hispano, por ejemplo, un abanico; haga un presentación de este objeto, respondiendo a las preguntas que aparecen en la actividad A de Proyectos.

Desarrollo
• Divida a sus alumnos en grupos y pídales que elijan tres objetos típicos de su país. Asegúrese de que no todos los grupos eligen un mismo objeto, a fin de que haya variedad en las presentaciones.

• Pida a sus alumnos que hagan la descripción de los objetos respondiendo a las preguntas que aparecen en esta actividad.

• Anime a sus estudiantes a que acompañen la presentación con alguna fotografía o con el objeto en cuestión.

> **A tener en cuenta**
> En esta actividad es interesante agrupar a los estudiantes según su país de origen. No obstante, no siempre va a ser posible este tipo de agrupación.
> Si su grupo es monolingüe, asegúrese de que se presentan objetos variados.

B

Objetivo
Hacer una presentación sobre tres cosas típicas del país de cada estudiante.

√ Expresión oral

√ Competencia intercultural

Desarrollo
• Pida a sus alumnos que hagan su presentación en clase.

• Explíqueles que, mientras un grupo está presentando, los demás compañeros deben estar atentos a las presentaciones, pues al final se elegirá el objeto más curioso, el más interesante y el más útil.

• Una vez finalizadas las presentaciones, pregunte a sus alumnos: **¿Cuál es el objeto más curioso? ¿Cuál es el más interesante? ¿Qué objeto es el más útil?** De este modo podemos comprobar que han seguido las presentaciones y que han comprendido lo expuesto por sus compañeros.

C

Objetivo
Hacer un mural con los objetos presentados en clase.

√ Expresión oral

√ Trabajo cooperativo

√ Competencia intercultural

Desarrollo
• Pida a sus estudiantes que elaboren un mural con fotografías de los objetos con los que han trabajado en las actividades anteriores.

• Explíqueles que cada grupo es responsable de la descripción de sus objetos y que en el centro del mural deben colocar los objetos seleccionados como **más curioso**, **más interesante** y **más útil**.

> **A tener en cuenta**
> En el caso de grupos muy numerosos, divida a sus estudiantes en parejas o en pequeños grupos. Así mismo, en aulas donde no se pueda disponer de un lugar donde colgar el mural, esta misma actividad podría realizarse en el espacio virtual de la clase o a través de alguna de las herramientas disponibles en la web.

Proyecto individual
Mi personaje y sus cosas

D

Objetivo
Presentar a un personaje hablando de sus gustos y preferencias.

√ Expresión escrita

√ Competencia ortográfica

√ Competencia existencial

Desarrollo
• Explique a sus alumnos que van a realizar un póster sobre una persona que conocen (también puede ser un personaje inventado).

• Anímelos a utilizar los andamiajes que se les ofrecen en la actividad. Léalos con ellos y asegúrese de que los han entendido.

• Explíqueles que, una vez terminado el póster, harán la presentación de esa persona a los demás compañeros y que estos podrán hacerles preguntas sobre esa persona.

UNIDAD 1

E

Objetivo
Hacer una presentación oral sobre un personaje.

√ **Interacción oral**

√ **Competencia pragmática**

Desarrollo

- Haga que, por turnos, cada uno de sus estudiantes presente a su personaje.

- Pida a los demás miembros de la clase que estén atentos e infórmelos de que, terminada la presentación, pueden realizar preguntas a su compañero sobre su personaje.

- Al final de las presentaciones, anímelos a elegir al personaje más interesante de cuantos se han presentado.

> **A tener en cuenta**
> En el caso de grupos muy numerosos, sería conveniente dividir a los estudiantes en parejas o en pequeños grupos.

UNIDAD 2

DOS HABITACIONES Y EL SALÓN

Punto de partida

Nube de palabras
Clasificamos palabras

A

Objetivo
Introducir el tema de la unidad a partir del título y de la imagen de la página de entrada.

□ 1

✓ **Competencia léxica**

✓ **Activación de conocimientos previos**

✓ **Construcción de hipótesis**

Para empezar

Si dispone de los medios necesarios, muestre a sus estudiantes la nube de palabras en la ficha proyectable 1. Si no, remítalos a la página 34 del Libro del alumno.

Desarrollo

- Pida a sus alumnos que identifiquen el objeto que contiene la nube de palabras.

- Escriba en la pizarra la palabra **casa**. A continuación, anime a sus alumnos a identificar otras palabras que conozcan dentro de la nube.

- Remita a sus alumnos al título de la unidad, "Dos habitaciones y el salón". Anímelos a hacer hipótesis sobre el uso de esta expresión. Ayúdelos a llegar a la respuesta: decimos esta frase cuando alguien nos pregunta por el número total de habitaciones de una vivienda. En este caso, **habitación** es sinónimo de **dormitorio**.

- Remita de nuevo a sus estudiantes a la nube de palabras y pídales que completen las tablas de la actividad A del Punto de partida con el léxico que contiene la misma. Hágales ver que cada columna contiene diferentes categorías léxicas, aunque no es necesario especificar cuáles, ya que esto se hará en la siguiente actividad.

Propuesta de solución

1. plaza, avenida, calle, barrio; **2.** casa, piso, chalé, apartamento, cabaña; **3.** cocina, balcón, jardín, terraza, dormitorio, salón, comedor, baño; **4.** al lado de, enfrente de, fuera, dentro, arriba, abajo; **5.** es, tiene, hay, está.

B

Objetivo
Relacionar palabras con la categoría a la que pertenecen.

✓ **Competencia léxica**

✓ **Aprender a aprender**

Desarrollo

- Pida a sus alumnos que relacionen cada una de las categorías que aparecen en la actividad B del Punto de partida con las series de palabras de la actividad anterior.

- Haga una puesta en común para la corrección.

A tener en cuenta
Una vez realizadas las dos primeras actividades, remita a sus alumnos a la columna que hay a la derecha de la nube de palabras y revise con ellos cuáles van a ser los objetivos y contenidos de la unidad. Ello les dará una visión general sobre lo que conocen y lo que no y sobre las estrategias que habrán de utilizar para cumplir con los objetivos.

Solución

1. Espacios de la ciudad; **2.** Tipos de casa; **3.** Partes de la casa; **4.** Palabras para situar; **5.** Verbos para describir una casa.

UNIDAD 2

Vídeo
Cabañas en árboles

C

Objetivo
Comparar dos tipos de vivienda e imaginar cómo es la vida en una cabaña en un árbol.

📄 1

- ✓ **Activación de conocimiento del mundo**
- ✓ **Competencia léxica**
- ✓ **Construcción de hipótesis**

Para empezar

• Entregue a sus alumnos la ficha fotocopiable 1 y propóngales que, en parejas, anoten todas las diferencias que puede haber entre las casas que aparecen en las imágenes (sección A de la ficha): el lugar donde se encuentran, el modo de vida de las personas que viven en ellas, el estilo de la construcción, etc.

• Haga una puesta en común con las respuestas de sus estudiantes.

• Propóngales, a continuación, que, en parejas o pequeños grupos, discutan sobre los temas propuestos en la sección B de la ficha fotocopiable 1.

Desarrollo

• Explique a sus estudiantes que van a ver un vídeo sobre dos formas de vida. El tema principal es la presentación de unas cabañas en el bosque. Pídales que, antes de ver el vídeo, imaginen cómo puede ser una cabaña en un árbol. Para ello, remítalos a la sección C de la ficha fotocopiable 1 y anímelos a responder a las preguntas que allí aparecen.

D

Objetivo
Ver un vídeo sobre cabañas en los árboles y contrastar hipótesis.

▶ 📹 2 📄 1

- ✓ **Comprensión audiovisual**
- ✓ **Competencia léxica**

Desarrollo

• Haga una puesta en común con las respuestas de sus alumnos a las preguntas de la actividad anterior. Si dispone de los medios necesarios, puede hacerlo con la ficha proyectable 2.

• Proyecte, a continuación, el vídeo y pida a sus estudiantes que, mientras lo ven, revisen las respuestas dadas a las preguntas de la sección C de la ficha fotocopiable 1 (si lo considera necesario, puede proyectar el vídeo dos veces).

• Tras la visualización, anímelos a poner en común con otros compañeros sus respuestas y, finalmente, haga una puesta en común con todo el grupo sirviéndose de la ficha proyectable 2.

🔑 **Solución de la ficha proyectable 2**

1. Un comedor, una cama, un váter, buenas vistas, velas para iluminar; **2.** Cobertura móvil, agua corriente, electricidad; **3.** Se puede dormir, usar el servicio, disfrutar de un ambiente romántico; **4.** No se puede usar el móvil, no se puede usar electricidad, no se puede usar agua corriente, no se puede cocinar, no es posible ducharse.

E

Objetivo
Dar nuestra opinión sobre un estilo de alojamiento.

A-Z Pasar

- ✓ **Interacción oral**
- ✓ **Competencia léxica**
- ✓ **Personalización del aprendizaje**

Desarrollo

• Pregunte a sus estudiantes: **¿Os gustaría pasar un fin de semana en una casa así?, ¿por qué?** De este modo, conseguimos, por un lado, la correcta comprensión del vídeo, y, por otro, personalizamos el léxico y las estructuras trabajadas.

• Divida la pizarra en dos partes y escriba a un lado las respuestas afirmativas con sus razones y en la otra, las negativas con sus correspondientes razones.

• Analice con ellos las respuestas y lleguen a una conclusión sobre si les parece interesante el alojamiento, si tiene más aspectos positivos que negativos, etc.

❗ **A tener en cuenta** 📘 33-34-35-36

Revise con sus alumnos el uso del verbo **gustar** en condicional para expresar un deseo en el futuro.
Recuerde que, al finalizar la unidad, podrá llevar a cabo un trabajo más detallado de los contenidos del vídeo a través de la realización de los ejercicios 33, 34, 35 y 36 del Cuaderno de ejercicios.

UNIDAD 2

01 Como en casa, pero de vacaciones

Antes de leer
Como en casa

A

Objetivo
Introducir el tema del texto.

> √ **Activación de conocimientos previos**
>
> √ **Construcción de hipótesis**

A-Z Sentirse

Desarrollo

• Proponga a sus alumnos que, de manera individual, anoten en un papel lo que asocian con la expresión **sentirse como en casa**. Para ello, pregúnteles: **¿Cómo os sentís en casa?**

• Haga que compartan sus notas en pequeños grupos y, más tarde, póngalas en común con toda la clase. Escriba sus respuestas en la pizarra.

> **! A tener en cuenta**
> Aclare a sus estudiantes que en este contexto, la palabra **casa** (sin artículo) también significa **hogar**. Por ello, en español tenemos expresiones del tipo: **como en casa**, **en ninguna parte** (es el mejor sitio para estar o vivir) u **hogar, dulce hogar**.

B

Objetivo
Hacer hipótesis sobre los servicios de una empresa a partir del nombre de esta.

> √ **Competencia léxica**
>
> √ **Interacción oral**
>
> √ **Construcción de hipótesis**

Desarrollo

• Escriba en la pizarra COMOENCASA, dígales que es una empresa y pregúnteles: **¿Qué tipo de empresa es? ¿A qué se dedica?**

• Remítalos a la actividad B del Dosier 01 y déjeles unos minutos para reflexionar sobre las opciones dadas.

Texto y significado
¿En una casa o en un hotel?

C

Objetivo
Leer un texto sobre los servicios de una empresa y comprobar las hipótesis realizadas.

> √ **Comprensión de lectura**
>
> √ **Interacción oral**
>
> √ **Memoria a corto y largo plazo**

Desarrollo

• Pida a sus alumnos que lean la introducción del texto (todo lo que está impreso sobre la fotografía) para comprobar si su hipótesis de la actividad anterior era cierta.

• Pregúnteles, a continuación, si alguna vez han alquilado un piso o un apartamento para irse de vacaciones y cuál ha sido su experiencia.

> 🔑 **Solución**
> Una web para alquilar casas.

D

Objetivo
Escribir una lista con las ventajas y los inconvenientes de diferentes maneras de alojarse.

> √ **Interacción oral**
>
> √ **Competencia léxica**

Para empezar

Escriba en la pizarra la palabra **alojarse** y pregunte a sus estudiantes por su significado.

Desarrollo

• Hágales, a continuación, esta pregunta: **¿Preferís alojaros en un hotel o en una casa?, ¿por qué?**

• Anímelos a que, en parejas, hagan una lista con las posibles ventajas e inconvenientes de alojarse en una casa alquilada o en un hotel.

• Pídales que comparen su lista con la de otros compañeros.

• Haga una puesta en común de las diferentes ventajas e inconvenientes. Para ello, dibuje una tabla en la pizarra y vaya anotando las ventajas e inconvenientes de alojarse en cada uno de los lugares.

29

UNIDAD 2

Texto y significado
Preferencias y necesidades

E

Objetivo
Leer y valorar distintas ofertas para alquilar casas en vacaciones.

📖 2   📄 1-2-3

✓ **Comprensión de lectura**

✓ **Expresión oral**

✓ **Competencia léxica**

Para empezar
En esta actividad sus estudiantes deben leer unas ofertas de la empresa COMOENCASA y valorar los aspectos más atractivos de cada una de ellas.

Desarrollo
- Divida la clase en grupos de cuatro personas.

- Remítalos a la actividad E del Dosier 01 y explíqueles que cada miembro del grupo debe leer una de las ofertas que aparecen en las páginas 36 y 37. A continuación, cada uno deberá resumir a sus compañeros el contenido de lo que ha leído, destacando lo que le haya parecido más interesante.

- Resuelva las dudas de sus estudiantes mientras trabajan en grupos.

- Una vez resumido el contenido, anímelos a llegar a un acuerdo sobre los aspectos que más valoran de cada una de las ofertas y los aspectos que no son importantes para ellos. Remítalos a la muestra de lengua de esta actividad.

- Al finalizar, realice una puesta en común para conocer las preferencias de sus estudiantes.

› **Para ir más allá**
Si desea ampliar el tema, entregue a sus alumnos la ficha fotocopiable 2 y pídales que busquen en el texto el vocabulario que hace referencia a tipos de vivienda, a partes de la casa y a servicios que suele haber en una casa. Déjeles unos minutos para que trabajen en parejas y haga una puesta en común con todo el grupo.

Texto y significado
Las vacaciones de Carlos

F

Objetivo
Escuchar a una persona que habla sobre sus vacaciones y responder a unas preguntas.

🔊 5   📹 3   📖 3   📄 4

✓ **Comprensión auditiva**

✓ **Competencia léxica**

Para empezar
- Explique a sus alumnos que van a escuchar una conversación entre dos amigos en la que uno de ellos habla de sus próximas vacaciones.

- Entrégueles la ficha fotocopiable 3 y pídales que completen la sección A.

Desarrollo
- Reproduzca la grabación una vez y pídales que respondan a las preguntas que aparecen en la actividad F del Dosier 01. Acláreles que pueden escribir las respuestas en la ficha fotocopiable 3.

- Haga una breve puesta en común y aclare las dudas de vocabulario que puedan surgir. Si dispone de los medios necesarios, utilice la ficha proyectable 3 para la corrección.

- Remita a sus alumnos a las secciones B y C de la ficha fotocopiable 3 y pídales que las completen tras una segunda audición.

- Haga una puesta en común para la corrección y aclare el significado de las palabras y expresiones relacionadas con la casa.

> ❗ **A tener en cuenta**
> Recuerde a sus estudiantes que en la grabación aparecen tres palabras para referirse a la misma actividad: **buceo, submarinismo e inmersión.** Explique en qué consiste, puesto que van a necesitar saberlo para contestar correctamente a la sección B de la ficha fotocopiable 3.

> 🔑 **Solución**
> **1.** A Lanzarote; **2.** Con unos amigos, Miguel y Antonio; **3.** Quiere hacer inmersión/submarinismo; **4.** En una casa alquilada.

Texto y lengua
Es, hay, tiene, está

G

Objetivo
Analizar el uso de **es**, **hay**, **tiene**, **está**.

📹 4   📄 5-6-7   A-Z Dar (2)   A-Z Estar (1)
A-Z Ser (1)   A-Z Tener (3)

✓ **Comprensión de lectura**

✓ **Competencia léxica**

Para empezar
- Remita a sus alumnos, de nuevo, a los textos de las diferentes viviendas de las página 36 y 37 y pídales que subrayen las frases donde aparecen los verbos **ser**, **estar** y **tener**.

- Pregúnteles, a continuación: **¿Qué hay en el entorno de las diferentes viviendas?** Escriba sus respuestas en la pizarra.

Desarrollo
- Remita de nuevo a sus estudiantes al texto y pídales que escriban el máximo número de frases para cada vivienda usando los verbos que se proponen en la actividad G del Dosier 01: **es**, **hay**, **tiene**, **está**.

- Si dispone de los medios necesarios, muestre la ficha proyectable 4 e invítelos a levantarse y a completar la información para cada una de las viviendas.

> ❗ **A tener en cuenta**
> En el texto "Ático en el centro de Granada" aparece la expresión **da a…**; sería conveniente que explicase a sus alumnos el uso de esta expresión, pues aparecerá a lo largo de la unidad. Puede explicarles que hace referencia a que las ventanas, balcones o terrazas están en esa calle o que la vivienda se encuentra en una calle que desemboca en la mencionada calle Mesones.

UNIDAD 2

01 Agenda de aprendizaje

Palabras para actuar
Hablar de una vivienda

1

Objetivo
Analizar las estructuras que podemos usar para describir una vivienda.

√ **Reflexión sobre el funcionamiento del sistema formal**

√ **Personalización del aprendizaje**

√ **Competencia léxica**

🔌 5

Para empezar

Remita a sus estudiantes al apartado 1 de la Agenda de aprendizaje 01 y dígales que lean las frases que allí aparecen.

Desarrollo

• Llame la atención de sus estudiantes sobre los andamiajes y asegúrese de que los entienden.

• Pídales que, usando esos andamiajes, escriban frases sobre su propia casa.

• Haga una puesta en común con todo el grupo. Si dispone de los medios necesarios, use la ficha proyectable 5 y escriba las características de alguna de las casas de sus estudiantes.

Palabras para actuar
Preguntar: interrogativas indirectas

2

Objetivo
Conocer el funcionamiento de las frases interrogativas indirectas.

√ **Observación y reflexión sobre el funcionamiento del sistema formal**

√ **Competencia sociocultural**

Desarrollo

• Llame la atención de sus estudiantes sobre los ejemplos de preguntas indirectas que se muestran en el apartado 2 de la Agenda de aprendizaje 01.

• Hágales notar cómo la primera parte de las frases se emplea para introducir una pregunta de manera indirecta y, por tanto, de una forma más cortés y educada.

• Pídales que escriban una pregunta directa para cada uno de los ejemplos que se muestran.

🔑 **Propuesta de solución**

¿Qué días está disponible?
¿Dónde se puede aparcar? ¿Dónde hay aparcamiento?
¿Hay calefacción? / ¿La casa tiene calefacción?
¿Cómo se llega al centro? / ¿Cómo puedo llegar al centro?
¿Hay piscina? / ¿La casa tiene piscina?

Palabras para actuar
Describir y situar en el espacio: marcadores de lugar

3

Objetivo
Describir una casa, situando en el espacio sus distintas partes.

√ **Reflexión sobre el funcionamiento del sistema formal**

√ **Expresión escrita**

√ **Competencia léxica**

🔌 6 📘 8-9-10-11 A-Z Estar (1)

Desarrollo

• Remita a sus estudiantes a los planos que aparecen en el apartado 3 de la Agenda de aprendizaje 01 y pídales que revisen el nombre de cada uno de los espacios de una vivienda.

• Dígales, a continuación, que completen los enunciados para describir la casa de la imagen. Si dispone de los medios necesarios, muestre la ficha proyectable 6A y llame la atención de sus estudiantes sobre los andamiajes que hay en este apartado.

• Invítelos a comparar sus frases con las de un compañeros y, a continuación, haga una puesta en común con todo el grupo.

› **Para ir más allá**

Si desea profundizar en el empleo de estas estructuras, puede utilizar la ficha proyectable 6B y hacer una competición en clase: divida a sus estudiantes en grupos de cuatro o cinco personas y pídales que escriban frases que expresen las diferencias entre las dos imágenes. Deles un ejemplo: **en la imagen A el coche está dentro del garaje, pero en la imagen B el coche está fuera.** Déjeles unos diez minutos para escribir las frases y, a continuación, pídales que las pongan en común con los demás miembros del grupo. Averigüe qué grupo tiene más frases correctas.

31

UNIDAD 2

01 Taller de uso

En parejas
Mi casa

A
Objetivo
Hacer una descripción del lugar en el que vivimos.

√ Interacción oral

√ Competencia léxica

Para empezar

- Dibuje en la pizarra un plano muy básico de su vivienda, solo habitaciones y espacios. Diga a sus estudiantes: **esta es mi casa.** Explíqueles, a la vez que escribe el nombre de cada espacio, cuáles son las diferentes partes de su vivienda.

- Anime a sus estudiantes a hacer también un plano básico de su casa y pídales que se lo entreguen a su compañero, quien tendrá que completar el nombre de las diferentes habitaciones de acuerdo a la descripción que hace su interlocutor. Recuérdeles que pueden servirse de los andamiajes que aparecen en el apartado 3 de la Agenda de aprendizaje 01 y de la muestra de lengua que aparece al final del mismo. Ayúdelos, si lo necesitan, a completar la información de los planos.

- Pídales que inviertan los papeles para que los dos estudiantes puedan completar el plano de su compañero.

En parejas
Nuestros anuncios

B
Objetivo
Escribir un anuncio para poner nuestra casa en alquiler.

√ Personalización del léxico

√ Competencia léxica

√ Aprender a aprender

📽 7   📘 12-13-14

Desarrollo

- Pida a sus alumnos que, en parejas (las mismas que han trabajado en la actividad anterior), seleccionen una de las dos viviendas que han dibujado.

- Propóngales, a continuación, que escriban un anuncio para poner en alquiler dicha vivienda. Puede remitirlos a los ejemplos de anuncios de la página 36 o utilizar los ejemplos de la ficha proyectable 7.

- Una vez escrito el anuncio, propóngales que lo cuelguen en la pared de la clase junto al plano de la vivienda.

- Sugiera a sus estudiantes que lean las ofertas de pisos y que seleccionen la que más les interesa.

- Si dispone de un entorno virtual de aprendizaje, puede pedirles que publiquen el plano y el anuncio para que sus compañeros comenten sus preferencias.

C
Objetivo
Escribir un correo electrónico para obtener más información sobre una vivienda.

√ Comprensión de lectura

√ Expresión escrita

√ Competencia pragmática (discursiva)

📘 15

Desarrollo

- Explique a sus estudiantes que, una vez elegido el anuncio, deberán escribir un correo electrónico para obtener más información.

- Remítalos al ejemplo que aparece en la actividad C del Taller de uso 01 y léalo con ellos. Destaque las partes principales del correo electrónico y sus funciones: destinatario, asunto, saludo, primer párrafo con el objetivo del correo, segundo párrafo con las preguntas que quieren hacer y, por último, despedida y firma.

- Llame la atención de sus estudiantes sobre las fórmulas que se emplean para saludar y despedirse, pedir información o hacer peticiones de forma cortés.

- Remítalos, así mismo, al apartado 2 de la Agenda de aprendizaje 01 para recordarles la formación de las interrogativas indirectas.

- Aclare cualquier duda que pueda surgir.

> **❗ A tener en cuenta**
> En español es muy importante aportar una excusa o justificación ante la realización de ciertas preguntas o respuestas. Un ejemplo puede verse en el texto del correo electrónico: tras la pregunta: **¿Sería posible tener una cama más?,** aparece una explicación o justificación: **somos dos parejas y cuatro niños.** Conviene, por tanto, explicar a sus alumnos que en español no se suele hacer preguntas de una manera muy directa, pues resulta incómodo para el interlocutor, y por ello se hace necesario el uso de justificaciones o de interrogativas indirectas para suavizar la pregunta o petición.

D
Objetivo
Responder a un correo electrónico en el que se solicita información sobre nuestra vivienda.

√ Comprensión de lectura

√ Expresión escrita

√ Competencia pragmática (discursiva)

📘 4

Desarrollo

- Pida a sus estudiantes que intercambien su texto con el de la pareja que ha escrito el anuncio. Esta debe escribir un correo respondiendo a las preguntas planteadas por sus compañeros.

› **Para ir más allá**
Proponga a sus estudiantes que intercambien sus textos con los de otros compañeros para hacer una corrección mutua. Entrégueles la ficha fotocopiable 4 y aclare los criterios de corrección. Si lo estima conveniente, puede recoger los textos y corregirlos usted después.

02 Casas muy especiales

Antes de leer
Casas diferentes

A
Objetivo
Observar unas imágenes y hacer hipótesis sobre diferentes tipos de casa.

📽 8

- √ Interacción oral
- √ Construcción de hipótesis
- √ Activación de conocimientos previos

Para empezar

Si dispone de los medios necesarios, muestre a sus estudiantes la ficha proyectable 8. En caso contrario, remita a sus alumnos a las imágenes de las páginas 40 y 41.

Desarrollo

- Muestre a sus estudiantes las imágenes de las diferentes casas y pregúnteles por qué es especial cada una de ellas.
- Escriba en la ficha proyectable o en la pizarra las palabras clave relacionadas con el tema que hayan aportado sus estudiantes.

B
Objetivo
Relacionar unas frases sobre viviendas con las fotografías correspondientes.

- √ Construcción de hipótesis
- √ Activación de conocimientos previos
- √ Interacción oral

Para empezar

Pida a sus alumnos que lean la introducción del texto y que identifiquen las palabras clave.

Desarrollo

- Haga que sus alumnos lean las afirmaciones que se proponen en la actividad B del Dosier 02.
- Pregúnteles: **¿De qué casas creemos que podemos decir estas cosas?**

- En parejas o pequeños grupos, anímelos a negociar qué afirmación quieren asignar a cada fotografía.
- Haga una puesta en común de sus respuestas y anime a sus estudiantes a exponer las razones por las que han elegido cada frase.

Texto y significado
Casas diferentes

C
Objetivo
Leer un texto y comprobar las hipótesis realizadas.

- √ Comprensión de lectura
- √ Trabajo cooperativo
- √ Competencia léxica

Desarrollo

- Pida a sus alumnos que lean los textos en los que se describen los diferentes tipos de vivienda.
- Anímelos a comprobar sus hipótesis en parejas o en pequeños grupos.
- Haga una puesta en común con las conclusiones de sus alumnos.

🔑 **Propuesta de solución**
a. 3; **b.** 1; **c.** 5; **d.** 2 y 4; **e.** 2; **f.** 5; **g.** 4; **h.** 3.

D
Objetivo
Hacer una lista de ventajas e inconvenientes de cada tipo de vivienda.

📘 16

- √ Competencia léxica
- √ Personalización del léxico
- √ Expresión escrita

Desarrollo

- Distribuya a sus estudiantes en parejas o en grupos de tres personas y pídales que hagan una lista con posibles ventajas e inconvenientes de cada tipo de vivienda.
- Remítalos a la propuesta que se hace en la actividad D del Dosier 02, estableciendo esta lista en tres niveles: **ventajas**, **inconvenientes** y **es una buena solución si...**; de este modo no se polariza el texto solo en cosas positivas y negativas, sino que se establece también una tercera vía de negociación.
- Haga una puesta en común y escriba en la pizarra las propuestas de sus estudiantes.

› **Para ir más allá**
Una vez concluida la elaboración de la lista, pida a sus estudiantes que analicen los textos y que hagan una recopilación de los diferentes materiales con los que se puede hacer una casa. De esta manera, activarán vocabulario que aparecerá en la siguiente actividad.

UNIDAD 2

Texto y significado
Vivir en una yurta

E

Objetivo
Escuchar una entrevista sobre un tipo de vivienda y responder a unas preguntas.

🔊 6   📽 9   📄 17

- √ Comprensión auditiva
- √ Competencia léxica
- √ Activación de conocimiento del mundo

Para empezar

- Pregunte a sus alumnos si saben qué es una **yurta**. En caso afirmativo, anímelos a explicarlo.

- Explíqueles que, a continuación, van a escuchar un audio donde se hace una entrevista a Marta, una chica que vive en una yurta.

Desarrollo

- Si dispone de los medios necesarios, muestre a sus estudiantes la ficha proyectable 9A, donde aparecen tres fotografías de tres tipos de vivienda. Pídales que, tras escuchar el audio, identifiquen cuál de ellas corresponde a la yurta.

- Haga una puesta en común con las respuestas de sus estudiantes.

- Muestre la ficha proyectable 9B, donde aparecen las preguntas 2, 3 y 4 de la actividad E del Dosier 02. Ponga la grabación y anime a sus estudiantes a responderlas.

- Pídales que comparen sus respuestas con las de un compañero.

- Haga una puesta en común en clase abierta.

F

Objetivo
Hablar de otros tipos de vivienda.

- √ Competencia existencial
- √ Personalización del aprendizaje
- √ Activación de conocimiento del mundo

Desarrollo

- Pregunte a sus alumnos si conocen a personas que viven en casas originales. Invítelos a hablar de esas viviendas y a explicar cómo son.

- Si sus estudiantes no tienen conocidos que vivan en casas especiales, invítelos a buscar en internet casas originales.

Texto y lengua
Cualidades

G

Objetivo
Elaborar una lista con los adjetivos que aparecen en los textos.

- √ Competencia léxica
- √ Observación y reflexión sobre el funcionamiento del sistema formal
- √ Aprender a aprender

Desarrollo

- Pida a sus alumnos que hagan una lista con los adjetivos que aparecen en los textos de las páginas 40 y 41.

- Dígales, a continuación, que escriban todas las formas posibles de esos adjetivos (masculino, femenino, singular y plural), tal y como se muestra en el ejemplo.

- Anímelos, por último, a clasificar esos adjetivos en categorías y a extraer la norma. Sus alumnos habrán de consignarlos en tres categorías: adjetivos terminados en **-o/-a/-os/-as**, adjetivos en **-e/-es** y adjetivos en **-r/-l/-res/-les**.

H

Objetivo
Asociar adjetivos con sustantivos a los que acompañan con frecuencia.

📽 10

- √ Competencia léxica
- √ Observación y reflexión sobre el funcionamiento del sistema formal
- √ Aprender a aprender

Desarrollo

- Una vez clasificados los adjetivos de la actividad anterior, pida a sus alumnos que elijan tres de ellos y que busquen nombres con los que se asocian con frecuencia o con los que pueden aparecer. Muéstreles un ejemplo: **materiales caros**.

- Pida a sus estudiantes que presten atención a las concordancias de género y número.

- Si dispone de los medios necesarios, use la ficha proyectable 10 para escribir una lista con los adjetivos; si no, hágalo en la pizarra.

› **Para ir más allá**
Para profundizar en el uso de estas estructuras y unidades léxicas, puede proponer a sus alumnos el trabajo con un diccionario combinatorio. De este modo podrán trabajar con las colocaciones más frecuentes y analizar, en algunos casos, significados y formaciones usuales del español.

02 Agenda de aprendizaje

Reglas y ejemplos
Estar + participio

1
Objetivo
Analizar algunas construcciones con **estar** + participio.

📄 5   📘 18   A-Z Estar (2)

> √ **Observación y reflexión sobre el funcionamiento del sistema formal.**
>
> √ **Personalización del aprendizaje**

Para empezar

• Divida la pizarra en dos partes. Escriba en la parte de la izquierda: **la yurta se hace con madera**. A continuación, a la misma altura, escriba en la parte de la derecha: **la yurta está hecha de madera, algodón y lona**

Desarrollo

• Entregue a sus estudiantes la ficha fotocopiable 5 y escriba en la pizarra la frase: **las casas se construyen con materiales ecológicos.** Pídales que reproduzcan la frase paralela, siguiendo el ejemplo dado anteriormente. Deberían escribir: **las casas están construidas con materiales ecológicos.**

• Escriba sobre la columna de la izquierda ACCIÓN y sobre la de la derecha RESULTADO/SITUACIÓN.

• Remítalos, a continuación, al apartado 1 de la Agenda de aprendizaje 02 y lea con ellos los ejemplos. Pídales que busquen construcciones similares en los textos de las páginas 40 y 41 y que los anoten en la ficha fotocopiable 5. Después, haga una puesta en común con todo el grupo.

• Pida a sus alumnos, para finalizar, que completen los ejemplos con información sobre su vivienda.

Palabras en compañía
Modificadores del adjetivo

2
Objetivo
Profundizar en el uso de los modificadores del adjetivo.

> √ **Observación y reflexión sobre el funcionamiento del sistema formal**
>
> √ **Competencia léxica**

Desarrollo

• Escriba en la pizarra las siguientes frases que aparecieron en los textos del Dosier 02:
Los contenedores son muy resistentes **al sol**.
Está totalmente integrada **en el paisaje**.
Es supersilenciosa.

• Llame la atención de sus estudiantes sobre el uso del adverbio como modificador del adjetivo y remítalos a los ejemplos que se ofrecen en el apartado 2 de la Agenda de aprendizaje 02.

• Explíqueles que estos adverbios, de diferente índole, modifican e intensifican el significado del adjetivo al que acompañan.

• Anímelos a a completar los ejemplos que se ofrecen con información personal o de su entorno.

Reglas y ejemplos
Frases condicionales con si

3
Objetivo
Observar oraciones condicionales con **si** + presente de indicativo y reflexionar sobre su forma.

📘 19-20

> √ **Observación del funcionamiento del sistema formal**
>
> √ **Competencia pragmática**

Desarrollo

• Remita a sus estudiantes a las frases del apartado 3 de la Agenda de aprendizaje 02 y pídales que presten atención a los andamiajes, en los que se subrayan un tipo de frase condicional. Hágales ver que después de la partícula condicional **si** hay un verbo en presente de indicativo.

• Explíqueles que esta estructura indica una condición y remítalos, de nuevo, a este apartado para observar su funcionamiento.

• Finalmente, proponga a sus alumnos que completen los ejemplos que se ofrecen al final de este apartado.

UNIDAD 2

Palabras para actuar
Valorar con el verbo parecer

4

Objetivo
Observar expresiones de valoración que contienen el verbo parecer.

√ Observación del funcionamiento del sistema formal

√ Personalización del aprendizaje

√ Competencia pragmática

◘ 11   📄 21   A-Z Parecer (3)

Desarrollo

- Remita a sus alumnos al apartado 4 de la Agenda de aprendizaje 02 y hágales que observen las expresiones de valoración en las que se emplea el verbo **parecer**.

- Pídales que lean los ejemplos y pregúnteles si les recuerdan a alguna otra forma verbal vista con anterioridad. El objetivo es que los alumnos puedan establecer paralelismos con otros verbos, tales como **gustar**, **encantar**, etc.

- Si dispone de los medios necesarios, muestre la ficha proyectable 11 y pídales que, en parejas o pequeños grupos, intenten extraer la formación y el funcionamiento de estas estructuras.

- Explíqueles que se trata de una forma para hacer valoraciones, donde el verbo va en tercera persona acompañado de un pronombre de objeto indirecto (**me**, **te**, **le**, **nos**, **os**, **les**).

- Si lo estima necesario, hágales ver que una frase como **a mí me parece muy bonita** tiene un significado muy similar a la frase **creo que es muy bonita**.

- Pídales, para finalizar, que completen las frases con sus opiniones.

› **Para ir más allá**
Anime a sus estudiantes a dar su opinión sobre los distintos tipos de vivienda que se han visto en la unidad. De este modo, podrán trabajar de manera más amplia el uso de estas estructuras y conseguiremos una interacción oral más productiva, así como una mayor integración y personalización del aprendizaje y de las estructuras.

02 Taller de uso

En grupos
Diseñamos nuestra casa

A

Objetivo
Decidir el mejor diseño para una casa.

√ Interacción oral

√ Competencia pragmática

√ Trabajo cooperativo

◘ 12   📄 22-23   A-Z Poner

Para empezar
Explique a sus alumnos que en esta actividad van a diseñar, en grupos de tres personas, una casa modular para sus vacaciones.

Desarrollo

- Aclare a sus estudiantes que pueden elegir cinco módulos distintos y colocarlos en el terreno disponible. Además, si lo desean, pueden elegir dos módulos del mismo tipo (dos baños, por ejemplo).

- Divida la clase en grupos y déjeles tiempo suficiente para que discutan el diseño de la casa y la dibujen. Pase por las mesas mientras realizan la actividad y ayúdelos a expresar sus ideas usando los andamiajes propuestos en esta actividad.

- Para terminar, puede sugerir a un miembro de cada grupo que dibuje el plano de la casa en la pizarra y lo explique. Si dispone de los medios necesarios, muestre la ficha proyectable 12 para que sus alumnos puedan dibujar sobre ella.

› **Para ir más allá**
Aproveche las imágenes de las diferentes habitaciones para revisar el mobiliario que aparece en cada una de ellas y pregunte a sus estudiantes si necesitan añadir algún mueble.

Archivo de léxico

Mis palabras
Tipos de vivienda

1

Objetivo
Hablar sobre distintos tipos de vivienda.

📄 24

√ **Personalización del léxico**

√ **Competencia intercultural**

Desarrollo

- Lea el enunciado del apartado 1 del Archivo de léxico y aclare a sus estudiantes que la palabra **vivienda** se refiere a lugares en los que podemos vivir.

- Remítalos, a continuación, a los tipos de vivienda de este apartado. Pídales que busquen en un diccionario la definición para cada una de ellas. Si lo prefieren, pueden buscar fotografías en internet y aportar su propia definición.

- Pregúnteles por otros tipos de vivienda que conocen. Anímelos, a continuación, a completar los enunciados con información personal. Pídales que lo pongan en común en parejas o en grupos de tres personas.

> ❗ **A tener en cuenta**
> Este tipo de actividades puede ser una buena oportunidad para llevar un diccionario a clase y trabajar con él. Para ello, recomendamos un diccionario de uso o un diccionario de secundaria, ya que este último tiene un vocabulario y unas estructuras más sencillas. También puede ser útil un diccionario combinatorio para trabajar con unidades léxicas y colocaciones.

Palabras en compañía
Casa

2

Objetivo
Familiarizarse con las palabras que pueden acompañar a la palabra **casa**.

🔊 13 📄 25-26

√ **Competencia léxica**

√ **Aprender a aprender**

Desarrollo

- Recuerde a sus alumnos que, aunque una casa es un tipo especial de vivienda, en español se suele usar la palabra **casa** para hacer referencia a nuestro domicilio, ya sea un piso, un chalet, etc.

- Remita a sus estudiantes al apartado 2 del Archivo de léxico y asegúrese de que entienden el vocabulario que aparece en las diferentes colocaciones.

- Propóngales, a continuación, que amplíen cada una de las series con otras unidades léxicas. Anímelos a encontrar ejemplos en el libro y a añadir otros términos que ellos conozca. A continuación, pídales que lo pongan en común con un compañero.

- Si dispone de los medios necesarios, muestre la ficha proyectable 13 para hacer una puesta en común. Si no, puede escribir en la pizarra las aportaciones de sus estudiantes.

En español y en otras lenguas
La vivienda más normal

3

Objetivo
Comparar las viviendas en diferentes países.

🔊 14 📄 27-28-29-30-31-32

√ **Competencia intercultural**

√ **Interacción oral**

Desarrollo

- Pida a sus alumnos que observen la imagen que acompaña al apartado 3 del Archivo de léxico. Si dispone de los medios necesarios, muéstreles la ficha proyectable 14. Asegúrese de que entienden el nombre de todas las partes de la vivienda.

- Anímelos a comentar las diferencias que observan con respecto a sus países (tamaño, tipos de habitaciones, distribución de la vivienda, etc.). Por ejemplo, en algunos países la lavadora se encuentra en el baño, mientras que en España suele estar en la cocina.

- Lea la descripción del tipo de piso más común entre los españoles e invite a sus alumnos a redactar una descripción parecida de la vivienda más común en su país. Pídales que hagan la actividad individualmente y que comparen sus respuestas con las de un compañero.

- Haga una puesta en común y permítales que reflexionen sobre las diferencias entre los países.

Proyectos

Proyecto en grupo
Buscamos una casa rural para ir de vacaciones

A

Objetivo
Buscar en internet una casa rural en una comunidad autónoma de España.

√ **Investigación en internet**

√ **Competencia sociocultural**

√ **Trabajo cooperativo**

Para empezar

- Pregunte a sus alumnos cómo suelen buscar alojamiento para sus vacaciones: internet, una agencia de viajes, conocidos…Probablemente muchos de ellos se referirán a internet.

UNIDAD 2

- Invítelos a formar pequeños grupos de trabajo. Muéstreles el mapa de España y dígales que van a buscar una casa rural que les guste en una de esas comunidades autónomas.

Desarrollo

- Diga a sus estudiantes que tomen notas sobre las características que debe tener la casa según sus necesidades (número de habitaciones, instalaciones, precio, características, etc.). A continuación, pídales que elijan una de las comunidades que se proponen.

- Deles un tiempo para realizar la búsqueda y pídales que anoten las características de la casa que encuentren y las razones por las que les gusta, ya que más tarde deberán presentar la casa rural que han escogido ante el resto de la clase.

> **A tener en cuenta**
> Tenga en cuenta que estas tres comunidades son una sugerencia que responde a diferentes motivos, como limitar la búsqueda para hacerla más sencilla o familiarizarse con comunidades autónomas que son menos conocidas fuera de España. Si lo considera conveniente, amplíe o modifique la región de búsqueda.

B

Objetivo
Presentar al resto de la clase una casa rural para pasar las vacaciones.

√ **Expresión oral**
√ **Competencias pragmáticas (funcional y textual)**
√ **Personalización del aprendizaje**

Desarrollo

- Explique a sus alumnos que van a presentar su casa rural al resto de la clase, aportando cinco razones por las que la han elegido.

- Remítalos a los andamiajes que aparecen en este apartado y anímelos a utilizarlos para preparar la presentación.

- Deles unos minutos para preparar la presentación o, si lo prefiere y tiene tiempo para ello, anímelos a utilizar un programa de presentaciones o a escribir un breve texto acompañado de fotografías, ya que los demás alumnos deberán decir después qué casa les parece la más bonita, la más interesante, etc.

- Pídales que escojan a un portavoz del grupo para hacer la presentación. Los demás podrán hacer preguntas.

› **Para ir más allá**
Puede crear una wiki donde sus alumnos puedan compartir toda la información que encuentren sobre la casa rural elegida e ir ampliando la información: entorno, facilidades, información de interés (buses, teléfonos de interés, etc.). De este modo, además de introducir las TICs en el aula, se promueve el trabajo cooperativo y el alumno tiene siempre disponible la información.

Proyecto individual
Os presento mi casa

C

Objetivo
Grabar un vídeo para presentar nuestra casa a los compañeros.

√ **Expresión oral**
√ **Personalización del aprendizaje**
√ **Competencia pragmática**

Desarrollo

- Explique a sus alumnos que para esta actividad van a realizar una presentación en vídeo sobre su casa, que deberán después mostrar a sus compañeros. Para ello, han de preparar un esquema como el que se ofrece en la actividad C de Proyectos y revisar el vocabulario que van a necesitar.

- Ayúdelos a preparar en clase, tanto el esquema, como el esqueleto de un guion. Recuérdeles que deben ir describiendo las habitaciones de su casa al mismo tiempo que las graban.

- Recomiende a sus estudiantes que memoricen el guion antes de empezar la grabación.

D

Objetivo
Ver un vídeo de las casas de los compañeros y definirlas.

√ **Comprensión audiovisual**
√ **Competencia léxica**

Desarrollo

- Anime a sus alumnos a proyectar sus vídeos en clase.

- Explíqueles que, mientras ven las presentaciones de los compañeros, deben estar atentos, ya que al final de cada presentación deben decidir qué características definen cada vivienda: moderna, clásica, con estilo, luminosa, tradicional, espaciosa, etc.

- Tras las presentaciones, dé la enhorabuena a sus alumnos por su trabajo y conteste a preguntas o resuelva dudas que hayan podido surgir durante las mismas.

> **A tener en cuenta**
> En el caso de grupos muy numerosos, sería conveniente poder disponer de alguna plataforma o lugar donde poder alojar los vídeos. En caso de no disponer de una plataforma para tal fin, convendría secuenciar las presentaciones en varios días.

UNIDAD 3

VIDA Y OBRA

Punto de partida

Nube de palabras
Biografías

A

Objetivo
Introducir el tema de la unidad a partir del título y de la imagen de la página de entrada.

√ **Competencia léxica**

√ **Activación de conocimientos previos**

√ **Activación de conocimiento del mundo**

◻ 1

Para empezar

Si dispone de los medios necesarios, muestre a sus estudiantes la nube de palabras en la ficha proyectable 1.

Desarrollo

• Pida a sus alumnos que identifiquen el objeto que contiene la nube de palabras. Espere su respuesta: **un libro**.

• Anímelos a que identifiquen las palabras que conocen.

• Remita a sus alumnos al título de la unidad, "Vida y obra", y anímelos a buscar en la nube una palabra que se relaciona con el título. Espere su respuesta: **biografía**.

• Pida a sus alumnos que completen la actividad A del Punto de partida, escribiendo en cada categoría las palabras de la imagen que ya conocen o que pueden deducir. Ayúdelos a completar la actividad con las palabras que desconozcan.

• Revise, por último, con sus alumnos, los contenidos que se van a trabajar en esta unidad.

Solución

Palabras para situar en el tiempo: de niño, de joven, durante, en 2006, a los 20 años, desde 1990.

Acciones: vivió, se casó, se fue, trabajó, fui, estudió, se casó, nació, tuvo un hijo.

B

Objetivo
Escribir frases sobre la vida de personas que conocemos.

√ **Competencia sociocultural**

√ **Expresión escrita**

√ **Personalización del léxico**

Desarrollo

• Pida a sus alumnos que piensen en personajes famosos que conocen o en personas de su entorno.

• Anímelos a escribir frases sobre su vida con las palabras que han extraído de la nube de palabras. Póngales un ejemplo: **Shakira nació en Colombia.**

• Haga una puesta en común de las frases de sus alumnos.

39

UNIDAD 3

Vídeo
Ana Alcaide: una mujer valiente

C

Objetivo
Ver un vídeo sobre la vida de Ana Alcaide y reconstruir su biografía.

√ **Comprensión audiovisual**

√ **Competencia léxica**

▶ 📽2 📄1

Para empezar
- Pida a sus alumnos que miren la fotografía de Ana Alcaide que aparece en el Libro del alumno. Dígales que hagan hipótesis sobre su lugar de nacimiento, ocupación y formación.
- Pregúnteles si conocen cómo se llama el instrumento que tiene. Si no lo saben, dígales que es un arpa de teclas.

Desarrollo
- Explique a sus estudiantes que van a ver un vídeo sobre la vida de Ana Alcaide. Remítalos a la sección A de la ficha fotocopiable 1 para que les resulte más cómodo responder a las preguntas de esta actividad.
- Después de ver el vídeo, pídales que comparen sus respuestas con un compañero. Si lo considera conveniente, ponga el vídeo una segunda vez.
- Haga una puesta en común con todo el grupo. Si dispone de los medios necesarios, sírvase de la ficha proyectable 2.
- Remita a sus estudiantes a la sección B de la ficha fotocopiable 1. Vuelva a poner el vídeo y pídales que completen la línea de tiempo con las fechas más importantes de la vida de Ana Alcaide.

🔑 **Solución de la ficha fotocopiable 1**

A.
1. Nació y creció en Madrid, en el barrio de Malasaña, hasta los siete años.
2. Estudió música hasta los 15 años y estudió la carrera de Biología. A los 23 años retomó la carrera de Música.
3. Lo conoció en Suecia, cuando fue a estudiar Biología.
4. Sí, porque le gusta asumir nuevos retos y ponerse al límite para aprender y evolucionar.

B.
A los 7 años empezó a estudiar Música.
Hasta los 15 años estudió Música en una academia.
En Suecia estudió Biología.
A los 23 años retomó la carrera de Música.
A los 24 o 25 años se fue a vivir a Toledo.
En el futuro quiere iniciar un proyecto musical en Irán con mujeres.

› **Para ir más allá**
Si quiere profundizar en el tipo de música que toca Ana Alcaide, puede explicarles a sus alumnos que se trata de música sefardí y proyectar un vídeo con alguna de las actuaciones de la artista. La canción que suena al comienzo del vídeo es una canción titulada *El sueño de la hija del rey*. Si bien la lengua de la canción puede resultar un poco complicada para los no adeptos a esta música y tradición, sí puede resultar interesante para conocer un poco más de la tradición musical española, sus influencias y escuchar un español de hace unos siglos.

01 Tres mujeres valientes

Antes de leer
Hipótesis

A

Objetivo
Introducir el tema del texto.

√ **Construcción de hipótesis**

√ **Activación de conocimiento del mundo**

📄1

Desarrollo
- Remita a sus alumnos al título del texto: "Tres mujeres valientes".
- Pídales que observen las imágenes y pregúnteles: **¿A qué se dedican estas mujeres? ¿Por qué pensáis que son valientes?** Escriba sus respuestas en la pizarra.
- Anímelos a hacer el ejercicio 1 del Cuaderno de ejercicios. Explíqueles que las frases que aparecen corresponden a una de las tres mujeres del texto.

❗ **A tener en cuenta**
Si sus alumnos tuvieran problemas a la hora de hacer las hipótesis, puede remitirlos a las frases que acompañan a cada una de las protagonistas del texto. Ello les ayudará en la realización de las actividades.

Texto y significado
Cómo son

B

Objetivo
Leer los textos sobre la vida de tres mujeres y buscar adjetivos que las definan.

√ **Comprensión de lectura**

√ **Interacción oral**

√ **Competencia léxica**

📄2

Para empezar
- Entregue a sus estudiantes la ficha fotocopiable 2 y pídales que hagan la sección A. Corríjala y resuelva dudas.
- Indique a sus alumnos que a continuación van a leer los textos sobre la vida de estas tres mujeres valientes.

40

UNIDAD 3

Desarrollo

• Pida a sus estudiantes que lean los textos y que elijan los adjetivos que definen a cada una de estas mujeres. Anímelos a que usen el andamiaje de esta actividad.

• Haga una puesta en común en clase abierta y anime a sus estudiantes a explicar las razones por las que han elegido esos adjetivos.

› **Para ir más allá**
Remita a sus estudiantes a la sección B de la ficha fotocopiable 2 e invítelos a buscar los antónimos de los adjetivos que allí se encuentran. Anímelos a usar un diccionario y haga una puesta en común al finalizar.

Texto y significado
Biografías

C

Objetivo
Leer unos textos y relacionar diversas acciones con la persona que las ha realizado.

√ Comprensión de lectura

√ Memoria a corto y largo plazo

Desarrollo

• Pida a sus alumnos que lean los datos biográficos que aparecen en la actividad C del Dosier 01. Explíqueles que corresponden a alguna de las tres mujeres de los textos. Anímelos a leer de nuevo los textos y a relacionar cada una de las frases con la persona adecuada. Invítelos a hacerlo individualmente y a compararlo después con un compañero.

• Haga una puesta en común con todo el grupo y pregunte a sus estudiantes en qué parte del texto han encontrado la información que les ha llevado a responder a las cuestiones planteadas (por ejemplo: Araceli ha pasado bastante tiempo en Asia porque ha escalado el Everest, que está en ese continente).

🔑 **Solución**

Araceli Segarra: 1, 5, 6, 8, 12, 14.
Rebeca Atencia: 1, 2, 7, 9, 10.
Adela Navarro: 1, 3, 4, 8, 11, 13.

Texto y lengua
El pretérito indefinido

D

Objetivo
Analizar el contraste entre el pretérito perfecto y el pretérito indefinido.

√ Construcción de hipótesis

√ Interacción oral

Para empezar

Llame la atención de sus alumnos sobre la diferencia entre los tiempos del pasado empleados entre las frases de la izquierda y las frases de la derecha de la actividad C del Dosier 01. Pídales que subrayen los verbos que aparecen en ellas. Si dispone de los medios necesarios, muestre la ficha proyectable 3 y úsela para la corrección.

Desarrollo

• Pregunte a sus estudiantes si reconocen el tiempo verbal de las frases de la izquierda. Aclaréles que se trata del **pretérito perfecto**. Si lo cree conveniente, haga un breve repaso sobre su formación.

• Explíqueles que el tiempo verbal de las frases de la derecha es también un pasado y que se llama **pretérito indefinido**.

• Invítelos a reflexionar sobre cuándo se emplea uno y cuándo se emplea el otro fijándose en las frases en la actividad C de este Dosier. Déjeles un tiempo para reflexionar y para establecer algunas hipótesis.

• Haga una puesta en común con todo el grupo y analice las diferentes propuestas de sus alumnos.

❗ **A tener en cuenta**
Si lo considera conveniente, puede explicarles que en las frases de la izquierda, los verbos aparecen en pretérito perfecto porque se dice qué han hecho las mujeres a lo largo de su vida, pero sin especificar cuándo. Sin embargo, en las frases de la derecha, las acciones se sitúan en el tiempo, y por ello se emplea el pretérito indefinido.

Texto y significado
Otra mujer valiente

E

Objetivo
Escuchar una conversación sobre la vida de otra mujer valiente.

√ Comprensión auditiva

√ Expresión oral

√ Competencia existencial

Para empezar

• Pregunte a sus alumnos si saben quién es **Judith Torrea** y si conocen la situación que se vive en **Ciudad Juárez** (una ciudad de México que tiene serios problemas con el narcotráfico, la delincuencia, y los feminicidios).

• Si dispone de los medios, puede pedirles que busquen información en internet acerca de esta situación en la ciudad mexicana. Esto ayudará a sus alumnos a entrar en el tema y a tener un primer contacto con el vocabulario.

Desarrollo

• Diga a sus estudiantes que van a escuchar una conversación entre dos amigos que hablan sobre Judith Torrea. Pídales que lean las preguntas que aparecen en este apartado y que intenten responderlas con la información del audio.

• Tras la audición, invítelos a poner en común sus respuestas con otros compañeros y, a continuación, haga una puesta en común con todo el grupo. Puede utilizar para ello la ficha proyectable 4.

• Pídales, para finalizar, que completen la actividad 2 del Cuaderno de ejercicios, donde se ofrece información adicional sobre Judith Torrea.

41

UNIDAD 3

🗝 Solución

1. Es periodista; **2.** Ha vivido en España, Estados Unidos y México; **3.** Escribe sobre narcotráfico, crimen organizado y asesinatos en Ciudad Juárez; **4.** Es una mujer valiente porque sigue viviendo en Ciudad Juárez y escribe sobre la realidad que se vive allí.

01 Agenda de aprendizaje

Reglas y ejemplos
Pretérito indefinido: forma

1

Objetivo
Observar el paradigma de los verbos regulares en pretérito indefinido.

√ Observación y reflexión sobre el funcionamiento del sistema formal

√ Personalización del aprendizaje

📺 5   📄 3-4-5-6-7

Desarrollo

• Pida a sus estudiantes que observen la conjugación de los verbos regulares en pretérito indefinido en el apartado 1 de la Agenda de aprendizaje 01. Haga hincapié en que en la primera y en la tercera persona del singular el acento tiene que marcarse en la última sílaba, de manera que pueda diferenciarse de otros tiempos verbales (compró vs. compro, la primera persona del presente de indicativo, por ejemplo).

• Si dispone de los medios, muéstreles la ficha proyectable 5 y pídales que, con un compañero, intenten completar el paradigma de los verbos regulares **viajar**, **conocer** y **escribir**. Utilice la ficha proyectable 5B para la corrección.

• Remítalos, por último, a los ejercicios 3, 4, 5, 6 y 7 del Cuaderno de ejercicios para continuar con la práctica de las formas del pretérito indefinido.

Reglas y ejemplos
Pretérito indefinido de hacer, ser e ir, estar, tener

2

Objetivo
Observar cómo se forma el pretérito indefinido de los verbos **hacer**, **ser/ir**, **estar** y **tener**.

√ Observación y reflexión sobre el funcionamiento del sistema formal

√ Competencia pragmática (funcional)

√ Componente lúdico

📄 3   📺 6

Desarrollo

• Si dispone de los medios necesarios, muestre a sus estudiantes la ficha proyectable 6 y haga que observen la formación del pretérito indefinido de los verbos irregulares que allí aparecen.

• Haga hincapié en los cambios que se producen en las desinencias con respecto a los verbos regulares, así como en la formación del pretérito indefinido de los verbos **ser** e **ir**, completamente diferentes a los demás, pero idénticos entre ellos.

> **Para ir más allá**

Para trabajar las formas del pretérito indefinido, tanto regulares como irregulares, y para introducir un componente lúdico, puede hacer el siguiente juego en clase: divida a sus alumnos en grupos de cuatro o cinco personas. Entregue a cada grupo un paquete de fichas con los infinitivos de los verbos (ficha fotocopiable 3) y un dado. Cada alumno, por turnos, deberá coger una ficha con un infinitivo y lanzar el dado. En función del número, deberá conjugar el verbo en indefinido en la persona indicada: 1. yo; 2. tú; 3. él/ella/usted; 4. nosotros/as; 5. vosotros/as; 6. ellos/ellas/ustedes.

En español y en otras lenguas
Pretérito perfecto o pretérito indefinido

3

Objetivo
Traducir frases del español a otra lengua y establecer paralelismos.

√ Reflexión sobre el funcionamiento del sistema formal

√ Competencia plurilingüe

√ Competencia léxica

Desarrollo

• Pida a sus alumnos que observen los ejemplos que se dan en el apartado 3 de la Agenda de aprendizaje 01 y que los traduzcan a su lengua o a otra lengua que conozcan.

• Anímelos a reflexionar sobre los tipos de pasado y su uso en otras lenguas que conozcan.

UNIDAD 3

En español y en otras lenguas
Pretérito perfecto o pretérito indefinido

4

Objetivo
Observar el uso del pretérito perfecto y del pretérito indefinido.

- √ Reflexión sobre el funcionamiento del sistema formal
- √ Competencia plurilingüe
- √ Comprensión de lectura

📘 8·9·10

Para empezar

• Recuerde a sus estudiantes el contraste entre el pretérito perfecto y el pretérito indefinido que ya habían visto y analizado en las actividades C y D del Dosier 01.

• Explíqueles que en las frases cuyos verbos aparecen en pretérito perfecto, se dice qué han hecho las mujeres a lo largo de su vida, pero no se especifica cuándo. Sin embargo, en las frases cuyas acciones se sitúan en el tiempo, se emplea el pretérito indefinido.

Desarrollo

• Remita a sus estudiantes al apartado 4 de la Agenda de aprendizaje 01 y pídales que lean las explicaciones para el uso de estos dos tiempos del pasado que estamos trabajando.

• Anímelos a que escriban sus propios ejemplos. Si quiere añadir un componente lúdico a la actividad, propóngales que una de las cosas sea mentira. Cuando hayan escrito las frases, las pondrán en común con dos compañeros, quienes tendrán que adivinar cuál de las cosas mencionadas no es verdad.

• Termine con una puesta en común con todo el grupo. Corrija los posibles errores de los alumnos, puesto que se trata de una actividad de atención a la forma.

• Para continuar con la práctica, puede remitir a sus estudiantes a las actividades 8, 9 y 10 del Cuaderno de ejercicios.

01 Taller de uso

En parejas
Adivinamos el personaje

- √ Investigación en internet
- √ Competencia léxica
- √ Expresión escrita

A

Objetivo
Preparar la biografía de personajes famosos.

Desarrollo

• Diga a sus alumnos que en esta actividad van a preparar una ficha con los tres datos más importantes de la vida de un personaje que les interese.

• En parejas, déjeles un tiempo para decidir sobre qué personajes van a hablar y explíqueles que en la actividad B podrán presentar a su personaje al resto de compañeros.

• Invítelos a investigar en internet si no disponen de información suficiente. Remítalos a los ejemplos que tienen en la actividad A del Taller de uso 01.

• Preste ayuda a sus estudiantes en la preparación de las fichas.

B

Objetivo
Leer una biografía para que los compañeros adivinen de quién se trata.

- √ Expresión oral
- √ Interacción oral
- √ Competencia sociocultural

Desarrollo

• Proponga a cada pareja de estudiantes que presente su personaje a otra pareja de la clase.

• Por turnos, un miembro de la pareja leerá su ficha a la otra pareja, que tendrá que adivinar de qué personaje famoso se trata.

• Repita la dinámica hasta que todos los miembros del grupo hayan leído sus fichas.

> ❗ **A tener en cuenta**
> Es importante que recordemos a nuestros alumnos que deben trabajar con personajes bastante conocidos, a fin de que no resulte muy difícil adivinar de qué personaje se trata.
> Escriba en la pizarra: **¿Me puedes dar una pista?** y **Me rindo**. Explique el significado de estas frases y anime a sus estudiantes a usarlas.

C

Objetivo
Leer una biografía a los compañeros para que adivinen de quién se trata.

- √ Expresión oral
- √ Interacción oral
- √ Competencia sociocultural

Desarrollo

• Mantenga la misma agrupación que en la actividad anterior y pida a sus estudiantes que repitan la dinámica, intercambiando sus fichas con otras parejas de compañeros.

• Haga una puesta en común y pregunte a sus estudiantes si han descubierto a personajes que no conocían, qué personajes les han parecido más interesantes, etc.

UNIDAD 3

En grupos
Cronología de un personaje famoso

D

Objetivo
Preparar una biografía con los datos más interesantes de la vida de un personaje famoso.

√ **Comprensión de lectura**

√ **Expresión escrita**

√ **Competencias pragmática (discursiva y organizativa)**

Para empezar

- Explique a sus alumnos que en esta actividad van a escribir la biografía de un personaje que les interese.

- Haga agrupaciones de tres estudiantes y déjeles un tiempo para elegir al personaje sobre el que van a escribir. Llame su atención sobre la muestra de lengua que aparece al final del enunciado de esta actividad e invítelos a usarla durante la negociación previa al comienzo de la actividad.

- Recuérdeles que pueden elegir a cualquier persona; lo más importante es que les parezca interesante.

- Explíqueles que en la siguiente actividad podrán presentar a su personaje al resto de compañeros.

Desarrollo

- Invítelos, a continuación, a investigar en internet. Anímelos a consultar varias fuentes y a anotar los hechos principales de la vida del personaje usando sus propias palabras, sin copiar literalmente el texto de internet.

- Recuérdeles que pueden tomar como modelos los textos de las páginas 48 y 49. También pueden preparar una presentación en formato digital.

- Si lo considera oportuno, puede pedirles que escriban, al menos, diez aspectos interesantes sobre la vida de ese personaje.

› **Para ir más allá**
Si queremos acotar la búsqueda, puede pedir a sus estudiantes que seleccionen a personajes hispanohablantes. Otra opción es introducir en una caja o bolsa los nombres de diferentes personajes hispanos relevantes de la cultura, la política o el deporte y pedirles que hagan una investigación sobre ellos.

E

Objetivo
Presentar la biografía de un personaje famoso.

√ **Expresión oral**

√ **Interacción oral**

√ **Competencia sociocultural**

Desarrollo

- Proponga a cada grupo que presente su personaje a los demás compañeros de la clase. Pídales que expliquen en primer lugar por qué lo han elegido.

- Anímelos a hacer la presentación sin leer el texto, utilizándolo solamente como guion.

- Invite a los demás compañeros a hacer preguntas sobre el personaje, al menos una por grupo.

- Al finalizar la presentación, recoja los textos y corríjalos. Puede comentar con sus estudiantes los errores más importantes y animarlos a que los corrijan ellos mismos, ayudándose entre sí. Ofrezca también su ayuda si la necesitan.

- Anímelos, por último, a reescribir el texto a partir de las correcciones que han hecho.

> **A tener en cuenta**
> Si lo estima conveniente, hable con sus estudiantes sobre la importancia de hacer una presentación amena y cómo un personaje puede resultar más o menos interesante según el modo de presentarlo. Hágales ver que esto es algo que les va a servir para su vida laboral, para sus estudios, etc.

02 Neruda: poesía y compromiso

Antes de leer
Neruda

A

Objetivo
Observar fotografías de la vida de Neruda y hacer hipótesis sobre su vida.

√ **Activación de conocimientos previos**

√ **Construcción de hipótesis**

√ **Activación del conocimiento del mundo**

Para empezar

- Escriba en la pizarra **Pablo Neruda** y pregunte a sus alumnos si saben quién es.

- Anímelos a decir todo lo que sepan de él: su profesión, su nacionalidad, la época en la que vivió, etc.

UNIDAD 3

Desarrollo

• Remita a sus estudiantes a las imágenes y al título del texto, "Poesía y compromiso", para que puedan añadir otras hipótesis. Explique, si fuera necesario, el significado de la palabra **compromiso**.

Texto y significado
Vida y obra

B

Objetivo
Relacionar diversas citas de Neruda con datos de su biografía.

√ **Comprensión de lectura**

√ **Competencia léxica**

√ **Activación del conocimiento del mundo**

🔑 7   📄 11-12-13

Para empezar

• Invite a sus alumnos a leer la biografía de Neruda que aparece en la página 52 para encontrar respuesta a algunas de las preguntas que puedan haber quedado sin responder, comprobar sus hipótesis y saber más cosas del poeta.

• Tras la lectura, propóngales que cierren el libro y anímelos a comentar qué hipótesis se han confirmado y qué otras cosas interesantes recuerdan de su vida. Puede anotar en la pizarra el vocabulario clave y aprovechar para aclarar el significado de algunas palabras y expresiones como **asesinato**, **exiliarse**, **golpe de estado**, etc.

Desarrollo

• Pida a sus estudiantes que vuelvan a abrir el libro y anímelos a que relacionen las fotografías de las páginas 52 y 53 con los datos de la biografía del poeta.

• Reflexione con ellos sobre la relación que tuvieron poesía y política en la vida de Neruda y dígales que, debido a ello, el título del texto es "Poesía y compromiso".

• Anime a sus alumnos, a continuación, a leer las citas de la página 53 (1-5). Dígales que en ellas Neruda alude a algunos momentos importantes de su vida. Anímelos a leerlas individualmente y a relacionar cada una de ellas con un dato de la página 52.

• Haga una puesta en común de las respuestas de sus alumnos y, a continuación, pregúnteles: **¿En qué citas se ve que la política tiene una influencia en su poesía?** (En una de ellas el poeta afirma que la guerra de España cambió su poesía y en otra habla de cómo la política se mezcló en su poesía).

• Anímelos, para finalizar, a expresar las dudas que hayan surgido al leer las citas.

🔑 **Solución**

Cita 1: Pablo Neruda (en realidad, Neftalí Ricardo Reyes Basoalto) nació el 12 de julio de 1904 en Parral (Chile). / Su madre murió pocos meses después.

Cita 2: La guerra civil española (1936-1939) y el asesinato de su amigo Federico García Lorca, en el verano de 1936, tuvieron una gran influencia en su vida y en su obra.

Cita 3: En 1939, el gobierno chileno lo nombró cónsul en París. Al final de la guerra, organizó el viaje del *Winnipeg*, un barco que llevó a más de 2000 refugiados españoles de Francia a Chile.

Cita 4: En 1966 se casó con Matilde Urrutia, después de mantener una relación en secreto durante diecisete años. Desde entonces pasaron la mayor parte del tiempo en su casa de Isla Negra.

Cita 5: En 1948 tuvo que exiliarse por razones políticas y vivió en varios países europeos hasta 1952, cuando pudo regresar a Chile.

❗ **A tener en cuenta**
Sus alumnos podrán aventurar que la fotografía más grande es un retrato de Neruda y que el barco es el *Winnipeg*, en el que viajaron refugiados españoles con destino a Chile. Sin embargo, quizás no sepan que la última es una fotografía de Neruda con Salvador Allende, presidente de Chile hasta el golpe de estado de Pinochet. Dígaselo y explíqueles que Salvador Allende se suicidó el día del golpe de estado de Pinochet en 1973: los militares atacaron el Palacio de la Moneda, donde se encontraba Allende, y este se suicidó para no ser capturado.

› **Para ir más allá**
En los textos se hace referencia a García Lorca, que fue asesinado en la guerra civil. Si desea ampliar la actividad, muestre a sus estudiantes la ficha proyectable 7 e invítelos a investigar en internet sobre el poeta. Pídales que investiguen qué relación existe entre Lorca y las imágenes de la ficha proyectable 7. Probablemente deba explicarles qué representa cada fotografía: Lorca, la bandera republicana, Granada, *El romancero gitano*, Nueva York, representación de *Yerma* a cargo de Margarita Xirgu y la firma del poeta. Anímelos a trabajar en grupos y termine con una puesta en común con todo el grupo. Si sus estudiantes se muestran interesados en la poesía, podría llevar a clase el poema de Neruda "Explico algunas cosas".

C

Objetivo
Comprender el tema del poema "El monte y el río".

√ **Comprensión de lectura**

√ **Construcción de hipótesis**

√ **Competencia léxica**

Para empezar

• Anuncie a sus alumnos que van a leer un poema de Neruda titulado "El monte y el río".

• Compruebe que entienden las palabras **monte** y **río**. A continuación, pregúnteles: **¿De qué creéis que puede tratar el poema?** El título, las citas que han leído en la actividad A y lo que saben de la biografía de Neruda pueden darles pistas sobre ello.

• Remítalos a los enunciados que se les ofrecen en la actividad y anímelos a hacer hipótesis.

Desarrollo

• Invite a sus estudiantes a leer el poema y propóngales que discutan en parejas sobre el tema del mismo.

45

UNIDAD 3

- Haga una puesta en común de sus conclusiones y pida a cada pareja que justifique su respuesta con referencias al poema.

- Aclare las dudas de vocabulario y, para terminar, pregúnteles si les ha gustado el poema y por qué. Averigüe también si conocen poemas de tema similar, de autores de su país o de otro.

> **A tener en cuenta**
> Esta actividad no tiene una respuesta única. El poema habla del sufrimiento del pueblo y de cómo el poeta siente la necesidad de comprometerse para paliar ese sufrimiento. Sin embargo, acepte otras interpretaciones de sus alumnos si están justificadas. A la hora de trabajar con temas literarios, es muy importante que sirvan para generar debate y negociación de significados.

› **Para ir más allá**
Es posible que sus estudiantes no conozcan ningún poema, pero sí canciones. Puede invitarlos a que expliquen el tema de la canción o el poema y que digan por qué les gusta y en qué se parece al poema de Neruda. Asimismo, puede animarlos a que lleven el poema o la canción al día siguiente a clase

D

Objetivo
Interpretar un verso del poema de Neruda "El monte y el río".

√ Comprensión de lectura
√ Competencia léxica
√ Competencia sociocultural

Desarrollo

- Remita a sus alumnos al verso **Ven conmigo**, que se repite cuatro veces, y pregúnteles: **¿Quién habla? ¿A quién se dirige?** Aconséjeles que vuelvan a leer el poema y deje que reflexionen con la ayuda de un compañero.

- Escriba, a continuación, la última estrofa del poema en la pizarra y pregúnteles si cambia en algo su interpretación: **Oh tú, la que yo amo, / pequeña, grano rojo / de trigo, / será dura la lucha, / la vida será dura, / pero vendrás conmigo.**

- Deles tiempo para reflexionar y haga una puesta en común de las diferentes ideas e interpretaciones.

Propuesta de solución

El poema de Pablo Neruda "El monte y el río" es un canto de amor a la patria. Cuando el poeta escribió este poema, que se encuentra dentro de *Los versos del capitán* (1952), estaba exiliado en Italia por razones políticas. El poema trata sobre la tierra/patria que ha quedado atrás pero que no se olvida porque es parte de nuestro propio ser. Es un poema que muestra solidaridad, fraternidad y entrega a un ideal.

Texto y significado
Escuchamos el poema

E

Objetivo
Escuchar un poema de Neruda e imitar la entonación.

√ Comprensión auditiva
√ Competencia fonológica
√ Competencia ortoépica

🔊 8   📹 8   📄 14-15-16-17-18-19

Desarrollo

- Explique a sus alumnos que, a continuación, van a escuchar a una persona que recita el poema de Neruda. Pídales que se fijen en la entonación, las pausas y el ritmo. Si lo considera conveniente, muéstreles, al mismo tiempo, la ficha proyectable 8A.

- Tras una primera audición, anímelos a leer el poema en voz baja al ritmo de la audición, imitando la entonación y el ritmo.

- Tras la segunda audición, pídales que lean el poema en parejas, intentando hacerlo como en la grabación. Mientras lo leen, ayude a sus estudiantes en las partes que les puedan resultar más difíciles.

- Anímelos, para finalizar, a leer en parejas la segunda parte del poema que les había escrito anteriormente en la pizarra (también disponible en la ficha proyectable 8B): **Oh tú, la que yo amo, / pequeña, grano rojo / de trigo, / será dura la lucha, / la vida será dura, / pero vendrás conmigo**.

› **Para ir más allá**
El tema de la entonación tiene una gran importancia a la hora de comunicar o hacer llegar un mensaje de manera eficaz a nuestro interlocutor. Una manera de trabajar la entonación en clase es entregar a nuestros alumnos unos papelitos con diversos modos en los que deben entonar un texto determinado. Por ejemplo: triste, alegre, nervioso, histérico, asustado, eufórico, somnoliento, aburrido, etc. De este modo, se introduce un elemento lúdico en clase y les permitimos reflexionar sobre la entonación.

Texto y lengua
Marcadores temporales

F

Objetivo
Encontrar diversos marcadores temporales en el texto.

√ Comprensión de lectura
√ Competencia léxica

Desarrollo

- Pida a sus alumnos que vuelvan a leer el texto de la biografía de Neruda y dígales que deben encontrar la información que se les pide en la actividad F del Dosier 02, que hace referencia a expresiones para situar en el tiempo.

46

UNIDAD 3

> 🔑 **Solución**
>
> **1.** En 1939 /en 1948 /en 1966 /en 1971; **2.** El 12 de julio de 1904 / el 11 de septiembre de 1973; **3.** En el verano de 1936; **4.** 1936-1939; **5.** A los 23 años; **6.** Durante diecisiete años; **7.** Hasta 1952; **8.** Pocos meses después /a partir de entonces /al final de la guerra /doce días después.

› **Para ir más allá**

Al finalizar la actividad puede realizar un repaso de la formación de los números en español, ya que se trabajan a lo largo de toda la unidad. Realice alguna actividad lúdica como un dictado de números, números a la carrera o preguntas curiosas que contengan números.

02 Agenda de aprendizaje

Palabras para actuar
Marcadores temporales

1

Objetivo
Observar el uso de diversos marcadores temporales y escribir frases sobre uno mismo.

📺 9   📄 20-21-22-23-24-25

> √ **Observación y reflexión sobre el funcionamiento del sistema formal**
>
> √ **Personalización del aprendizaje**
>
> √ **Competencia léxica**

Desarrollo

• Remita a sus estudiantes al apartado 1 de la Agenda de aprendizaje 02.

• Lea las frases que allí aparecen y aclare el significado de los marcadores temporales. Deténgase en aquellos que se usan para expresar un punto de partida y subraye que **desde** va seguido de una fecha o un sintagma nominal y **desde entonces** se refiere a una fecha o momento mencionado con anterioridad. Añada este otro marcador usado para expresar un punto de partida: **desde que** y aclare que debe ir seguido de un verbo. Ponga un ejemplo como el siguiente: **desde que estudio español soy más feliz.**

• Lea, a continuación, los marcadores que introducen un periodo de tiempo. Si lo estima conveniente, añada este otro: **desde hace** y explique que se usa para expresar un periodo de tiempo que tiene relación con el presente. Ponga un ejemplo similar al siguiente: **estudio español desde hace dos meses.** Si dispone de los medios necesarios, muéstreles la ficha proyectable 9 y déjeles unos minutos para que completen las frases con los marcadores temporales que tienen en el cuadro.

• Haga después una puesta en común. Finalmente, pídales que completen las frases sobre su vida usando algunos de los marcadores y anímelos a compartir la información con su compañero.

Reglas y ejemplos
Perífrasis verbales con infinitivo y gerundio

2

Objetivo
Familiarizarse con el significado y el uso de algunas perífrasis verbales.

📺 10   📄 26-2-28-29

> √ **Observación y reflexión sobre el funcionamiento del sistema formal**
>
> √ **Competencia léxica**

Para empezar

• Si dispone de los medios necesarios, muestre a sus estudiantes la ficha proyectable 10 y preséntales al personaje de las ilustraciones. Dígales que se llama **Pablo**.

• Pídales que relacionen las frases sobre su vida con la ilustración correspondiente y escriba las respuestas de sus alumnos debajo de cada una de las ilustraciones.

• Si no dispone de los medios para proyectar, remita a sus estudiantes directamente al apartado 2 de la Agenda de aprendizaje 02.

Desarrollo

• Llame la atención de sus estudiantes sobre las perífrasis marcadas en negrita, explíqueles que están formadas por un verbo conjugado y otro en infinitivo o gerundio, a veces unidos por un nexo (**a**, **de**, **a punto de**). Aclare que el verbo conjugado modifica el significado.

• Remita a sus estudiantes a las perífrasis que hay al final de este apartado y acláreles que son ejemplos de acciones que se pueden dar en la vida de una persona.

• Invítelos, para finalizar, a escribir sobre su propia vida y a comentarlo con un compañero. Termine con una puesta en común en clase abierta.

02 Taller de uso

Dictado cooperativo
Enhamed: una vida excepcional

A

Objetivo
Observar unas fotografías y hacer hipótesis sobre la biografía de un personaje.

> √ **Interacción oral**
>
> √ **Construcción de hipótesis**
>
> √ **Activación de conocimientos previos**

Desarrollo

• Pida a sus alumnos que observen las fotografías que se ofrecen en la actividad A del Taller de uso 02. Pregúnteles: **¿Sabéis quién es Enhamed Enhamed?**

• Pregúnteles qué palabras creen que aparecerán en un texto sobre este personaje y anótelas en la pizarra.

47

UNIDAD 3

B

Objetivo
Escuchar un audio sobre la vida de una persona y tomar nota de la información más relevante.

🔊 9

√ **Competencia léxica**

√ **Competencia fonológica**

√ **Comprensión auditiva**

Desarrollo

• Explique a sus estudiantes que van a escuchar una presentación sobre Enhamed Enhamed.

• Pídales que tomen nota de todo lo que entiendan y que lo pongan en común con un compañero.

• Tras una primera audición, haga una puesta en común y aclare las dudas que hayan podido surgir.

C

Objetivo
Escuchar por segunda vez el audio y tomar nota de palabras o expresiones.

🔊 9

√ **Comprensión auditiva**

√ **Competencia léxica**

√ **Competencia fonológica**

Desarrollo

• Explique a sus alumnos que van a volver a escuchar el audio. Pídales que se concentren en anotar, de nuevo, las palabras y expresiones que escuchen.

• Tras esta segunda audición, pídales que pongan de nuevo en común sus anotaciones con un compañero y, en clase abierta, aclare las posibles dudas de significado o palabras mal entendidas.

D

Objetivo
Escribir un texto de manera colaborativa.

📽 11

√ **Competencias pragmáticas (discursiva y organizativa)**

√ **Competencia léxica**

√ **Trabajo cooperativo**

Desarrollo

• Pida a sus alumnos que, en pequeños grupos, pongan en común las notas que han tomado durante las audiciones y que intenten reconstruir el texto sobre la vida de Enhamed Enhamed.

• Haga que comparen sus textos con los de otro grupo.

• Si dispone de los medios necesarios, muestre a sus estudiantes la ficha proyectable 11 y pídales que comparen su texto con la transcripción. Sugiérales que marquen las diferencias con un bolígrafo de diferente color.

En parejas
Una vida en dibujos

E

Objetivo
Escribir la biografía de Pablo Picasso a partir de unas imágenes.

📽 12

√ **Competencias pragmáticas (discursiva y organizativa)**

√ **Competencia léxica**

Para empezar

• Si dispone de los medios necesarios, muestre a sus estudiantes la ficha proyectable 12 y ayude a sus alumnos a identificar que las ilustraciones respresentan diferentes etapas de la vida de Pablo Picasso; si no dispone de medios para proyectar, remita a sus estudiantes a la actividad E del Taller de uso 02.

• Explíqueles que, con ayuda de la imagen, deben escribir algunos de los hechos más importantes de la vida del artista y ponerlos en orden.

Desarrollo

• Mantenga la ficha proyectada o remita a sus estudiantes a las imágenes del libro y pídales que las ordenen.

• Forme grupos de tres estudiantes, pídales que comparen el orden de las imágenes y anímelos a escrbir frases sobre cada una de ellas.

• Remítalos a las dos Agendas de aprendizaje de esta unidad para que puedan revisar la formación del pretérito indefinido, el uso de los marcadores temporales y el de las perífrasis verbales.

• Haga una puesta en común y anote las frases de sus estudiantes en la pizarra o sobre la ficha proyectable.

• Anímelos, por último, a buscar en internet alguna información que haya quedado incompleta y/o algún dato que les parezca curioso.

Archivo de léxico

Palabras en compañía
Hechos en la vida de una persona

1

Objetivo
Aprender a referirse a los hechos que han sucedido en la vida de una persona.

📹 13   🔊 30-31-32

√ **Personalización del léxico**

√ **Competencia existencial**

√ **Competencias léxica**

Para empezar

Remita a sus alumnos al apartado 1 del Archivo de léxico o, si dispone de los medios necesarios, muestre la ficha proyectable 13.

Desarrollo

• Explique a sus estudiantes que algunas de las expresiones que aparecen en este apartado han aparecido ya en la unidad. Anímelos a buscar algún ejemplo en los textos y aclare las expresiones que sean desconocidas.

• Insista en la necesidad de recordar las unidades léxicas y no palabra por palabra, ya que así las memorizarán y utilizarán mejor.

• Remítalos a la imagen que aparece en este apartado y pídales que imaginen algunos hechos de su vida.

• Forme parejas o grupos de tres personas y anímelos a añadir dos palabras o expresiones a cada serie.

• Haga una puesta en común e invítelos, a continuación, a escribir frases sobre su propia vida o sobre la de una persona importante para ellos, usando algunas de las expresiones de este apartado.

• Para finalizar, pregunte a todo el grupo si tienen cosas en común con alguno de sus compañeros.

Proyectos

Proyecto en parejas
Momentos importantes

A

Objetivo
Hacer dibujos sobre momentos importantes de nuestra vida.

√ **Interacción oral**

√ **Construcción de hipótesis**

√ **Competencia existencial**

Para empezar

• Explique a sus alumnos que en esta actividad van a hacer preguntas a un compañero para saber más cosas sobre su biografía.

• Remítalos a la actividad A de Proyectos y explíqueles que deben preparar una hoja de papel como la que se muestra en el modelo, con algunos dibujos, fechas o palabras que den pistas sobre algunos hechos importantes de su vida. A continuación, un compañero tendrá que hacerle preguntas para averiguar de qué hechos se trata.

Desarrollo

• Llame la atención de sus estudiantes sobre los andamiajes que aparecen en esta actividad y anímelos a usarlos para hacer sus preguntas.

• Analice con ellos las preguntas de la actividad. Explíqueles que decimos **¿no?** al final de una pregunta, cuando queremos pedir una conformación al interlocutor o saber su opinión sobre ese tema.

• Anímelos, por último, a preparar sus notas y déjeles un tiempo para que, en parejas, se intercambien preguntas y respuestas. Circule por la clase para asegurarse de que realizan la actividad correctamente y de que no tienen dudas.

B

Objetivo
Escribir la biografía de un compañero a partir de la información dada.

√ **Competencias pragmáticas (competencias funcional y textual)**

√ **Expresión escrita**

Desarrollo

• Pida a sus alumnos que intercambien sus dibujos con su compañero.

• Anímelos a que escriban la biografía de su compañero basándose en los dibujos y en las preguntas que les han realizado.

UNIDAD 3

C

Objetivo

Intercambiar el texto con el compañero y comprobar que la información es correcta.

√ **Competencia léxica**

√ **Comprensión de lectura**

√ **Aprender a aprender**

Desarrollo

- Anime a sus estudiantes a compartir la biografía que han escrito con su compañero. Este deberá verificar o corregir los datos sobre su vida.

- Recuérdeles que al igual que han visto en los diferentes ejemplos del libro, toda biografía se compone de una serie de elementos clave: nacimiento, formación, niñez, momentos importantes y actualidad.

- Anímelos a completar con esta información la biografía de su compañero (en caso de que no lo hubieron hecho anteriormente)

D

Objetivo

Leer las biografías de los compañeros y averiguar qué tenemos en común con ellos.

√ **Comprensión de lectura**

√ **Interacción oral**

√ **Competencia léxica**

Desarrollo

- Pida a sus estudiantes que cuelguen sus biografías en las paredes del aula o en algún tablón disponible. Si trabajan con soporte digital, sugiérales que compartan su texto en la plataforma correspondiente.

- Anímelos a leer las biografías de sus compañeros y a preguntar si hay algo que no entienden o si tienen alguna duda en cuanto a vocabulario o estructuras. También pueden comentar si tienen algo en común o si hay algo que les parezca curioso o interesante.

UNIDAD 4

BOLSOS Y BOLSAS

Punto de partida

Nube de palabras
Mis últimas compras

A

Objetivo
Escribir las combinaciones más frecuentes con las palabras **bolso** y **bolsa**.

🎥 1

√ **Competencia léxica**

√ **Activación de conocimientos previos**

√ **Investigación en internet**

Para empezar

• Si dispone de los medios necesarios, muestre a sus estudiantes la ficha proyectable 1 en la que aparece la nube de palabras de la unidad. Si no, remítalos a la página 58 del Libro del alumno.

• Pregúnteles qué figura representa la nube. Es probable que aparezcan ya las palabras **bolso** y **bolsa**. Hágales esta otra pregunta: **¿Cuál es la diferencia entre** un bolso **y** una bolsa**?** Pídales que pongan algunos ejemplos. Si no lo mencionan, explíqueles usted la diferencia: ambos se usan para guardar objetos, pero **bolsa** tiene un uso más amplio (bolsa de basura, bolsa de plástico), mientras que **bolso** tiene un uso más restringido: suele ser de cuero, piel o tela y normalmente lo usan las mujeres.

• Dígales si, con estos indicios, pueden adivinar de qué tema va a tratar la unidad. Si no lo mencionan, dígalo usted: **las compras**.

Desarrollo

• Si dispone de los medios, anime a sus estudiantes a que busquen en internet las combinaciones más frecuentes con las palabras **bolso** y **bolsa** y pídales que completen las frases de la actividad A del Punto de partida.

• Haga una puesta en común y anote todas las combinaciones que hayan encontrado.

• Remítalos, para finalizar, a los contenidos que se van a estudiar en la unidad y hagan una revisión juntos.

🔑 **Solución**

Una bolsa de plástico; una bolsa de la compra; un bolso de viaje; una bolsa de patatas fritas; una bolsa de basura; un bolso del mismo color que los zapatos.

B

Objetivo
Escribir frases empleando el léxico de la nube de palabras.

A-Z **Odiar (2)**

√ **Personalización del léxico**

√ **Activación de conocimientos previos**

Desarrollo

• Remita de nuevo a sus estudiantes a la nube de palabras. Explíqueles que, individualmente, deben escribir seis frases sobre ellos mismos, empleando palabras de la nube. Si lo considera conveniente, puede proponerles este reto: cada frase debe contener dos, tres o cuatro palabras de la nube.

• Anímelos a compartir las frases con un compañero.

• Haga una puesta en común con algunas de las frases de sus estudiantes, aclare dudas y corrija lo que crea necesario.

UNIDAD 4

C

Objetivo
Completar frases con información personal y compartirlas con los compañeros.

- ✓ Personalización del léxico
- ✓ Activación de conocimientos previos
- ✓ Interacción oral

Desarrollo

- Pida a sus alumnos que lean los comienzos de frases que se proponen en la actividad C del Punto de partida. Aclare las dudas de vocabulario que pueda haber.

- Explíqueles que, de manera individual, deben completar las frases con información personal.

- Pídales que, en pequeños grupos, hagan una puesta en común.

- Pase por las mesas para escuchar las diferentes propuestas y corregir los errores que pudiera haber.

Vídeo
De compras con Violeta

D

Objetivo
Ver un vídeo sobre las compras de una persona y responder a unas preguntas.

- ✓ Competencia audiovisual
- ✓ Competencia léxica
- ✓ Competencia sociocultural

▶ 2 📖 1 A-Z Costar (1) A-Z Gastar
A-Z Ir (2) A-Z Parecer (3)

Para empezar

- Si dispone de los medios necesarios, muestre a sus estudiantes la ficha proyectable 2 y anímelos a que respondan a las preguntas que allí aparecen. Si no, puede escribir estas preguntas en la pizarra: **¿Dónde está Violeta? ¿Qué crees que va a comprar? ¿En qué otros lugares se pueden comprar cosas?**

- Entregue a sus alumnos la ficha fotocopiable 1, agrúpelos por parejas y pídales que hablen sobre las cuestiones que se plantean en la sección A.

Desarrollo

- Diga a sus alumnos que van a ver un vídeo en el que Violeta habla sobre las compras que hace durante la semana. Pídales que, mientras ven el vídeo, completen la sección B de la ficha fotocopiable 1.

- Haga una puesta en común para la corrección y pregunte a sus estudiantes: **¿Os parece que gasta mucho dinero?** Si lo estima conveniente, puede establecer un debate para comparar los precios de España con los del país de origen de sus estudiantes.

❗ A tener en cuenta 📘 30-31-32

Es posible que deba aclarar a sus alumnos las expresiones **quedarse en casa** (donde no se emplea el artículo definido) y **hacer cuentas** (calcular los gastos que hemos tenido). Al finalizar la unidad, puede trabajar otros contenidos del vídeo con los ejercicios 30, 31 y 32 del Cuadernos de ejercicios.

🔑 Solución de la ficha fotocopiable

Día de la semana	¿Adónde va?	¿Qué compra?
Lunes	Mercado	Calabacines, zanahorias, champiñones, cebolletas, atún y calamares
Martes	Tienda de ropa de segunda mano	Camisa
Miércoles	Tienda de animales	Latas de comida de gata
Jueves	Tiendas online	Unos zapatos para ella y un libro para su novio
Viernes	Tienda de ropa	Nada
Sábado	Quiosco	El periódico
Domingo	Se queda en casa y hace cuentas	

01 Comprar ropa

Antes de leer
Ir de compras

A

Objetivo
Intercambiar opiniones sobre las compras.

- ✓ Competencia léxica
- ✓ Activación de conocimientos previos
- ✓ Interacción oral

▶ 3 📘 1-2 A-Z Ir (2)

Para empezar

- Pregunte a sus alumnos qué tipo de tiendas aparecen en las fotografías de las páginas 60 y 61. Aparecerán conceptos como **tienda de ropa** o **boutique**, **tiendas en internet** y **centro comercial**.

Desarrollo

- Si dispone de los medios necesarios, muestre a sus estudiantes la ficha proyectable 3 y exprese sus preferencias a la hora de comprar. Si no, puede llevar a clase fotografías de diferentes establecimientos (supermercados, comercios tradicionales, tiendas de segunda mano...) e ilustrar así sus preferencias. Recuérdeles los recursos que pueden

UNIDAD 4

usar para expresar gustos y preferencias: **me gusta** / **prefiero** / **no me gusta nada** / **me encanta**...

• Llame la atención de sus alumnos sobre el título del texto: "Comprar ropa: ¿un placer o una pesadilla?" Aclare el significado de la palabra **pesadilla** y pregunte a alguno de sus alumnos: **¿Te gusta comprar? ¿Comprar es un placer o una pesadilla para ti?**

Texto y significado
¿Lo dice el texto?

B

Objetivo
Leer un texto y buscar en él información específica.

> √ **Comprensión de lectura**
> √ **Competencia léxica**

📘 3

Desarrollo

• Remita a sus estudiantes a las afirmaciones que aparecen en la actividad B del Dosier 01 y asegúrese de que las entienden.

• Anímelos a leer el texto de la página 60 y explíqueles que deben decidir si en él se afirman esas cosas. Pídales que señalen en qué frases del texto se apoyan.

• Si lo considera conveniente, subraye que para valorar una actividad usamos la estructura **es** + adjetivo/sustantivo. Pídales que identifiquen esa estructura en los textos y aclare, si es necesario, el significado de los adjetivos y sustantivos que aparecen: **una pesadilla**, **un placer**, **un horror**, **divertido**.

🔑 **Solución**

1. Para muchos comprar ropa es un horror; **2.** Ir de compras es la mejor manera de pasar la tarde del sábado / Ir al centro comercial o pasar la tarde en un mercadillo es lo más divertido del fin de semana; **3.** Internet está transformando nuestros hábitos de consumo.

C

Objetivo
Hablar sobre preferencias a la hora de ir de compras.

> √ **Competencia existencial**
> √ **Competencia pragmática (funcional)**
> √ **Interacción oral**

Desarrollo

• Pregunte a sus alumnos: **¿Dónde compráis normalmente?**, **¿qué os gusta comprar?**

• Remítalos a las opciones de la actividad C del dosier 01 y anímelos a que, en grupos de tres o cuatro personas, expresen sus preferencias.

• Pídales, para finalizar, que busquen en el texto de la página 60 qué nombre se les da a las acciones expresadas en las opciones 2 y 3.

D

Objetivo
Leer los testimonios de diversas personas y explicar con quién nos identificamos.

> √ **Comprensión lectora**
> √ **Interacción oral**
> √ **Competencia existencial**

📘 4-5 A-Z **Adorar** A-Z **Encantar**

Para empezar

• Pida a sus alumnos que lean los testimonios de cuatro personas que hablan de su relación con las compras (textos de la página 61).

• Llame la atención de sus estudiantes sobre la expresión que usa Borja para hablar de sus gustos: **para mí...** Recuérdeles otros recursos para expresar gustos y preferencias: **odio** / **adoro** / **me encanta** / **me gusta** + infinitivo.

Desarrollo

• Pregunte a sus estudiantes: **¿Con quién os identificáis más?** Déjeles unos minutos para leer los testimonios, remítalos a la muestra de lengua y anímelos a que expresen, en clase abierta, sus preferencias.

Texto y significado
Hábitos en las compras

E

Objetivo
Escuchar a unas personas que hablan sobre sus gustos y hábitos en las compras.

> √ **Comprensión auditiva**
> √ **Competencia léxica**

🔊 10-12 📹 4

Para empezar

• Explique a sus alumnos que van a escuchar a tres personas que dan informaciones parecidas a las de los testimonios del texto de la actividad anterior.

• Pídales que anoten lo que entienden durante la primera audición.

• Haga una puesta en común y aclare dudas.

Desarrollo

• Explíqueles que van a escuchar de nuevo el audio y remítalos a las preguntas de la actividad: **¿De qué prenda de ropa habla? ¿Dónde la ha comprado? ¿Le gusta ir de compras? ¿Qué otra información da?**

• Pídales que completen la actividad con las respuestas que dan a esas preguntas cada una de las personas que van a escuchar.

• Anímelos a compartir sus anotaciones con un compañero.

• Si dispone de los medios necesarios, sírvase de la ficha proyectable 4 para hacer una puesta en común.

53

UNIDAD 4

› Para ir más allá

Andrea y Joseba mencionan algunas prendas de ropa (americana, camiseta, pantalones, chaqueta). Si lo considera necesario, repase el nombre de otras prendas de vestir. También aparecen expresiones como **cambiar**, **a muy buen precio**, **de marca**, **de buena calidad**, muy usadas cuando hablamos de ir de compras. Puede proponer una lectura de la transcripción para trabajar con este léxico.

🗝 Solución

Edith: 1. Una camiseta; **2.** En internet; **3.** Odia ir de compras; **4.** En internet puedes comprarlo todo más barato, comparar productos, precios y marcas y cambiar el producto sin problema.
Andrea: 1. Una americana; **2.** En un mercadillo; **3.** Le gusta ir de compras; **4.** A veces, si buscas, encuentras cosas de marca a buen precio.
Joseba: 1. Una camisa; **2.** No le gusta nada ir de compras; **3.** Cuando encuentra algo que le gusta, compra cinco iguales o de distinto color; **4.** Solo va de compras una vez al año.

Texto y significado
Pituca va de compras

F

Objetivo
Leer una viñeta y hablar sobre los elogios en diferentes culturas.

📹 5   📄 2   📘 6-7-8

- √ Comprensión de lectura
- √ Competencia léxica
- √ Competencia intercultural

Para empezar

• Entregue a sus estudiantes la ficha fotocopiable 2. En ella, sus alumnos verán la misma tira cómica que aparece en la página 60, pero sin texto en el bocadillo correspondiente a Pituca.

• Subraye que las frases que allí aparecen sirven para hacer cumplidos: **¡Qué vestido tan mono! ¡Qué bonita esta camiseta!**

• Pídales que, en parejas, escriban lo que podría responder Pituca.

• Haga una puesta en común con todo el grupo.

Desarrollo

• Remita a sus estudiantes a la tira cómica de la página 60 o, si dispone de los medios, muéstresela en la ficha proyectable 5. Llame su atención sobre el tipo de respuestas y dígales que en español solemos quitar importancia a los comentarios positivos que nos hacen: **es de las rebajas; es de mi hermana; es viejísima**.

• Anímelos a que comparen esta costumbre con la de su cultura y formule estas preguntas: **¿Se hace lo mismo?, ¿qué diferencia hay entre vuestros comentarios y los de la tira cómica?**

• Haga una puesta en común con todo el grupo y permítales compartir las coincidencias y las diferencias culturales.

01 Agenda de aprendizaje

Reglas y ejemplos
Frases exclamativas para valorar

1

Objetivo
Analizar la estructura de las frases exclamativas usadas para alabar.

📘 9-10   A-Z Ser (1)

- √ Observación y reflexión sobre el funcionamiento del sistema formal
- √ Competencia pragmática (funcional)

Desarrollo

• Remita a sus alumnos al apartado 1 de la Agenda de aprendizaje 01 y llame su atención sobre las construcciones **qué** + sustantivo + **tan** + adjetivo y **qué** + adjetivo + **es** + nombre.

• Pídales que escriban algunas frases para elogiar una prenda de ropa, un complemento o un objeto de un compañero. Haga una puesta en común y corrija sus frases.

• Dígales que también podemos usar esas frases exclamativas para comentar otras características de algo: **¡Qué camiseta tan cara! ¡Qué horrible es ese bolso! ¡Qué caro es este restaurante!**

› Para ir más allá

Si desea introducir un componente lúdico puede realizar la siguiente actividad: entregue a sus alumnos un folio en blanco y pídales que escriban en la parte superior, en el centro, su nombre. Debajo del nombre, en el centro del papel, deben dibujar la silueta de un corazón o la silueta de una mano con el dedo pulgar hacia arriba (similar al icono "Me gusta" de Facebook) A continuación, entrégueles un clip o un imperdible y pídales que cuelguen el folio en su espalda. Los compañeros deberán escribir en el interior de la silueta algo bueno sobre la persona (carácter o aspecto físico) y algo positivo sobre la ropa o el estilo del compañero. Pídales que circulen por la clase y escriban en los papeles de sus compañeros. De este modo, podrán poner en uso las estructuras que se trabajan en la actividad y repasar la descripción física y de carácter.

UNIDAD 4

Palabras para actuar
Valorar y expresar gustos

2

Objetivo
Escribir frases para valorar diferentes actividades.

√ Observación y reflexión sobre el funcionamiento del sistema formal

√ Personalización del léxico

√ Competencia existencial

📖 3 📄 11-12 A-Z Adorar A-Z Interesar
A-Z Odiar (2) A-Z Parecer (3) A-Z Ser (1)

Desarrollo

- Remita a sus alumnos al apartado 2 de la Agenda de aprendizaje 01 y anímelos a revisar las frases que contienen recursos para valorar y expresar gustos. Subraye las estructuras **es** + adjetivo y **es** + **un/una** + sustantivo.

- Entrégueles la ficha fotocopiable 3, remítalos a la sección A de la misma y pídales que clasifiquen las unidades léxicas en una de las dos categorías. A continuación, haga una puesta en común en clase con todo el grupo.

- Remita a sus estudiantes a los andamiajes que tienen en este apartado y, sirviéndose de las estructuras que han trabajado en la ficha fotocopiable 3, anímelos a escribir frases para valorar algunas acciones relacionadas con las compras.

- Anime a sus estudiantes a completar, con un compañero, la sección B de la ficha fotocopiable 3. Haga una puesta en común para corregir.

🔑 **Solución de la ficha fotocopiable 3**

Es + adjetivo: emocionante, estresante, agobiante, pesado, aburrido, interesante, agradable.
Es + **un/una** + sustantivo: un horror, una pesadilla, un placer, una tontería, una estupidez, una pérdida de tiempo, una terapia, una exageración, un juego, una forma de pasar el tiempo.

Reglas y ejemplos
No tengo / tengo uno

3

Objetivo
Observar el funcionamiento de construcciones con el verbo **tener**.

√ Observación y reflexión sobre el funcionamiento del sistema formal

√ Personalización del léxico

💻 6 📄 13-14-15 A-Z Llevar (3)
A-Z Ponerse (2) A-Z Tener (1)

Desarrollo

- Remita a sus estudiantes a los andamiajes del apartado 3 de la Agenda de aprendizaje 01 (si dispone de los medios necesarios, puede hacerlo con la ficha proyectable 6) y comente el significado y el uso de los cuantificadores que aparecen. Si lo estima oportuno, puede ampliar la lista con los siguientes: **tengo demasiados/demasiadas; tengo pocos/pocas; tengo algunos/algunas.**

- Pídales, a continuación, que escriban frases indicando cuántos polos, corbatas, sombreros y bufandas tienen. Remítalos, para ello, a la muestra de lengua que aparece al final de la página.

- Recuérdeles que además de **no tengo**, también podemos decir **no tengo ningún/ninguna**. Si lo cree conveniente, puede ampliar el ejercicio añadiendo otras prendas de ropa.

- Si dispone de los medios necesarios, haga la corrección y puesta en común con ayuda de la ficha proyectable 6.

01 Taller de uso

En parejas
¿Somos esclavos de la moda?

√ Competencia existencial

√ Personalización del aprendizaje

√ Interacción oral

A

Objetivo
Hacer una encuesta a un compañero y valorar qué tipo de comprador es.

📖 4

Desarrollo

- Explique a sus alumnos que tienen que realizar una encuesta a un compañero para saber si es un esclavo de la moda.

- Remita a sus estudiantes a las preguntas que se ofrecen en la actividad A del Taller de uso 01, léalas en clase, aclare su significado y anime a sus estudiantes a añadir dos preguntas más.

- Explíqueles que deberán hacer una valoración de 0 a 10 para cada respuesta que den sus compañeros (0: nada esclavo; 10: muy esclavo)

- Deles unos minutos para que, en parejas, se intercambien preguntas y respuestas, y hagan la valoración posterior de los resultados.

- Haga una puesta en común y pida a sus estudiantes que expliquen al resto de la clase qué tipo de comprador es su compañero y cuál es la puntuación global que ha obtenido.

- Pregúnteles, para finalizar, si su compañero se parece a alguna persona que ha aparecido en los textos que han leído y escuchado previamente. Póngales un ejemplo: **creo que se parece a Joseba porque…**

› **Para ir más allá**
Entregue a sus alumnos la ficha fotocopiable 4 y pídales que, basándose en las respuestas que han dado sus compañeros, decidan qué tipo de comprador es.

55

UNIDAD 4

B

Objetivo
Buscar una prenda de ropa para un compañero y reaccionar ante una prenda.

√ **Investigación en internet**
√ **Competencia sociocultural**

Desarrollo

- Explique a sus alumnos que deben buscar una prenda de ropa para su compañero.

- Anímelos a buscar la prenda en internet. Si no disponen de conexión a internet, propóngales que usen imágenes de revistas.

- Explíqueles que deben enseñar la prenda escogida a su compañero y explicarle por qué la han elegido. Su compañero debe reaccionar. Para ello, remítalos al modelo de lengua que tienen en esta actividad o en el apartado 1 de la Agenda de aprendizaje 01.

› **Para ir más allá**
Si dispone de un espacio virtual de trabajo compartido, anímelos a compartir la prenda en el mismo. También puede pedirles que busquen para su compañero no solo una prenda, sino un conjunto completo (pantalón, camiseta, zapatos, complementos, etc.). De este modo puede ampliar el vocabulario que se usa en la actividad y repasar las prendas de vestir. A su vez, sus estudiantes podrán reaccionar ante más prendas de ropa y explicar cuáles prefieren.

En grupos
Dictado colaborativo: la moda *curvy*

C

Objetivo
Hacer hipótesis sobre el contenido de un videoblog a partir de unas imágenes.

√ **Competencia sociocultural**
√ **Comprensión auditiva**
√ **Construcción de hipótesis**

🔊 13

Para empezar

- Remita a sus estudiantes a las fotografías de la actividad C del Taller de uso 01 y pregúnteles: **¿De qué puede tratar un videoblog en el que aparecen estas imágenes?** Anote en la pizarra las diferentes propuestas de sus alumnos.

- Pregúnteles, a continuación: **¿Qué palabras creéis que vamos a escuchar en el audio?** Anote sus respuestas en la pizarra.

Desarrollo

- Ponga el audio y pida a sus alumnos que tomen notas sobre el tema del videoblog.

- Haga una puesta en común y aclare las dudas de sus estudiantes.

D

Objetivo
Reconstruir el texto de un audio que trata sobre moda.

√ **Comprensión auditiva**
√ **Competencia ortográfica**
√ **Trabajo cooperativo**

🔊 13   📽 7

Desarrollo

- Explique a sus alumnos que, a continuación, van a reconstruir el texto del audio. Para ello, remítalos a las directrices de trabajo que tienen en la actividad D del Taller de uso 01 y léalas con ellos.

- Anímelos, durante la primera audición, a anotar todas aquellas palabras y expresiones que entiendan para, a continuación, hacer una puesta en común con un compañero.

- Después de la segunda audición, divida a sus alumnos en grupos de cuatro o cinco personas y pídales que reconstruyan el texto a partir de las notas que han tomado. Mientras lo hacen, circule por las mesas y ofrezca su ayuda.

- Si dispone de los medios necesarios, muestre la ficha proyectable 7 y pídales que comparen su texto con el de la transcripción del audio. Pregúnteles por las diferencias más importantes, haga una puesta en común con todo el grupo y aclare las dudas que hayan podido surgir.

› **Para ir más allá**
Si dispone de varios grupos dentro de la clase, puede enriquecer esta dinámica de la siguiente manera: pídales que, una vez hecha la versión del texto, cada grupo elija un portavoz. Los portavoces de cada grupo deben reunirse y comparar sus versiones del texto, anotando las diferencias que encuentren. A continuación, cada portavoz debe volver a su grupo, informar de las diferencias e intentar mejorar el texto antes de compararlo con la transcripción.

02 El carrito de la compra

Antes de leer
¿Qué comen?

√ **Activación de conocimientos previos**

A

Objetivo
Conocer el nombre en español de diversos productos alimentarios.

√ **Activación de conocimiento del mundo**
√ **Competencia léxica**

📽 8   📄 16-17-18   A-Z Sorprender

Para empezar

Remita a sus alumnos a las imágenes de la página 64 y pídales que observen la compra de la semana en dos casas españolas.

UNIDAD 4

Desarrollo

- Si dispone de los medios necesarios, muestre a sus estudiantes la ficha proyectable 8A y anímelos a que hagan una lista con todos los alimentos que pueden ver. Si no puede proyectar, remítalos a la fotografía de la parte superior de la página 64.

- Haga una puesta en común.

- Muestre la ficha proyectable 8B o remita a sus estudiantes a la fotografía de la parte inferior de la página 64 y pídales que hagan otra lista con los alimentos que pueden ver.

- Haga otra puesta en común y pregúnteles: **¿Hay algo que os sorprende? ¿Hay productos que compráis normalmente?**

B

Objetivo
Hacer comparaciones entre dos hogares a partir de dos fotografías.

√ Competencia sociocultural
√ Competencia existencial
√ Construcción de hipótesis

A-Z Ser (1)

Desarrollo

- Pida a sus alumnos que observen las fotografías de la página 64 y pregúnteles: **¿Qué diferencias hay entre las dos listas de la compra?** Haga una puesta en común en clase abierta.

- Pregúnteles: **¿En cuál de las dos casas creéis que se alimentan mejor? ¿Por qué?** Remítalos a los andamiajes que se ofrecen en la actividad para que puedan hacer las comparaciones.

- Haga una puesta en común en clase abierta y recoja algunos ejemplos en la pizarra.

Texto y lengua
Cantidades

C

Objetivo
Calcular las cantidades de diversos productos de la compra semanal.

√ Competencia existencial
√ Competencia léxica

Desarrollo

- Divida a sus estudiantes en grupos de tres o cuatro personas y pídales que elijan una de las fotografías.

- Anímelos a calcular las cantidades aproximadas de los productos que se han comprado en una casa.

- Remítalos a las frases de la actividad C del Dosier 02 donde aparecen envases y cantidades y aclare el significado de aquellos conceptos que no conozcan.

- Haga una puesta en común y anímelos a llegar a un acuerdo en aquellas cantidades en las que pudiera haber discrepancia.

Texto y significado
¿Se alimentan bien?

D

Objetivo
Escuchar los testimonios de cuatro personas que hablan sobre su dieta.

√ Comprensión auditiva
√ Competencia léxica

🔊 14-17 🔑 9

Para empezar

- Haga estas preguntas a sus estudiantes: **¿Cómo os alimentáis? ¿Lleváis una dieta sana?** Anímelos a participar y a expresar cómo es su dieta, qué comen normalmente, qué tipo de comida les gusta, qué suelen comprar para comer, etc.

- Pregúnteles a continuación: **¿Qué creéis que es lo más importante para tener una dieta sana y alimentarse bien?** Invítelos a reflexionar sobre esta cuestión en parejas o en grupos de tres personas.

- Haga una puesta en común con todo el grupo y anote las palabras más importantes en la pizarra.

Desarrollo

- Explique a sus alumnos que van a escuchar a cuatro personas que hablan sobre el tipo de productos que comen y sobre sus hábitos alimenticios en general. Pídales que respondan a las preguntas de la actividad D del Dosier 02.

- Si dispone de los medios necesarios, sírvase de la ficha proyectable 9 para añadir más información sobre los hábitos alimenticios de cada una de las personas.

🔑 Solución

	1.	2.	3.	4.
Su dieta es rica en proteínas y baja en grasas.	☐	☐	☐	☒
Compra muchos productos frescos. Cuida su alimentación.	☒	☐	☐	☐
Le encanta la comida de otros países, probar cosas nuevas.	☐	☐	☒	☐
No cuida su alimentación y come mucha comida precocinada.	☐	☒	☐	☐

> **Para ir más allá**
Una vez realizada la actividad, puede entregar a sus estudiantes el texto de la transcripción con las frases desordenadas para que reconstruyan los textos de las cuatro intervenciones. Finalice con una proyección de la transcripción y aclare el vocabulario que desconozcan.

UNIDAD 4

E

Objetivo
Comentar a qué persona de la actividad nos parecemos más.

📄 19-20-21-22   A-Z Parecer (2)

✓ **Expresión oral**

✓ **Competencia existencial**

Desarrollo

• Invite a sus alumnos a comentar a quién de las cuatro personas que han escuchado en la actividad anterior se parecen más en cuanto al modo de alimentarse. Para ello, distribúyalos en grupos de tres o cuatro personas.

• Pase por las mesas y participe en su conversación. Ayúdelos con las dudas que puedan surgir.

Texto y significado
Planeta hambriento

F

Objetivo
Leer un texto y comentar ideas que nos sorprenden o nos parecen curiosas.

✓ **Comprensión de lectura**

✓ **Activación de conocimiento del mundo**

✓ **Interacción oral**

Desarrollo

• Remita a sus alumnos al texto de la página 64 y pídales que subrayen tres ideas que les sorprendan.

• Anímelos, en pequeños grupos, a poner esas ideas en común y a explicar por qué les han sorprendido. Pase por las mesas y participe en su conversación.

• Haga, para terminar, una puesta en común con las aportaciones de los diferentes grupos.

Texto y lengua
Comparativos

G

Objetivo
Buscar en el texto estructuras para hacer comparaciones.

✓ **Comprensión lectora**

✓ **Observación y reflexión sobre el funcionamiento del sistema formal**

Desarrollo

• Explique a sus alumnos que en el texto aparecen diferentes estructuras que se emplean para hacer comparaciones. Anímelos a identificarlas y a subrayarlas.

• Haga una puesta en común con todo el grupo y anote sus aportaciones en la pizarra.

• Pregúnteles: **¿Conocéis otras estructuras para hacer comparaciones?** Escriba sus respuestas en la pizarra. Si sus estudiantes no recuerdan estas estructuras, remítalos a los andamiajes de la actividad B de este Dosier.

02 Agenda de aprendizaje

Reglas y ejemplos
La comparación

1

Objetivo
Observar la formación de los comparativos y escribir nuestros propios ejemplos.

📹 10   📄 23

✓ **Observación y reflexión sobre el funcionamiento del sistema formal**

✓ **Personalización del aprendizaje**

Desarrollo

• Llame la atención de sus alumnos sobre la tabla de los comparativos del apartado 1 de la Agenda de aprendizaje 02 (si dispone de los medios necesarios, puede mostrar la ficha proyectable 10) y pídales que observen las estructuras **más… que / menos… que**. Hágales ver su uso con un adjetivo.

• Remítalos, a continuación, al uso de la estructura **tan… como**, y explíqueles que se emplea con adverbios o adjetivos.

• Continúe con la estructura **tanta… como** y pregúnteles por el género del sustantivo **pasta**.

• A continuación, dígales que hagan frases similares con los siguientes sustantivos: **pan**, **dulces**, **patatas**. Ayúdelos a crear frases similares a estas:

Yo no como **tanto** pan **como** mi hermano.
Yo no como **tantos** dulces **como** mi padre.
Yo no como **tantas** patatas **como** mi abuelo.

• Haga ver a sus estudiantes la concordancia del comparativo con el sustantivo al que acompaña.

• Llame su atención sobre el uso de **mejor/mejores que** y **peor/peores que**. Explíqueles que en este caso se trata del comparativo de superioridad de los adjetivos **bueno** y **malo**, respectivamente.

• Anímelos, en pequeños grupos, a leer los ejemplos, a expresar si están de acuerdo o no y a escribir otros ejemplos de forma individual.

• Si lo cree conveniente, haga una breve puesta en común y escriba las frases de sus estudiantes sobre la ficha proyectable 10B

UNIDAD 4

Palabras para actuar
Superlativos: lo más importante, lo menos importante

② Objetivo
Expresar prioridades o preferencias a la hora de ir de compras.

📄 24

> √ Interacción oral
> √ Personalización del aprendizaje
> √ Competencia existencial

Desarrollo

- Pida a sus estudiantes que lean la frase que aparece como ejemplo en el apartado 2 de la Agenda de aprendizaje 02 y asegúrese de que entienden el vocabulario.

- Forme grupos de tres personas y anímelos a expresar sus prioridades a la hora de ir a comprar.

- Haga una puesta en común y anímelos a completar la lista con las cosas que tienen en cuenta a la hora de ir de compras: marca, precio, calidad, etc.

Reglas y ejemplos
Pesos y cantidades

③ Objetivo
Analizar cómo nos referimos a distintos pesos y cantidades.

📄 25-26-27

> √ Competencia léxica
> √ Competencia sociocultural
> √ Competencia intercultural

Desarrollo

- Remita a sus alumnos a los recursos para expresar cantidad del apartado 3 de la Agenda de aprendizaje 02.

- Pregúnteles qué productos compran normalmente en esas cantidades y si en sus países existen otras unidades de medida diferentes.

- Pida a sus alumnos que piensen en su plato favorito y en los ingredientes del mismo. Pídales que escriban las cantidades de dichos ingredientes que se necesitan para prepararlo.

- Forme grupos de tres personas y anímelos a compartir su plato preferido y los ingredientes necesarios para prepararlo.

02 Taller de uso

En parejas
Hacemos la compra en internet

Ⓐ Objetivo
Hacer hipótesis sobre productos que se pueden encontrar en diferentes secciones de un supermercado *online*.

> √ Competencia léxica
> √ Construcción de hipótesis
> √ Competencia sociocultural

Desarrollo

- Indique a sus alumnos que observen la imagen que tienen en la actividad A del Taller de uso 02 y dígales que se trata de la página web de un supermercado online. Señáleles que a la izquierda de la imagen están los nombres de algunas de las secciones de dicho supermercado.

- Pregúnteles: **¿Qué productos podemos encontrar en estas secciones?** Anímelos a escribir, en parejas, un producto para cada una de ellas.

- Haga una puesta en común y anote el vocabulario en la pizarra.

Ⓑ Objetivo
Buscar tres productos en diferentes supermercados *online* y hacer comparaciones entre ellos.

> √ Activación de conocimiento del mundo
> √ Competencia léxica
> √ Investigación en internet

Desarrollo

- Distribuya a sus estudiantes por parejas y pídales que seleccionen tres de los productos de la actividad anterior. Anímelos a visitar la página web de tres supermercados para comparar el producto siguiendo estos criterios: precio, accesibilidad, variedad y ofertas.

- Pregúnteles: **¿Qué supermercado creéis que es mejor? ¿Por qué?** Haga una puesta en común en clase abierta con las respuestas de sus alumnos y anime a aquellos que han buscado en un mismo supermercado a poner en común sus impresiones.

59

UNIDAD 4

C

Objetivo
Hacer tarjetas con el nombre y las imágenes de diversos productos.

√ **Competencia léxica**

√ **Competencia ortográfica**

Desarrollo

• Explique a sus alumnos que a continuación van a preparar unas tarjetas con los productos que han buscado en la actividad anterior.

• Entrégueles el material (sería muy conveniente que usted llevase las tarjetas ya preparadas y cortadas) y pídales que en cada una de ellas escriban el nombre del producto y lo acompañen con un dibujo o una fotografía.

> **A tener en cuenta**
> Si dispone de los medios necesarios, puede pedirles a sus alumnos que impriman las fotografías *in situ*. Otra opción es llevar a clase varios folletos de ofertas de supermercado, tanto para ver las secciones, como para tener material gráfico para incluir en las tarjetas. También puede pedir a sus alumnos que preparen las tarjetas en casa.

D

Objetivo
Preparar carteles con los nombres de las secciones de un supermercado para colocar los productos.

√ **Competencia léxica**

√ **Competencia ortográfica**

Para empezar

Lleve a clase cartulinas para hacer carteles de las diferentes secciones de un supermercado.

Desarrollo

• Forme grupos de tres o cuatro estudiantes y dígales que deben decidir qué secciones tiene que tener un supermercado. Recuérdeles que deben elegir las secciones en función de los productos que tienen en sus tarjetas.

• Haga una puesta en común con las aportaciones de los diversos grupos. Para ello, pida un portavoz voluntario de cada grupo y anote en la pizarra las secciones que vayan proponiendo.

• Una vez elegidas las secciones, entrégueles cartulinas para que escriban en cada una de ellas el nombre de una sección. Anímelos a colgar los carteles en las paredes del aula.

• Recoja las tarjetas con los productos de la actividad anterior y distribúyalas entre los otros grupos (para que los miembros de un grupo no trabajen con su propio material) y anímelos a colocar cada producto en la sección correspondiente.

Entre todos
La lista para la excursión

E

Objetivo
Hacer la lista de la compra para ir de excursión.

√ **Competencia léxica**

√ **Competencia sociocultural**

√ **Interacción oral**

🔊 **11**

Desarrollo

• Si dispone de los medios necesarios, muestre a sus alumnos la ficha proyectable 11 y explíqueles que van a preparar una excursión para pasar cuatro días en un refugio de montaña.

• Divida a sus estudiantes en grupos de cuatro personas y pídales que preparen una lista de la compra con lo que necesitan para esos cuatro días. Remítalos al modelo de lengua que tienen en la actividad para que sepan cómo llevar a cabo la negociación y la conversación.

• Pídales que presenten su lista a sus de compañeros. Anime al resto de la clase a observar si han olvidado algo importante. Puede escribir el nombre de los productos de la lista en la ficha proyectable 11.

F

Objetivo
Pactar un presupuesto para unas compras.

√ **Competencia léxica**

√ **Interacción oral**

√ **Investigación en internet**

Desarrollo

• Mantenga los grupos de la actividad anterior y pídales que pacten un presupuesto para pasar los cuatro días en el refugio de montaña.

• Una vez pactado el presupuesto, anímelos a visitar la web de un supermercado *online* para comprobar cuánto cuesta cada uno de los productos de su lista y ver si tienen suficiente dinero.

• Explíqueles que deben ajustarse al presupuesto pactado, por lo que si no tienen suficiente dinero, deberán rehacer la lista.

• Haga una puesta en común con el presupuesto de cada grupo y con los productos que han seleccionado.

Archivo de léxico

Mis palabras
Mi cesta de la compra

1

Objetivo
Hacer la lista de la compra para una semana.

📄 28

✓ Competencia léxica
✓ Competencia existencial
✓ Personalización del léxico

Desarrollo

- Pida a sus estudiantes que piensen en lo que normalmente comen a lo largo de una semana y que hagan una lista con los nombres de los alimentos que consumen.

- Anímelos a utilizar el diccionario si necesitan la traducción de alguna palabra.

› **Para ir más allá**
Si lo estima oportuno, propóngales que le enseñen la lista a otro compañero, quien analizará los productos que hay en ella para valorar si su alimentación es equilibrada.

La gramática de las palabras
Comprar, comprarse, comprarle; la compra, de compras

2

Objetivo
Conocer diferentes usos del verbo **comprar**.

📄 29

✓ Competencia léxica
✓ Aprender a aprender

Desarrollo

- Muestre a sus alumnos los ejemplos que aparecen en el apartado 2 del Archivo de léxico y explíqueles la diferencia entre **comprarse** y **comprar algo a alguien**.

- Así mismo, muéstreles la diferencia entre **ir de compras** y **hacer la compra**.

- Lea con ellos los ejemplos de colocaciones que se suelen hacer con **comprar**, **comprarse** y **comprarle** y pídales que completen las series con otras palabras. Anímelos a trabajar en parejas y a usar un diccionario combinatorio.

- Haga una puesta en común y escriba las aportaciones de sus estudiantes en la pizarra.

Proyectos

Proyecto en grupo
¿Somos una clase consumista?

A

Objetivo
Recordar las cosas que hemos comprado durante toda la semana.

✓ Competencia léxica
✓ Interacción oral
✓ Memoria a corto y largo plazo

Desarrollo

- Divida a sus alumnos en grupos de cuatro o cinco personas. Anímelos a reflexionar individualmente sobre lo que han comprado durante la semana. Pregúnteles: **¿Qué habéis comprado esta semana?** Acláreles que para esta actividad no se han de tener en cuenta los productos de alimentación.

- Deles unos instantes para reflexionar y, a continuación, invítelos a compartir lo que han comprado con el resto de sus compañeros de grupo. Remítalos, si lo considera necesario, al modelo de lengua que aparece al final del enunciado de la actividad.

B

Objetivo
Escribir lo que hemos comprado durante una semana y reflexionar sobre el consumismo.

✓ Competencia léxica
✓ Competencia existencial
✓ Trabajo cooperativo

Desarrollo

- Explique a sus alumnos que, a continuación, van a reflexionar de manera conjunta sobre el consumismo.

- Invítelos a escribir en la pizarra lo que ha comprado cada grupo. Para ello, divida la pizarra en tantas partes como grupos tenga. Pida que cada grupo elija un portavoz, que será el encargado de escribir lo que ha comprado su grupo.

- Anímelos a observar los resultados de la pizarra y pregúnteles: **¿Qué grupo es más consumista? ¿Somos una clase consumista?** Haga una reflexión grupal y participe en el debate.

› **Para ir más allá**
Si su grupo se muestra interesado en este tema, anímelos a seguir debatiendo sobre el consumo en la sociedad actual. Pregúnteles cuál sería el concepto opuesto al **consumismo**. Escriba en la pizarra, si no lo han mencionado: **consumo responsable** y pídales que, en pequeños grupos, preparen una pequeña presentación sobre lo que es el consumo responsable.

UNIDAD 4

Proyecto en grupo
Guía de tiendas interesantes

C

Objetivo
Recopilar información sobre diversos tipos de tiendas.

√ Competencia existencial

√ Activación de conocimiento del mundo

√ Trabajo cooperativo

Desarrollo

• Explique a sus alumnos que entre toda la clase van a elaborar una guía para hacer "buenas compras".

• Divida a sus alumnos en grupos de cuatro personas y asigne a cada grupo uno de los temas que aparecen en la actividad. Si su clase es muy numerosa, anímelos a añadir uno o más temas a la lista.

D

Objetivo
Investigar sobre los comercios que hay en la ciudad en la que estudian español.

√ Investigación en internet

√ Activación de conocimiento del mundo

√ Competencia pragmática (funcional y organizativa)

Desarrollo

• Explique a sus alumnos que para realizar la guía, se deben establecer unos criterios. Pregúnteles: **¿Qué tiendas debe incluir una guía de "buenas compras"?**, **¿qué debemos tener en cuenta?** Dirija la conversación hacia los siguientes aspectos: precio, localización, originalidad, variedad, etc.

• Haga una puesta en común, y anote sus respuestas en la pizarra. Remítalos, a continuación, a las preguntas que tienen en la actividad y aclareles que deben elaborar una pequeña ficha que responda a esas cuestiones sobre las tiendas del tipo que han seleccionado (ropa, comida, libros, etc.) que hay en la ciudad en la que estudian español (si es grande, hágalo sobre el barrio en el que está la escuela en la que estudian español u otro que les interese).

• Anímelos, no solo a buscar en internet, sino a ir a las tiendas y comprobar *in situ* la información que van a ofrecer. Insista en que la guía debe incluir, al menos los siguientes aspectos de cada uno de los temas:
– Nombres de las tiendas y dirección.
– Productos que venden.
– Razones para comprar allí.

E

Objetivo
Elaborar una guía colaborativa de "buenas compras" en la ciudad en la que estudian español.

√ Interacción oral

√ Trabajo cooperativo

√ Competencia pragmática (discursiva y organizativa)

Desarrollo

• Ofrezca a sus estudiantes dos opciones de formato para realizar la guía de "buenas compras":

1. En papel: Podría ser un mural o folleto.
2. Digital: Proponga a sus estudiantes que trabajen, por ejemplo, con Canva o Glogster para crear folletos o infografías o con Scoop.it si lo que desean es crear una revista virtual.

• Haga que cada grupo comparta con el resto de la clase la información que ha recopilado sobre los comercios que ha investigado.

• Pida a sus estudiantes que elaboren la guía definitiva de "buenas compras" en la ciudad. Si el formato elegido es papel, coméntelas juntos en clase. Si han elegido una herramienta virtual, dígales que la compartan en el espacio virtual de clase o que la presenten en el aula.

UNIDAD 5

TE LLAMO Y HABLAMOS

Punto de partida

Nube de palabras
Nos comunicamos

A

Objetivo
Asociar ideas con algunos verbos de la nube de palabras.

🎬 1 A-Z Escribir A-Z Escuchar A-Z Hablar (1)
A-Z Llamar A-Z Mandar

✓ **Competencia léxica**

✓ **Activación de conocimientos previos**

✓ **Activación de conocimiento del mundo**

Para empezar

- Si dispone de los medios necesarios, muestre a sus estudiantes la ficha proyectable 1 y pregúnteles qué representa la imagen. Si no dispone de proyector, puede remitir a sus alumnos a la imagen de la página de entrada. Espere a que le digan que es un teléfono y pregúnteles: **¿Qué podemos hacer con un teléfono?** Escriba sus respuestas en la pizarra.

- Pregúnteles: **¿Usáis mucho el teléfono? ¿Para qué?**

Desarrollo

- Pregunte a sus estudiantes: **¿De qué otras formas os comunicáis?** Apunte sus respuestas en la pizarra e invítelos a buscar en la nube de palabras vocabulario relacionado con formas de comunicarse; encontrarán algunas como **correo electrónico**, **red social** o **chatear**.

- Lea el título de la unidad, y anímelos a imaginar en qué contexto se utiliza esa frase. Ayúdelos a deducir que es una frase que usamos para decirle a alguien que vamos a llamarlo.

- Remítalos a la actividad A del Punto de partida, pídales que lean los verbos y pregúnteles: **¿Para qué usamos estos verbos?** Deles unos minutos para que lleguen a la respuesta: **para comunicarnos**.

- Anime a sus estudiantes a trabajar en parejas y a asociar ideas con cada uno de los verbos.

- Haga una puesta en común y escriba sus respuestas en la pizarra.

- Para terminar, revisen juntos los contenidos que se van a trabajar en esta unidad y aclare las dudas que puedan tener sus estudiantes.

🔑 **Propuesta de solución**

Llamar: por teléfono, a un amigo; **Escuchar:** música, un mensaje de voz; **Mandar:** un mensaje, un correo electrónico, un archivo; **Escribir:** un correo electrónico, un mensaje, en una red social; **Chatear:** en una red social, con un amigo; **Hablar:** por teléfono, por videoconferencia.

B

Objetivo
Hacer una lista con los nombres de las personas con las que nos hemos comunicado recientemente.

📄 1

✓ **Personalización del léxico**

✓ **Competencia existencial**

Desarrollo

- Pregunte a sus alumnos: **¿Habéis hablado hoy por teléfono?** Espere sus respuestas y, a continuación, pregúnteles: **¿Os habéis comunicado con mucha gente hoy? ¿Con cuántas personas?**

- Distribuya a sus estudiantes en grupos de tres o cuatro personas y anímelos a hacer una lista con las personas con las que se han comunicado y el medio por el que lo han hecho.

- Pídales que comparen sus respuestas con las de sus compañeros de grupo. Remítalos, para ello, a los andamiajes que se ofrecen en esta actividad.

- Pregúnteles: **¿Quién se ha comunicado con más personas hoy?** Haga una puesta en común para descubrir quién se ha comunicado con más personas en cada uno de los grupos y anímelos a explicar por qué medios lo han hecho.

63

UNIDAD 5

Vídeo
¿Eres adicto al móvil?

C

Objetivo
Contestar a unas preguntas sobre el uso del móvil y comentar la utilización que cada uno hace del mismo.

√ Competencia léxica
√ Competencia sociocultural
√ Competencia existencial

▶ 📹 2

Desarrollo

• Pregunte a sus alumnos: **¿Creéis que sois adictos al móvil?** Deles unos instantes para responder y para compartir sus impresiones.

• Si dispone de los medios necesarios, muestre la ficha proyectable 2; si no, remita a sus estudiantes a la actividad C del Punto de partida.

• Forme grupos de tres personas y pídales que, de manera oral, respondan a las preguntas que allí aparecen.

• Haga una puesta en común y responda también usted a las preguntas.

D

Objetivo
Comparar nuestras respuestas con las de los entrevistados en el vídeo.

√ Competencia existencial
√ Competencia audiovisual
√ Competencia léxica

Para empezar

• Explique a sus alumnos que van a ver un vídeo donde varias personas responden a preguntas sobre el uso que hacen del móvil.

• Pídales que, después de ver el vídeo (o mientras lo ven), escriban las respuestas que dan los entrevistados a las preguntas de la actividad C del Punto de partida.

Desarrollo

• Proyecte el vídeo y, al finalizar, pregunte a sus estudiantes: **¿Coinciden vuestras respuestas con las de los entrevistados?**

• Haga una breve puesta en común.

• Anime a sus estudiantes a comparar sus respuestas con la de uno o varios compañeros. A continuación, pregúnteles: **¿Para qué utilizáis vosotros el móvil?** Deles tiempo para responder y anímelos a emplear el vocabulario trabajado en esta actividad.

❗ **A tener en cuenta** 📓 36-37-38
Para profundizar en los contenidos del vídeo, le recomendamos que, al finalizar la unidad, realice con sus estudiantes las actividades 36, 37 y 38 del Cuaderno de ejercicios.

01 ¿Sabemos comunicarnos?

Antes de leer
Comunicarse

A

Objetivo
Hacer una lluvia de ideas sobre el concepto **comunicarse**.

√ Competencia léxica
√ Interacción oral
√ Activación de conocimientos previos

A-Z **Comunicarse**

Desarrollo

• Dibuje en la pizarra el inicio de un asociograma y escriba en el centro la palabra **comunicarse**. Puede hacerlo de esta manera:

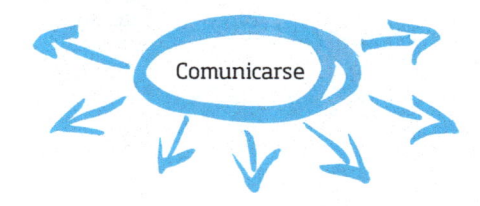

(Comunicarse)

• Anime a sus estudiantes a que escriban todas las palabras que puedan relacionar con este verbo.

• Dígales que elijan una de las palabras del asociograma con la que se sientan identificados. Anímelos a que expliquen la razón.

• Pregúnteles, a continuación: **¿Creéis que nos comunicamos bien?** Anímelos a discutir sobre ello. Puede hacer alusión (si sus estudiantes no lo han hecho antes) a hábitos como mirar continuamente el móvil mientras se habla con otra persona, tener muchos amigos en una red social pero pocos en la vida real, etc. Si necesita pautar la discusión, puede plantearles las siguientes preguntas: **¿Qué es comunicarse bien?**, **¿es importante?**, **¿por qué?**, **¿es fácil?**

UNIDAD 5

Texto y significado
Escribir, llamar, hablar

B

Objetivo
Leer la introducción de un texto y responder a las preguntas que se plantean.

√ Comprensión de lectura

√ Competencia léxica

√ Competencia existencial

`A-Z Escribir` `A-Z Hablar (1)` `A-Z Llamar`

Desarrollo

- Remita a sus alumnos al texto introductorio de la página 72 e invítelos a leerlo de forma individual.

- Pídales que, también de manera individual, respondan a las preguntas que se plantean en el texto y haga después una puesta en común con todo el grupo.

Texto y significado
¿Estamos de acuerdo?

C

Objetivo
Realizar una encuesta a un compañero y comparar sus respuestas con las propias.

√ Competencia existencial

√ Competencia pragmática (funcional)

√ Interacción oral

`2-3-4-5` `1`

Para empezar

Entregue a sus estudiantes la ficha fotocopiable 1, donde trabajarán con los adjetivos de carácter que aparecerán más tarde en el texto. Léalos con ellos y asegúrese de que comprenden su significado. Anime a sus alumnos a trabajar en parejas y a discutir sobre si un adjetivo es positivo, negativo o neutro. Haga una puesta en común y anímelos a completar la tabla con otros adjetivos de carácter.

Desarrollo

- Explique a sus alumnos la dinámica de esta actividad: deben hacerle las preguntas del test a un compañero y determinar, a partir de sus respuestas, cómo es su carácter.

- Ayúdelos a formular las preguntas en aquellos enunciados que no se formulan de manera directa. Por ejemplo, en el primer ítem del test, la pregunta puede ser: **¿Qué haces cuando vas a una fiesta?**, y en el tercero: **¿Qué dice de ti la gente que te conoce?**

- Lea con sus estudiantes los posibles resultados del test que aparecen en el cuadro azul de la actividad C del Dosier 01 y pida a varios de ellos que presenten las conclusiones sobre su compañero basándose en estos resultados o en su interpretación de las respuestas del compañero.

- Anime a la persona descrita a expresar su acuerdo o desacuerdo con las conclusiones de su compañero y a justificar su opinión. Remítalos, para ello, a los andamiajes que aparecen al final de la actividad.

! A tener en cuenta
Es posible que en el test aparezca bastante vocabulario que sus estudiantes no conozcan; léalo con ellos y aclare sus dudas de antes de que comiencen a trabajar con un compañero.

› **Para ir más allá**
Si lo estima oportuno, puede terminar la actividad haciéndoles reflexionar sobre las diferencias interculturales de la comunicación. Por ejemplo, en algunos países la gente suele presentarse a los desconocidos en una fiesta; en España es más habitual esperar a que alguien nos presente. Anímelos a comentar diferencias de este tipo.

Texto y significado
Problemas de comunicación

D

Objetivo
Escuchar dos entrevistas y decidir cuál se adapta mejor a una frase que la resume.

√ Comprensión auditiva

√ Interacción oral

√ Competencia sociocultural

`🔊 18-19` `A-Z Conseguir` `A-Z Costar (22)`
`A-Z Entender`

Desarrollo

- Explique a sus alumnos que van a escuchar a dos mujeres, Beatriz y Marta, que llaman a la radio para hablar de sus problemas de comunicación. Revise con ellos algunos de los problemas de comunicación que se han mencionado en la actividad C de este Dosier.

- Dígales que, después de escuchar, deben identificar qué testimonio se ajusta mejor a la frase que aparece al final de esta actividad.

- Haga una puesta en común con todo el grupo y anime a sus alumnos a justificar sus respuestas.

   🔑 **Solución**
   El testimonio de Beatriz.

E

Objetivo
Escuchar a dos personas que hablan sobre sus problemas acerca de la comunicación.

√ Comprensión auditiva

√ Competencia léxica

`🔊 18-19` `📹 3` `A-Z Conseguir` `A-Z Costar (2)`

Desarrollo

- Explique a sus alumnos que van a volver a escuchar el audio y que ahora deben fijarse con más detalle en los problemas que se exponen.

- Pídales que anoten en la tabla de la actividad E del Dosier 01 cuál es el problema y la razón del mismo.

65

UNIDAD 5

- Reproduzca el audio dos veces y déjeles tiempo suficiente para completar la actividad.

- Anímelos a formar grupos de tres personas y a comparar sus notas.

- Si dispone de los medios necesarios, use la ficha proyectable 3 para la puesta en común. Si no, puede escribir en la pizarra las respuestas de sus estudiantes.

🔑 Propuesta de solución

Beatriz	No conoce a nadie en la ciudad, solo a los compañeros de trabajo. Quiere conocer a gente de su edad, pero le resulta difícil porque es callada y tímida. Conoce a mucha gente a través de internet y de foros, pero quiere conocer a gente fuera de la red.
Marta	Llama desde Palma de Mallorca. Tiene problemas de comunicación con su novio. Él está siempre pendiente del teléfono y de las redes sociales y no hablan. Eso la pone muy nerviosa. Ella es muy sociable y extrovertida, pero él es callado y tímido. Casi no salen con amigos.

F

Objetivo
Dar consejos a dos personas tras escuchar sus problemas.

√ **Expresión oral**
√ **Competencia sociocultural**
√ **Competencia pragmática (funcional)**

A-Z Tener (5)

Desarrollo

- Pida a sus alumnos que piensen en consejos que pueden dar a las dos mujeres de la actividad anterior. Remítalos a los andamiajes que aparecen en la actividad y anímelos a usarlos.

- Anímelos a trabajar en grupos de tres personas, tal como hicieron en la actividad anterior.

G

Objetivo
Comparar los consejos que se han propuesto con los de los compañeros.

√ **Interacción oral**
√ **Competencia sociocultural**

📹 3 📖 6-7-8-9-10 A-Z Tener (5)

Desarrollo

- Pida a sus estudiantes que comparen sus consejos con los de otro grupo y que seleccionen los tres mejores consejos para cada una de las personas.

- Haga una puesta en común y escriba en la pizarra las respuestas de sus estudiantes. Si dispone de los medios necesarios, puede usar para ello la ficha proyectable 3B.

- Anime a sus estudiantes a que lleguen a un consenso sobre los tres mejores consejos para cada una de las personas.

01 Agenda de aprendizaje

Reglas y ejemplos
Los pronombres de objeto indirecto

√ **Observación y reflexión sobre el funcionamiento del sistema formal**
√ **Competencia pragmática (funcional)**
√ **Personalización del léxico**

1

Objetivo
Analizar el uso de los pronombres de objeto indirecto y escribir ejemplos.

📹 4 📖 11-12-13-14 A-Z Contar (1)
A-Z Enviar A-Z Mandar

Para empezar

- Remita a sus estudiantes a la pregunta 5 del test del Dosier 01 y pídales que se fijen en esta frase: **esta semana, para comunicarme con mis amigos, les he mandado mensajes o correos**.

- Pregúnteles a quién se refiere el pronombre **les**. Su respuesta debe ser: **mis amigos**.

- Escriba, a continuación, en la pizarra, las siguientes frases: **esta semana, para hablar con mis amigas, les he mandado mensajes o correos / esta semana, para hablar con mi amigo, le he mandado mensajes o correos / esta semana, para hablar con mi amiga, le he mandado mensajes o correos**.

- Explíqueles que en la primera frase, el pronombre **les** se refiere a **mis amigas**. En la segunda, el pronombre **le** se refiere a **mi amigo** y en la tercera, el pronombre **le** se refiere **a mi amiga**.

Desarrollo

- Si dispone de los medios necesarios, muestre a sus estudiantes la ficha proyectable 4; si no, remita a sus alumnos al apartado 1 de la Agenda de aprendizaje 01 y pídales que observen el uso de los pronombres **le** y **les**.

- Dígales que **le** y **les** son pronombres de objeto indirecto que indican a quién va destinada una acción. Haga que se fijen en las oraciones **Lucía** le **ha mandado un correo a Javier** y **Lucas** les **cuenta un cuento a sus hijos todas las noches**.

- Proporciónales otros ejemplos en los que aparezcan otras personas de los pronombres de objeto indirecto: **Manu** me **escribe todos los días**; **Manu** te **escribe todos los días**, etc. Pídales que observen la tabla con los diferentes pronombres de objeto indirecto.

UNIDAD 5

- Invítelos a leer el cuadro de atención que aparece en este apartado. Explíqueles que a menudo el complemento de objeto indirecto aparece dos veces en una misma frase (es el fenómeno de la reduplicación).

- Para terminar, remítalos a la pregunta que tienen al final de la actividad y anímelos a crear sus propios ejemplos empleando los verbos **preguntar**, **explicar**, etc.

> **A tener en cuenta**
> Explique a sus alumnos que cuando los pronombres **le** y **les** aparecen en una misma frase con los pronombres de objeto directo **lo**, **la**, **los**, **las**, se transforman en el pronombre **se**. Escriba en la pizarra estas frases: **Se lo cuento a un amigo y a mi pareja** y **no se lo cuento a nadie**. Hágales ver que, en el primer caso, el pronombre **se** se refiere a **a un amigo y a mi pareja** (el pronombre **les** se ha transformado en **se**); en el segundo caso, se refiere a **a nadie** (el pronombre **le** se ha transformado en **se**).

Reglas y ejemplos
Perífrasis verbales: estar + gerundio

2
Objetivo
Observar la estructura **estar**+gerundio y compararla con nuestra propia lengua.

> √ Observación y reflexión sobre el funcionamiento del sistema formal
> √ Competencia léxica
> √ Competencia plurilingüe

📓 15   A-Z Estar (5)

Para empezar

- Remita a sus alumnos a la pregunta 10 del test del Dosier 01: **¿Qué estás haciendo mientras contestas este formulario?** Haga que se fijen también las respuestas.

- Explique a sus alumnos la diferencia entre la perífrasis **estar** + gerundio y un verbo en presente de indicativo, es decir, la diferencia, por ejemplo, entre **vivo en Buenos Aires** (de manera habitual) y **estoy viviendo en Buenos Aires** (en estos momentos).

Desarrollo

- Remita a sus alumnos al apartado 2 de la Agenda de aprendizaje 01 para analizar la forma de esta perífrasis. Hágales ver que en el ejemplo que tienen en este apartado, el verbo **estar** aparece conjugado y va seguido de otro verbo en gerundio.

- Invítelos a traducir el ejemplo a su lengua.

- Llame su atención sobre la forma del gerundio, e invítelos a decir el infinitivo de los verbos que aparecen en la tabla.

3
Objetivo
Formar el gerundio de diferentes verbos y observar algunas irregularidades.

> √ Observación y reflexión sobre el funcionamiento del sistema formal
> √ Competencia léxica
> √ Competencia pragmática

📺 5

Desarrollo

- Si dispone de los medios necesarios, muestre la ficha proyectable 5 y haga ver a sus estudiantes cómo se forma el gerundio.

- Remítalos al apartado 3 de la Agenda de aprendizaje 01 y pídales que escriban el gerundio de los verbos que allí aparecen. Hágales ver que los verbos en **-ar** forman el gerundio con la terminación **-ando**, mientras que los verbos en **-er** y en **-ir**, lo hacen con la terminación **-iendo**.

- Llame su atención sobre algunas irregularidades en la formación del gerundio, como las que tienen los verbos **leer**, **ir** y **oír** (donde el encuentro de la vocal de la raíz verbal con la terminación **-iendo**, produce que la **i** se transforme en **y**); o la de los verbos con cambio vocálico en la raíz, como **morir**, **dormir**, **decir** y **pedir**.

- Pídales, para finalizar, que formen el gerundio de los verbos que tienen al final de este apartado.

🔑 **Solución**

llamar	llamando
beber	bebiendo
salir	saliendo
mandar	mandando
caer	cayendo
escribir	escribiendo
comer	comiendo

01 Taller de uso

En parejas
A quién y qué

A
Objetivo
Hacer hipótesis sobre el destinatario de mensajes y regalos.

> √ Competencia sociocultural
> √ Construcción de hipótesis
> √ Interacción oral

Desarrollo

- Remita a sus alumnos a las imágenes de la actividad A y explíqueles que van a hablar sobre el viaje de Manuela a Colombia.

- Anímelos a trabajar en parejas y a decidir qué ha comprado Manuela y qué mensaje ha enviado a las diferentes personas que aparecen en

UNIDAD 5

la actividad. Explíqueles que deben construir frases empleando los pronombres de objeto directo y de objeto indirecto; remítalos a las muestras de lengua que tienen en la parte inferior de la actividad.

• Haga una puesta en común con todo el grupo y anímelos a justificar sus respuestas.

Entre todos
Multitarea

B

Objetivo
Hacer mímica de diferentes acciones para que los compañeros las adivinen.

✓ **Competencia léxica**
✓ **Competencia sociocultural**
✓ **Componente lúdico**

📖 2

Desarrollo

• Divida a sus alumnos en grupos de tres o cuatro personas y anímelos a pensar en cosas que suelen hacer al mismo tiempo. Pídales que las escriban en un papel. Explíqueles que, a continuación, representarán esas acciones con mímica sin usar palabras.

• Si desea hacer la actividad más cerrada, recorte los verbos de la ficha fotocopiable 2, póngalos en una cajita y haga que cada uno de sus estudiantes tome dos de ellos.

• Haga usted la primera, a modo de ejemplo: coja dos tarjetas y haga mímica para representar las dos acciones.

• A continuación, pida a cada estudiante que represente sus acciones con mímica. Los demás miembros del grupo deberán adivinar de qué actividades se trata.

02 ¿Conectados en soledad?

Antes de leer
Mi móvil

A

Objetivo
Observar unas imágenes y realizar hipótesis sobre su significado.

✓ **Construcción de hipótesis**
✓ **Activación de conocimiento del mundo**
✓ **Competencia léxica**

Desarrollo

• Dirija la atención de sus alumnos sobre el título de la sección, "¿Conectados en soledad?", y sobre las fotografías de la página 76.

• Pregúnteles: **¿Qué ideas os sugieren?** Haga una lluvia de ideas y anote las respuestas de sus estudiantes en la pizarra.

B

Objetivo
Expresar la frecuencia con la que realizamos diferentes acciones relacionadas con el uso del móvil.

✓ **Competencia léxica**
✓ **Competencia existencial**

📖 16-17 A-Z Enviar A-Z Mandar

Desarrollo

• Pida a sus alumnos que cierren el libro y pregúnteles: **¿Para qué utilizáis el móvil?** Anote sus respuestas en la pizarra.

• Dígales que abran el libro en la página 77 y remítalos a la actividad B del Dosier 02, pídales que lean la lista de cosas que podemos hacer con el móvil y propóngales que la completen con las respuestas que han dado a la pregunta anterior.

• Anímelos, a continuación, a marcar con qué frecuencia hacen cada una de estas cosas y a comentarlo con un compañero.

• Haga una breve puesta en común.

Texto y significado
¿Estamos de acuerdo?

C

Objetivo
Leer un texto sobre el uso del móvil y señalar las ideas con las que estamos de acuerdo y con las que no.

✓ **Comprensión de lectura**
✓ **Competencia léxica**

Para empezar

• Recuerde a sus alumnos los contenidos que vieron durante la proyección del vídeo acerca del uso y la adicción al móvil (si lo considera necesario, puede volver a proyectarlo). A continuación, pregúnteles: **¿Usamos demasiado el móvil?** Haga una breve puesta en común con todo el grupo.

Desarrollo

• Pida a sus estudiantes que, de manera individual, lean el texto "¿Conectados en soledad?", señalen las ideas con las que están de acuerdo y con las que no y anoten sus razones.

UNIDAD 5

D

Objetivo
Comparar nuestras opiniones sobre el texto con las de un compañero.

√ Interacción oral
√ Competencia pragmática

🔑 18-19-20-21

Desarrollo

• Pida a sus alumnos que compartan con dos compañeros las ideas con las que están de acuerdo y con las que no, y que expliquen sus razones.

• Haga una puesta en común con todo el grupo y escriba en la pizarra las ideas con las que toda la clase está de acuerdo.

Texto y significado
¿Cómo era antes?

E

Objetivo
Escuchar las opiniones de algunas personas sobre cómo eran las cosas antes de internet.

√ Comprensión auditiva
√ Competencia léxica

🔊 20-25   📼 6   📖 3   A-Z Ser (1)

Para empezar

Remita a sus estudiantes al texto titulado "A debate" y pídales que lean las opiniones que tienen las personas de las fotografías sobre los cambios que ha traído internet.

Desarrollo

• Remita, a continuación, a sus estudiantes, a la actividad E del Dosier 02 y dígales que van a escuchar a las personas cuyos textos acaban de leer. Pídales que anoten en el libro el nombre de la persona que habla.

• Si dispone de los medios necesarios, muestre la ficha proyectable 6. Si no, copie en la pizarra la tabla que allí aparece y anime a sus alumnos a completarla mientras escuchan de nuevo el audio.

• Haga una puesta en común.

› **Para ir más allá**
Entregue a sus estudiantes la ficha fotocopiable 3 y pídales que relacionen las frases con el nombre de la persona que ha dicho cada una. Si lo considera conveniente, vuelva a poner el audio.

🔑 **Solución**
1. Ramón; **2.** José; **3.** Ágata; **4.** Raquel; **5.** Álex; **6.** Patricia.

🔑 **Solución de la ficha fotocopiable 3**
1. e; **2.** a; **3.** b; **4.** d; **5.** f; **6.** c.

F

Objetivo
Expresar nuestra opinión sobre los cambios que ha traído internet.

√ Competencia existencial
√ Activación de conocimiento del mundo
√ Interacción oral

Desarrollo

• Haga pequeños grupos y anime a sus estudiantes a dar su opinión sobre los cambios que ha traído internet y a expresar con qué personas del audio están más de acuerdo y por qué.

• Pase por los grupos y participe en su conversación: aporte su opinión, pregunte, rebata la opinión de sus alumnos, etc..

Texto y lengua
El imperfecto

G

Objetivo
Identificar y subrayar las formas verbales del pretérito imperfecto de indicativo.

√ Comprensión lectora
√ Observación y reflexión sobre el funcionamiento del sistema formal

Desarrollo

• Remita a sus alumnos a los testimonios del texto "A debate" de la página 77 y explíqueles que en ellos aparece un nuevo tiempo del pasado.

• Anímelos a encontrar las formas en los textos y a subrayarlas. Haga una puesta en común con todo el grupo y anote las formas en la pizarra.

• Pídales, a continuación, que identifiquen de qué verbos se trata y que escriban el infinitivo correspondiente.

• Haga una puesta en común y escriba los infinitivos junto a las formas verbales que había escrito anteriormente en la pizarra.

• Pídales, para finalizar, que expliquen para qué se utiliza. Acláreles que se usa para describir situaciones, lugares o personas en el pasado.

🔑 **Solución**
Podían – poder; comunicabas – comunicar; estaba – estar; había – haber.

UNIDAD 5

02 Agenda de aprendizaje

Reglas y ejemplos
Pretérito imperfecto

1

Objetivo
Observar la formación del pretérito imperfecto y completar la conjugación de varios verbos.

√ **Observación y reflexión sobre el funcionamiento del sistema formal**

√ **Competencia léxica**

📺 7   📄 22-23-24-25-26-27

Para empezar
Remita a sus estudiantes a las opiniones que aparecen en el texto "A debate" del Dosier 02. A continuación, escriba en la pizarra algunas frases de la grabación de la actividad E, como por ejemplo: **antes de internet la comunidad científica estaba menos conectada, pero ahora todos nos enteramos antes de los avances científicos.**

Desarrollo

• Pregunte a sus estudiantes por el uso del pretérito imperfecto en las frases anteriores. Si sus alumnos no lo mencionan, dígales que lo usamos para describir situaciones o hechos habituales en el pasado y contrastarlos con el presente.

• Si dispone de los medios necesarios, muestre a sus estudiantes la ficha proyectable 7 y dígales que observen la formación del pretérito imperfecto de indicativo; si no, remítalos al apartado 1 de la Agenda de aprendizaje 02

• Anímelos a completar los cuadros y acláreles que los verbos **ser** e **ir** son irregulares.

• Remítalos al cuadro de atención que hay a la derecha de las tablas y dígales que el imperfecto de la forma impersonal **hay** es **había**.

> ❗ **A tener en cuenta**
> Llame la atención de sus estudiantes sobre la forma del pretérito imperfecto del verbo **ver** (veía).
> Dígales que es un verbo que tiene las mismas terminaciones que los verbos regulares terminados en **-er**/**-ir**, pero que, para la construcción de este tiempo, no se toma como raíz **v-**, sino **ve-** (**ve**-ía)

Reglas y ejemplos
El imperfecto y otros tiempos

2

Objetivo
Observar el uso de los tiempos del pasado y escribir nuestros propios ejemplos.

√ **Observación y reflexión sobre el funcionamiento del sistema formal**

√ **Personalización del aprendizaje**

📺 8

Desarrollo

• Cuéntele a sus alumnos algún cambio que ha habido en su vida, por ejemplo: **Antes no** compraba **nunca por internet, pero ahora lo prefiero. La semana pasada** compré **unas botas y dos libros**.

• Escriba su afirmación en la pizarra y subraye los verbos que aparecen en pasado. Con la ayuda de los ejemplos, explique que usamos el **pretérito imperfecto** para referirnos a una situación que era habitual en el pasado y usamos el **pretérito indefinido** para referirnos a una acción pasada que tuvo lugar de manera puntual.

• Remítalos al apartado 2 de la Agenda de aprendizaje 02 y observe con ellos el ejemplo. Si dispone de los medios necesarios, haga esta actividad con la ficha proyectable 8. Anímelos luego a escribir dos o tres ejemplos más y a ponerlos en común.

En español y en otras lenguas
El imperfecto y otros tiempos

3

Objetivo
Comparar el uso de algunos tiempos del pasado en diferentes lenguas.

√ **Competencia léxica**

√ **Competencia plurilingüe**

Desarrollo

• Remita a sus estudiantes al ejemplo que aparece en el apartado 3 de la Agenda de aprendizaje 02 y pídales que lo traduzcan a su lengua.

• Pregúnteles si existen los mismos tiempos verbales en su lengua. En caso negativo, anímelos a que expliquen los recursos que usan en su lengua para expresar esas ideas.

02 Taller de uso

En grupos
Qué ha cambiado internet

A

Objetivo
Hacer una lista con los cambios más importantes producidos por la llegada de internet.

📽 9   A-Z Cambiar

| √ Competencia léxica |
| √ Competencias pragmáticas (organizativa y discursiva) |
| √ Activación de conocimiento del mundo |

Para empezar

- Recuerde a sus alumnos que en el texto de la página 77 se habla de los cambios que ha traído internet. Pregúnteles: **¿Cómo ha afectado internet a vuestra vida?**

- Pregúnteles en qué aspectos creen que internet ha cambiado el mundo en general. Remítalos a los andamiajes de esta actividad para que puedan formular sus respuestas. Si dispone de los medios necesarios, muestre la ficha proyectable 9, ya que las fotografías que allí aparecen les pueden servir de inspiración a sus estudiantes.

Desarrollo

- Remita a sus alumnos a la actividad A del Taller de uso 02, forme grupos de tres estudiantes y anímelos a que escriban una lista con los diez cambios más importantes que la llegada de internet ha provocado en los diferentes ámbitos que allí aparecen: cultura, política, viajes…

- Déjeles unos minutos para escribir y negociar y pase por los grupos para ofrecer su ayuda.

B

Objetivo
Comparar nuestra lista con la de los compañeros y observar las diferencias.

| √ Interacción oral |
| √ Competencia sociocultural |

Desarrollo

- Anime a sus alumnos a poner en común su lista con la de otros grupos para ver qué elementos tienen en común o son parecidos.

- Pídales que, entre todos, elijan los diez cambios más importantes y que elaboren una lista común. Entrégueles algunos pósit, invítelos a que escriban en ellos cada uno de los cambios de la lista final y que los peguen en la pared de clase o en la pizarra.

- Haga que todos los estudiantes lean los pósits de cada grupo y anímelos a que elijan los tres cambios más importantes.

En grupos
¿Eres adicto al móvil?

C

Objetivo
Redactar preguntas para conocer si nuestros compañeros son adictos al móvil.

| √ Competencia léxica |
| √ Competencia ortográfica |

Para empezar.

- Explique a sus estudiantes que van realizar las preguntas de un test para conocer el grado de adicción al móvil de sus compañeros.

Desarrollo

- Divida a sus alumnos en grupos de tres o cuatro personas y pídales que redacten cinco preguntas, cada una de ellas con tres posibles respuestas. Puede remitirlos al ejemplo de pregunta de la actividad D de este mismo Dosier.

- Pase por los grupos para ofrecer su ayuda y solucionar dudas que puedan surgir.

D

Objetivo
Realizar un test a un compañero para conocer su grado de adicción al móvil.

| √ Competencia sociocultural |
| √ Interacción oral |

Desarrollo

- Pida a sus estudiantes que hagan el test a compañeros de otros grupos. Recuérdeles que deben anotar sus respuestas.

- Una vez realizado el test, pídales que vuelvan al grupo de origen, analicen las respuestas y decidan si sus compañeros son adictos al móvil o no; si lo son, dígales que especifiquen en qué grado y que justifiquen sus respuestas. Puede remitirlos a la muestra de lengua que aparece al final de la actividad.

- Haga una puesta en común en clase abierta y decidan quién es la persona de la clase más adicta al móvil y quién la menos adicta.

E

Objetivo
Escribir cinco reglas para un uso correcto del móvil.

| √ Competencia léxica |
| √ Competencia sociocultural |
| √ Expresión escrita |

Desarrollo

- Explique a sus alumnos que van a escribir cinco consejos para hacer un buen uso del móvil.

UNIDAD 5

- Anímelos a trabajar en parejas o en grupos de tres personas. Explíqueles que, al tratarse de reglas, pueden redactarlas empleando el infinitivo. Póngales un ejemplo: **No mirar ni usar el móvil cuando estás con un amigo en una cafetería o restaurante**.

- Déjelos trabajar durante unos minutos y ofrezca su ayuda. Cuando terminen, pídales que comparen lo que han escrito con otros grupos.

- Dígales, para finalizar, que la clase debe llegar a un consenso para definir las diez mejores reglas para un buen uso del móvil. Pídales que realicen un póster con ellas y lo cuelguen en la clase. Si dispone de un espacio virtual, hágalo allí.

Archivo de léxico

Palabras en compañía
El verbo hablar

1

Objetivo
Sistematizar las colocaciones en las que interviene el verbo **hablar**.

📄 28-29-30-31-32   A-Z Hablar (1 y 2)

√ **Competencia léxica**

√ **Observación y reflexión sobre el funcionamiento del sistema formal**

√ **Personalización del léxico**

Desarrollo

- Remita a sus alumnos al apartado 1 del Archivo de léxico, lea las combinaciones con el verbo **hablar** y asegúrese de que queda claro el significado de todas ellas.

- Pídales, a continuación, que completen las series. Si lo desea, puede dividir la clase en siete grupos y sugerir que cada uno de ellos complete una de las series.

- Deténgase en la explicación de la diferencia entre **hablar un idioma** y **hablar** en **un idioma**, haciendo referencia a las ilustraciones del libro.

- Pídales que completen las frases que aparecen al final del apartado y que las compartan con otro compañero.

La gramática de las palabras
Decir, decirle, discutir(lo) con, discutir de...

2

Objetivo
Conocer y analizar diferentes usos de verbos de habla y completar con varias colocaciones.

🎥 10   📄 33-34   A-Z Contar (1)
A-Z Discutir (1 y 2)   A-Z Escuchar

√ **Competencia léxica**

√ **Observación y reflexión sobre el funcionamiento del sistema formal**

√ **Memoria a corto y largo plazo**

Desarrollo

- Remita a sus estudiantes al apartado 2 del Archivo de léxico y muéstreles las expresiones en las que aparecen los verbos **escuchar**, **contarle**, **discutir** y **decir**. Si dispone de los medios necesarios, muestre la ficha proyectable 10 y trabaje sobre ella. Anímelos a fijarse en las peculiaridades de estos verbos: preposiciones que rigen, colocaciones frecuentes, etc.

- Escriba en la pizarra: **decirle algo a alguien**. A continuación, remítalos a este apartado y analice esta expresión con la ayuda de la frase **Marcos le dice adiós a Susana**. Recuérdeles que **le** es un pronombre de objeto indirecto que, en este caso, se refiere a Susana.

- Lea con ellos las colocaciones que podemos construir con el verbo **decir**, ponga ejemplos de uso si es necesario: **me ha dicho que sí, que viene al cine** y anímelos a añadir otros.

- Anímelos a completar las series de todos los verbos,

- Pídales, para finalizar, que escriban sus propios ejemplos con las estructuras trabajadas.

Palabras en compañía
Internet, teléfono, correo

3

Objetivo
Conocer el uso de diferentes verbos relacionados con la comunicación.

🎥 11   📄 35   A-Z Conectar   A-Z Llamar
A-Z Mandar   A-Z Subir (3)   A-Z Tener (3)

√ **Competencia léxica**

√ **Observación y reflexión sobre el funcionamiento del sistema formal**

Desarrollo

- Si dispone de los medios necesarios, muestre a sus estudiantes la ficha proyectable 11; si no dispone de medios para proyectar, remítalos al apartado 3 del Archivo de léxico.

- Lea con ellos las colocaciones más frecuentes con verbos de comunicación y aclare las dudas de vocabulario, si las hubiera.

UNIDAD 5

- Forme parejas o grupos de tres personas y anímelos a completar las listas con el máximo de palabras.

- Haga una puesta en común y escriba sus respuestas sobre la ficha proyectable o en la pizarra.

- Pregúnteles, para finalizar, cuáles de esas cosas han hecho hoy, invítelos a escribir sus propios ejemplos empleando estas estructuras y a ponerlos en común con sus compañeros.

Proyectos

Proyecto en grupo
Una mesa de escritorio en 2025

A

Objetivo
Comparar las fotografías de dos escritorios.

√ **Competencia léxica**

√ **Interacción oral**

🔗 12

Desarrollo

- Si dispone de los medios necesarios, muestre a sus estudiantes la ficha proyectable 12; si no, remita a sus alumnos a las fotografías de la actividad A de Proyectos.

- Pregúnteles: **¿Qué diferencias hay entre los dos escritorios?** Anímelos a trabajar en pequeños grupos. Remítalos a las entradas **Antes...** y **Ahora...** y pídales que escriban un pequeño texto para cada una de las fotografías.

- Haga una puesta en común y, a continuación, pregúnteles: **¿Por qué creéis que hay esas diferencias?**

B

Objetivo
Hacer hipótesis sobre cómo será un escritorio en 2025 y dibujarlo.

√ **Interacción oral**

√ **Construcción de hipótesis**

Desarrollo

- Pregunte a sus alumnos: **¿Cómo creéis que va a ser un escritorio en 2025? ¿Qué será lo más característico?**

- Haga una lluvia de ideas con las aportaciones de sus alumnos y apunte las palabras clave en la pizarra.

- Pídales que dibujen, individualmente, cómo creen que va a ser un escritorio en 2025.

C

Objetivo
Mostrar nuestro dibujo a los compañeros y explicar su contenido y significado.

√ **Interacción oral**

√ **Competencia pragmática (discursiva)**

Desarrollo

- Pida a sus alumnos que muestren su dibujo a dos de sus compañeros, les expliquen su contenido y porqué creen que va a ser así.

- Haga una puesta en común en clase abierta y anime a sus estudiantes a comentar las diferencias más notorias entre los dibujos de los distintos miembros del grupo.

Proyecto en grupo
Nuestro grupo virtual

D

Objetivo
Crear un grupo de mensajería en una red social con todos los miembros de clase.

√ **Investigación en internet**

√ **Competencias pragmáticas (funcional y organizativa)**

Para empezar

- Explique a sus alumnos que en esta actividad van a crear un grupo en un servicio de mensajería o en una red social.

- Remítalos a la imagen de la actividad D de Proyectos, donde aparecen diversas personas interconectadas, y explíqueles que el objetivo es mejorar la comunicación entras las personas de la clase.

Desarrollo

- Divida a sus alumnos en grupos de cuatro o cinco personas y remítalos a las instrucciones que se aportan en la actividad.

- Explíqueles que, en primer lugar, deben decidir qué herramienta van a utilizar: un servicio de mensajería (correo electrónico, WhatsApp, Viber, Telegram, etc.) o una red social (Facebook, Twitter...).

- A continuación, deben pensar para qué la van a utilizar y para qué no. Anímelos a hacer una pequeña lista de normas y contenidos.

- Pídales que presente su propuesta al resto de compañeros. Una vez presentadas todas, deberán elegir la que más les gusta o la que mejor se adapta a sus necesidades.

UNIDAD 6

AÑOS, SIGLOS Y MILENIOS

Punto de partida

Nube de palabras
Historia

A

Objetivo
Completar frases con vocabulario de la nube de palabras.

✓ **Competencia léxica**

✓ **Activación de conocimientos previos**

✓ **Activación de conocimiento del mundo**

Para empezar

- Si dispone de los medios necesarios, muestre a sus estudiantes la ficha proyectable 1 y pregúnteles qué creen que representa la imagen. Acláreles que es una pirámide maya; si no dispone de medios para proyectar, remita a sus estudiantes a la nube de palabras de la página 82 y hágales la misma pregunta.

- Llame la atención de sus estudiantes sobre el título de la unidad y anímelos a que hagan hipótesis sobre el tema de la misma. Es probable que mencionen la palabra **historia**.

Desarrollo

- Pida a sus estudiantes que se fijen en las palabras que forman la nube y que marquen las que conocen. Haga una puesta en común y aclare las dudas que puedan surgir.

- Remita a sus alumnos a las frases de la actividad A del Punto de partida y pídales que las completen con palabras de la nube. Anímelos a comparar sus respuestas con las de un compañero.

- Haga una puesta en común con todo el grupo.

Solución

1. guerra; **2.** independencia; **3.** descubrió/llegó a; **4.** imperios; **5.** construyó; **6.** llegó a/descubrió.

› **Para ir más allá**
Pregunte a sus alumnos si conocían los acontecimientos que se mencionan en la actividad; si es así, anímelos a comentarlos con sus compañeros. Pídales, también, que piensen en otros acontecimientos que conozcan de la historia de España o de América Latina y haga una puesta en común.

Vídeo
La historia de la patata

B

Objetivo
Compartir información sobre la historia de la patata.

✓ **Interacción oral**

✓ **Activación de conocimientos previos**

✓ **Activación de conocimiento del mundo**

Desarrollo

- Explique a sus alumnos que van a ver un vídeo sobre la patata.

- Hágales estas preguntas: **¿Os gustan las patatas? ¿Cómo os gusta comerlas?** Puede sugerirles formas de cocinarlas: **fritas, al horno, en tortilla**, etc.

- Pregúnteles, a continuación si en sus países hay muchos platos típicos que lleven patatas. Anímelos a participar y a hablar de platos de la gastronomía de su país o de otros países cuyo ingrediente principal sea la patata.

- Pregúnteles, para finalizar, por el origen de la patata. Si no lo mencionan, dígales que viene de América.

UNIDAD 6

C

Objetivo
Construir hipótesis sobre la historia de la patata y comprobarlas después de ver un vídeo.

▶ 📽 2 A-Z Comenzar A-Z Empezar

✓ **Competencia léxica**

✓ **Competencia audiovisual**

✓ **Competencia sociocultural**

Desarrollo

• Remita a sus alumnos a las afirmaciones (1-5) de la actividad C del Punto de partida y pídales que hagan hipótesis sobre si son verdaderas o falsas.

• Dígales, a continuación, que van a ver el vídeo en el que podrán comprobar sus hipótesis. Invítelos a corregir las informaciones falsas.

• Haga una puesta en común y anímelos a comentar sus respuestas. Si dispone de los medios necesarios, muestre la ficha proyectable 2.

• Revise con sus estudiantes los contenidos de esta unidad.

> ❗ **A tener en cuenta**   📄 31-32-33-34
> En los ejercicios 31, 32, 33 y 34 del Cuaderno de ejercicios encontrará una explotación más detallada del vídeo. Le recomendamos su realización al finalizar la unidad.

🔑 **Solución**

1. verdadero; 2. falso (existe en Europa desde el s. XVI); 3. falso (se comen patatas en Europa desde el s. XIX); 4. verdadero; 5. verdadero.

01 Un continente de historia y de arte

Antes de leer
Imágenes

A

Objetivo
Hacer hipótesis sobre qué o a quién representan diferentes fotografías.

📽 3

✓ **Activación de conocimiento del mundo**

✓ **Interacción oral**

✓ **Activación de conocimientos previos**

Para empezar

• Pregunte a sus alumnos qué conocen sobre la historia de América Latina.

• Dígales que, a continuación, van a hacer un test sobre la historia de algunos países de América Latina.

Desarrollo

• Remita a sus estudiantes a las imágenes que aparecen en el texto "Un continente de historia y arte" y anímelos a identificar qué o a quién representan. Si dispone de los medios necesarios, muestre la ficha proyectable 3 con estas fotografías.

• Pídales que trabajen en parejas y que compartan sus hipótesis con un compañero.

• Haga una puesta en común en clase abierta.

🔑 **Solución**

Imagen 1: calle de Cusco; **Imagen 5:** México antes de 1848, **Imagen 6-7:** héroes de la Revolución mexicana; **Imagen 8:** Plaza de la Constitución o El Zócalo, Ciudad de México; **Imagen 9:** Frida Kahlo; **Imagen 12:** Madres de la Plaza de Mayo, Buenos Aires, Argentina, **Imagen 13:** componentes de Calle 13, **Imagen 16:** Sistema Nacional de Orquestas y Coros Juveniles e Infantiles de Venezuela.

Texto y significado
Arte e historia

B

Objetivo
Responder a las preguntas de un juego.

A-Z Empezar A-Z Hacer A-Z Ser

✓ **Comprensión de lectura**

✓ **Interacción oral**

✓ **Activación de conocimiento del mundo**

Desarrollo

• Pida a sus estudiantes que, de manera individual, respondan a las preguntas del test.

• Hágales ver que las imágenes que acompañan al texto pueden darles pistas sobre la respuesta correcta.

• Anímelos a comentar con otros dos compañeros las respuestas que conocen. Remítalos a los andamiajes que se ofrecen en esta actividad para expresar desconocimiento o duda.

C

Objetivo
Buscar información en internet.

📄 1-2-3

✓ **Investigación en internet**

✓ **Aprender a aprender**

Desarrollo

• Mantenga los grupos de la actividad anterior y pídales que busquen en internet la respuesta correcta a cada una de las preguntas.

• Haga una puesta en común. Si prefiere que los alumnos investiguen fuera del tiempo de clase, haga la puesta en común al día siguiente.

UNIDAD 6

D

Objetivo
Comprobar las respuestas a las preguntas de un test de historia y cultura.

√ Interacción oral
√ Competencia sociocultural

Desarrollo
- Escriba en la pizarra las respuestas a las preguntas del test y pregunte a sus estudiantes si algún grupo había contestado correctamente a todas.
- Haga una puesta en común y corrija el test con todo el grupo.

› **Para ir más allá**
Pida a sus estudiantes que busquen en internet la siguiente información: ¿Desde cuándo está habitada la ciudad de Cusco? ¿En la independencia de cuántos países tuvo influencia Simón Bolívar? ¿Qué territorios pasaron de México a EE.UU? ¿Por qué recibe el nombre de El Zócalo la Plaza de la Constitución en Ciudad de México? ¿Qué hacen las Madres de Plaza de Mayo?

Solución
1. a; 2. a; 3. b; 4. b; 5. b; 6. a; 7. a; 8. c; 9. c; 10. b; 11. c; 12. b; 13. b; 14. c; 15. a; 16. c.

Texto y significado
Un concurso de radio

E

Objetivo
Escuchar un concurso de radio y anotar las respuestas a diferentes preguntas.

√ Comprensión auditiva
√ Competencia léxica
√ Activación de conocimiento del mundo

◀) 26   ▶ 4   📄 4

Desarrollo
- Explique a sus alumnos que en esta actividad van a escuchar un concurso de radio sobre la historia de España.
- Lea con ellos las preguntas y aclare las dudas de vocabulario.
- Reproduzca el audio e invítelos a comparar sus respuestas con las de un compañero.
- Si dispone de los medios necesarios, haga una puesta en común con la ficha proyectable 4; si no, escriba las respuestas en la pizarra

Solución
1. Los fenicios; 2. José de Echegaray; 3. En 1992; 4. En 2005.

Texto y lengua
Formas irregulares del indefinido

F

Objetivo
Buscar en el texto las formas del pretérito indefinido y escribir su infinitivo.

√ Competencia léxica
√ Observación y reflexión sobre el funcionamiento del sistema formal

▶ 5

Desarrollo
- Remita a sus alumnos, de nuevo, al texto de las páginas 84 y 85 y anímelos a subrayar las formas del pretérito indefinido que aparezcan en él.
- Pídales, a continuación, que escriban esas formas en una tabla como la que tienen en la actividad F del Dosier 01.
- Anímelos a compartir su tabla con la de un compañero y a comparar los contenidos. Haga una puesta en común en clase abierta y escriba las respuestas de sus estudiantes, si dispone de los medios, sobre la ficha proyectable 5.

01 Agenda de aprendizaje

Reglas y ejemplos
Pretérito indefinido: verbos irregulares

√ Observación y reflexión sobre el funcionamiento del sistema formal
√ Competencia pragmática (funcional)

1

Objetivo
Analizar la formación del pretérito indefinido de verbos irregulares.

▶ 6   📄 5-6-7-8-9   A-Z Estar   A-Z Hacer
A-Z Ir   A-Z Poner   A-Z Ser   A-Z Venir

Para empezar
Si dispone de los medios necesarios, muestre a sus estudiantes la ficha proyectable 6A y repase con ellos la formación del pretérito indefinido de los verbos regulares.

Desarrollo
- Revise con sus alumnos la formación del pretérito indefinido de los verbos irregulares que vieron en la unidad 3.
- Explique a sus alumnos que van a ver el resto de verbos irregulares y remítalos para ello a al apartado 1 de la Agenda de aprendizaje 01 o

UNIDAD 6

muestre la ficha proyectable 6B. Observe con ellos las formas del verbo **tener** e invítelos a completar las formas del verbo **estar** a partir de ellas. Hágales ver que en las formas **tuve** y **tuvo** el acento recae en la penúltima sílaba, por lo que no llevan tilde.

• Pídales que observen la lista de verbos irregulares que aparece en la última columna de la tabla que tienen en el apartado 1 de la Agenda de aprendizaje 01. A continuación, remítalos de nuevo a la ficha proyectable y anímelos a conjugar los verbos **hacer** y **decir**. Si no dispone de los medios para proyectar, escriba estos verbos en la pizarra.

• Diga a sus estudiantes que elijan tres o cuatro de los verbos y que escriban una frase relacionada con su vida personal conjugando el verbo en pretérito indefinido.

> **A tener en cuenta**
> Tomando los verbos **tener** o **estar** como paradigma, hágales ver que el verbo **decir** y los terminados en **-ucir** tienen las mismas terminaciones que estos verbos, a excepción de la tercera persona del plural, que es **-eron**, en lugar de **-ieron**.

Palabras para actuar
Fechas, años, duración

2

Objetivo
Observar el uso de unos marcadores temporales y escribir ejemplos.

📘 1   📄 10-11-12-13

√ Observación y reflexión sobre el funcionamiento del sistema formal

√ Personalización del aprendizaje

Desarrollo

• Escriba en la pizarra las frases: **llegó a Cuba el 2 de enero de 1902** y **la Revolución rusa fue en 1917**. Explíqueles que de este modo se expresa una fecha concreta y remítalos, a continuación a los andamiajes del apartado 2 de la Agenda de aprendizaje 01.

• Hágales ver la diferencia entre **llegó a Cuba** el **2 de enero de 1902** (se refiere a un día concreto) y **llegó a Cuba** en **enero de 1902** (para referirse al mes).

• Analice, a continuación, las formas de expresar duración: con el verbo **durar** o con **de... a...** (recuérdeles que también podemos usar la estructura **desde... hasta...**).

• Pida a sus alumnos, para finalizar, que escriban algunos ejemplos con hechos importantes de la historia de su país.

> **A tener en cuenta**
> Si lo estima necesario, puede explicar que no es correcto referirse a un día usando la preposición **en** (*llegó en 2 de enero) ni introducir el mes o el año con un artículo (*llegó el marzo; *nació el 2000).

› **Para ir más allá**
Divida la clase en grupos e invite a cada uno de ellos a buscar información sobre uno o dos acontecimientos de los que aparecen en el texto de las páginas 84 y 85. Entrégueles la ficha fotocopiable 1 y pídales que la completen con la información que encuentren.

Palabras para actuar
Expresar conocimiento y desconocimiento

3

Objetivo
Usar recursos para expresar conocimiento o desconocimiento.

📄 14

√ Observación y reflexión sobre el funcionamiento del sistema formal

√ Competencia léxica

√ Competencia pragmática (funcional)

Desarrollo

• Remita a sus alumnos a las preguntas (1-4) que aparecen en el apartado 3 de la Agenda de aprendizaje 01. Pídales que las lean y pregúnteles: **¿Conocéis la respuesta a estas preguntas?** El objetivo no es que den respuesta a las preguntas, sino que manifiesten si conocen las respuestas o no. Remítalos, por ello, a los andamiajes que aparecen al principio de este apartado.

• Anímelos, a continuación, a trabajar en parejas y a contestar a las preguntas que se formulan en este apartado.

01 Taller de uso

En parejas
¿Cómo se escribe la historia?

A

Objetivo
Leer una serie de afirmaciones y discutir sobre ellas.

√ Competencia intercultural

√ Interacción oral

Desarrollo

• Con el libro cerrado, pregunte a sus alumnos: **¿Qué ocurrió en 1492?** Si no lo saben, puede darles pistas.

• Remítalos, a continuación, a la actividad A del Taller de uso 01 y pídales que lean las cuatro frases que aparecen sobre la ilustración. Pregúnteles: **¿Cuál os parece más adecuada? ¿Por qué?** Pídales que discutan sobre ello en pequeños grupos.

• Diga a sus estudiantes que cada una de las afirmaciones refleja una forma diferente de ver la historia. Reflexione con ellos sobre las diferentes formas de interpretar un hecho histórico.

UNIDAD 6

🔑 **Propuesta de solución**

Más objetiva históricamente: Colón llegó a América en 1492.

Formulada desde el punto de vista de los conquistadores: América fue descubierta por Colón en 1492.

Formulada desde el punto de vista de la población indígena: Colón empezó la invasión de América en 1492.

Más políticamente correcta: América y Europa entraron en contacto en 1492.

› **Para ir más allá**
Pida a sus estudiantes que hagan una pequeña investigación en internet: anímelos a buscar cómo se celebra el 12 de octubre (día y mes en el que se produjo el acontecimiento que nos ocupa) en diferentes países del mundo hispano y qué nombres recibe. Será interesante comprobar como, según el país, la celebración se denomina de diferentes maneras: Día de la Hispanidad, Día de la Raza, Día de Colón, Día del Respeto a la Diversidad Cultural, Día Panamericano, Día de la Descolonización, Día del Descubrimiento de América, etc...

En grupos
Fechas clave de la historia

B

Objetivo
Relacionar diversas fechas con el acontecimiento histórico correspondiente.

📼 7 A-Z **Caer** A-Z **Comenzar** A-Z **Empezar**
A-Z **Llegar** A-Z **Terminar**

√ **Competencia léxica**

√ **Aprender a aprender**

√ **Activación de conocimiento del mundo**

Para empezar

• Si dispone de los medios necesarios, muestre a sus estudiantes la ficha proyectable 7 y pregúnteles si conocen los acontecimientos que aparecen en ellas.

• Para ayudarlos con sus respuestas, remítalos a los andamiajes del apartado B del Taller de uso 01. Aclare, si las hubiera, las dudas de vocabulario.

Para empezar

• Remita a sus estudiantes a la actividad B del Taller de uso 01 y pídales que relacionen los diferentes acontecimientos con las fechas que tienen en la columna de la izquierda.

• Anímelos a trabajar en pequeños grupos y vuelva a remitirlos a los andamiajes que aparecen al final de esta actividad, que les servirán para hacer preguntas, expresar conocimiento, desconocimiento o duda.

• Haga una puesta en común con las respuestas de sus estudiantes.

🔑 **Solución**
1914: comienzo de la Primera Guerra Mundial.
16/7/1969: llegada del ser humano a la Luna.
10/1989: caída del Muro de Berlín.
1945: fin de la Segunda Guerra Mundial.
1893, Nueva Zelanda: introducción del voto femenino (el primer país).
476 d. C.: caída del Imperio Romano.

1968, Estados Unidos: Muerte de Martin Luther King.
11/09/2001: ataque Terrorista contra el World Trade Center.
1440: invención de la imprenta.
1992, Sudáfrica: abolición del *apartheid*.
2003: invasión de Irak.

C

Objetivo
Relacionar formas verbales con el sustantivo correspondiente.

📄 2 A-Z **Caer** A-Z **Comenzar** A-Z **Empezar**
A-Z **Llegar** A-Z **Terminar**

√ **Observación y reflexión sobre el funcionamiento del sistema formal**

√ **Aprender a aprender**

Desarrollo

• Tomando como punto de partida los acontecimientos históricos de la actividad B de Taller de uso 01, pida a sus alumnos que marquen los diferentes sustantivos que se emplean para denominar cada uno de ellos: **comienzo**, **caída**, **muerte**, etc.

• Remita a sus estudiantes a la sección A de la ficha fotocopiable 2 y pídales que escriban estos sustantivos y, al lado, el verbo correspondiente. Ponga un ejemplo: **comienzo – comenzar/empezar**.

• Haga una puesta en común y corrija lo que fuera necesario.

D

Objetivo
Escribir frases empleando fechas y verbos de actividades previas.

📄 2

√ **Personalización del aprendizaje**

√ **Activación de conocimiento del mundo**

Desarrollo

• Pida a sus estudiantes que, con los verbos de la sección A de la ficha fotocopiable 2 y las fechas que aparecen en la actividad B de este Dosier, reformulen las frases empleando los verbos de dicha actividad. Aporte un ejemplo: **En 1914 empezó la Primera Guerra Mundial**.

• Anímelos a trabajar en pequeños grupos y a escribir las frases en la sección B de la ficha fotocopiable 2.

• Haga una puesta en común para corregir las frases.

❗ **A tener en cuenta**
Explique a sus alumnos que, en algunos casos, habrán de utilizar la forma impersonal para escribir las fases. Por ejemplo: **se introdujo el voto femenino** o **se inventó la imprenta**. En otras ocasiones, no se hace necesario, pues la frase tiene un sujeto claro: **Martin Luther King murió en 1968 en Estados Unidos.**

UNIDAD 6

🔑 **Propuesta de solución**

En 1914 empezó/comenzó la Primera Guerra Mundial; en el año 476 d. C. cayó el Imperio romano; Martin Luther King murió en 1968 en Estados Unidos; en 2003 una coalición de países invadió Irak; en octubre de 1989 cayó el Muro de Berlín; el 11 de septiembre de 2001 unos terroristas atacaron el World Trade Center de Nueva York; en 1945 terminó/finalizó la Segunda Guerra Mundial; la imprenta se inventó en 1440; el ser humano llegó a la Luna el 16 de julio de 1969; el *apartheid* se abolió en Sudáfrica en 1992; en 1893 Nueva Zelanda introdujo el voto femenino.

02 De Tenochtitlán a Ciudad de México

Antes de leer
¿Qué sabemos de América?

✓ **Construcción de hipótesis**

✓ **Activación de conocimiento del mundo**

✓ **Competencia léxica**

A

Objetivo

Poner en común nuestros conocimientos sobre la historia de América.

Para empezar

Pregunte a sus alumnos: **¿Qué sabéis del descubrimiento de América? ¿Y de las culturas precolombinas?**

Desarrollo

- Llame la atención de sus estudiantes sobre el título del texto y pregúnteles: **¿Sabéis qué es Tenochtitlán?** Es muy probable que, teniendo en cuenta el título y las imágenes, averigüen que es el nombre que tenía la Ciudad de México antes de la conquista española.

- Pregúnteles si saben algo de la historia de esta ciudad antes del siglo XVI, por ejemplo: **¿Desde cuándo existe la ciudad? ¿Quién vivía allí? ¿Hablaban español? ¿Cómo era la ciudad?**

- Anímelos a trabajar en grupo sobre estas cuestiones y a poner en común sus conocimientos.

› **Para ir más allá**

Lleve a clase imágenes relacionadas con el descubrimiento de América y las culturas precolombinas: un mapa del continente con las diversas culturas, monumentos incas, mayas y aztecas, objetos de las diversas culturas, etc., y también otras imágenes relacionadas con Tenochtitlán y a las que el texto hace alusión: Hernán Cortés, dioses, una pirámide maya, un mapa de la cuenca de México, etc., muéstreselas a sus alumnos y deje que hagan hipótesis sobre lo que representan y sobre su relación con Tenochtitlán.

Texto y significado
Historia de una ciudad

B

Objetivo

Leer un texto sobre la historia de Ciudad de México y trabajar con el léxico desconocido.

✓ **Competencia léxica**

✓ **Comprensión de lectura**

A-Z Enviar   A-Z Mandar

Desarrollo

- Remita a sus estudiantes al texto "De Tenochtitlan a Ciudad de México" y dígales que subrayen palabras y expresiones desconocidas.

- Pídales, a continuación, que consulten sus dudas con un compañero

- Anímelos, en parejas o pequeños grupos, a buscar en el diccionario el significado de palabras o expresiones que no hayan podido entender.

- Haga una puesta en común con todo el grupo. Pregúnteles qué palabras y expresiones nuevas han encontrado y anótelas en la pizarra.

C

Objetivo

Responder a una serie de afirmaciones según la información de un texto.

✓ **Comprensión de lectura**

✓ **Competencia léxica**

📄 15-16-17-18-19   A-Z Estar (2)   A-Z Ser (1)

Desarrollo

- Invite a sus alumnos a leer las afirmaciones que hay en esta actividad y pregúnteles si son correctas teniendo en cuenta el contenido del texto.

- Propóngales que, en pequeños grupos, compartan sus conclusiones. Haga después una breve puesta en común con todo el grupo.

- Recuérdeles que una de las técnicas para comprender bien un texto es precisamente resumir sus ideas esenciales, y pregúnteles si añadirían alguna idea más.

🔑 **Solución**

Todas las afirmaciones son correctas.

UNIDAD 6

Texto y significado
México, 1821-1850

D

Objetivo
Escuchar un fragmento de una clase de historia de México y anotar las fechas que faltan.

🔊 27   📺 8   📖 3

√ **Comprensión auditiva**

√ **Activación de conocimiento del mundo**

√ **Competencia léxica**

Desarrollo

• Anuncie a sus alumnos que van a escuchar un fragmento de una clase sobre la historia de México y que tendrán que completar las notas con las fechas que faltan. Antes de escuchar la grabación, pídales que lean las notas y repase las cifras haciendo que las lean en voz alta.

• Ponga el audio dos veces e invítelos a completar las notas. Corrija las respuestas en clase abierta. Para ello, puede usar la ficha proyectable 8.

› **Para ir más allá**
Si lo estima conveniente, puede repasar la formación de otras cifras y su forma de escribirlas: mil cien, mil doscientos, mil trescientos, etc. Para ello, puede entregarles la ficha fotocopiable 3 y pedirles que trabajen en parejas: el alumno A lee las cifras que aparecen escritas en letras y el alumno B va marcando en la suya, al lado de cada cifra numérica, el orden en que la oye; después deben intercambiar los papeles. Si un estudiante lee mal un número, el compañero reaccionará diciendo: "no lo tengo", hasta que su compañero lo lea correctamente.

Texto y significado
Describir en pasado

E

Objetivo
Analizar la forma de los verbos de un texto y hacer hipótesis sobre su uso.

A-Z **Ser (1)**

√ **Observación y reflexión sobre el funcionamiento del sistema formal**

√ **Construcción de hipótesis**

Desarrollo

• Remita a sus alumnos al apartado del texto "Cómo era Tenochtitlán en 1519" y anímelos a leerlo.

• Invítelos a observar los verbos que aparecen y a subrayarlos.

• Pregúnteles: **¿En qué tiempo están estos verbos?**, **¿por qué?**

• Deles un tiempo para reflexionar y ayúdelos a llegar a la conclusión de que el pretérito imperfecto se emplea para describir lugares o situaciones en el pasado, así como para hablar de acciones habituales en el pasado.

02 Agenda de aprendizaje

En español y en otras lenguas
Pretérito indefinido y pretérito imperfecto

1

Objetivo
Observar el contraste entre pretérito indefinido y pretérito imperfecto y compararlo con otras lenguas.

📺 9   📖 20-21-22-23   A-Z **Salir (3)**

√ **Observación y reflexión sobre el funcionamiento del sistema formal**

√ **Personalización del aprendizaje**

√ **Competencia plurilingüe**

Para empezar

Si dispone de los medios necesario, muestre a sus estudiantes la ficha proyectable 9 e invítelos a leer el texto que contiene los verbos en pretérito indefinido. Si no tiene medios para proyectar, remítalos al mismo texto en el apartado 1 de la Agenda de aprendizaje 02.

Desarrollo

• Si trabaja con el material proyectable, invítelos a que lean las frases que aparecen en los recuadros (en imperfecto y numeradas) y que decidan en qué lugar del texto anterior podrían incluirse.

• Remítalos al texto de este apartado para que comprueben si es correcta su elección.

• Dirija su atención de nuevo hacia el texto de la izquierda y dígales que este texto respondería a la pregunta **¿qué sucedió?**

• Dígales que presten atención ahora a las frases en pretérito imperfecto del texto de la derecha. Hágales ver que estas frases no explican qué ocurrió, sino que describen y dan información sobre las circunstancias que rodean a la acción.

• Hágales ver que usamos el pretérito indefinido para referirnos a acciones o hechos que hacen avanzar el relato y el pretérito imperfecto para describir situaciones o circunstancias en torno a la acción.

• Proponga a sus alumnos que traduzcan a su lengua las frases que aparecen destacadas en verde de este apartado. Anímelos a comentar las diferencias entre los distintos idiomas.

80

UNIDAD 6

Palabras para actuar
Describir en pasado

2

Objetivo
Observar y practicar el uso del pretérito imperfecto en la descripción de lugares y épocas.

- √ Observación y reflexión sobre el funcionamiento del sistema formal
- √ Personalización del aprendizaje
- √ Competencia existencial

🔑 10   📄 24-25

Desarrollo

- Pregunte a sus alumnos por una época importante para su país y anímelos a intervenir en clase abierta.

- Pídales, a continuación, que piensen en cómo era su país en esa época y que lo escriban. Para ello, remítalos a los andamiajes de esta actividad y, si dispone de los medios necesarios, muéstreles la ficha proyectable 10.

- Sugiérales que, en grupos (si es posible, del mismo país o ciudad) discutan y escriban sus frases de forma cooperativa.

02 Taller de uso

En parejas
Al-Ándalus: usamos los tiempos del pasado en un texto

- √ Competencia léxica
- √ Activación de conocimiento del mundo

A

Objetivo
Poner en común nuestros conocimientos sobre al-Ándalus.

Desarrollo

- Pregunte a sus alumnos: **¿Sabéis qué fue al-Ándalus?** Pídales que observen las fotografías de la actividad A del Taller de uso 02 y haga una puesta en común en clase abierta.

- Pregúnteles, a continuación: **¿Qué vemos en las fotografías? ¿Qué representan y qué relación tienen con al-Ándalus?** Permítales hablar un poco sobre ellas y compartir sus ideas.

- Anímelos, en caso de no conocer nada sobre ello, a hacer una pequeña investigación en internet. Ayúdelos a entender que las fotografías representan monumentos muy importantes de España (**la Mezquita de Córdoba** y **la Alhambra de Granada**) o productos introducidos por los árabes en Occidente (**los cítricos** o **el ajedrez**).

B

Objetivo
Completar un texto sobre la historia de al-Ándalus con una serie de informaciones.

- √ Comprensión de lectura
- √ Competencias pragmáticas (organizativa y discursiva)

🔑 11

Para empezar

Muestre a sus estudiantes la ficha proyectable 11A o remítalos al texto de la parte izquierda de la actividad B del Taller de uso 02 y dígales que lean el texto titulado "Al-Ándalus".

Desarrollo

- Explique a sus estudiantes que, a continuación, deben leer las frases sobre **descripciones, hábitos y circunstancias** que habrán de incluir en el texto, en los puntos señalados en verde. Lea con ellos las frases y aclare las dudas que puedan surgir.

- Invítelos a trabajar en parejas y a integrar las frases en el texto.

- Haga una puesta en común con las propuestas de sus alumnos, ayudándose de la ficha proyectable 11A.

- Pídales, para finalizar, que hagan los cambios necesarios en el texto para poder introducir las frases, de modo que el texto quede cohesionado y las frases bien integradas. Remítalos a la muestra que aparece al final de la actividad.

> ❗ **A tener en cuenta**
> Algunos de los conectores con los que puede trabajar en esta actividad son, entre otros: **y**, **que**, **en esa época**, **por entonces**, **sino que**, **al contrario**, **de modo que**, **por lo que/cual**, **de este/ese modo**, **al final de esa época**, **al final de ese periodo**.

🔑 **Solución**
Orden de inclusión de las frases en el texto: 7, 5, 3, 2, 8, 4, 6, 1.
Propuesta de solución para los marcadores: 7. por entonces; 5 y 3. sino que; 2. es más; 8. de modo que / por lo que; 4. de este modo / de ese modo; 6. que; 1. al final de esa época / al final de ese periodo.

81

UNIDAD 6

C

Objetivo
Intercambiar nuestros textos con otra pareja y proponer mejoras.

√ **Competencias pragmáticas** (organizativa y discursiva)

√ **Aprender a aprender**

Desarrollo
- Invite a sus estudiantes a intercambiar el texto con otra pareja.
- Propóngales que lean el texto de sus compañeros y anímelos a hacer propuestas de mejora en cuanto a la cohesión y a la coherencia.
- Deles un tiempo para trabajar en el texto y anotar sus ideas o sugerencias. A continuación, pídales que devuelvan el texto a sus compañeros y anímelos a explicar las propuestas o sugerencias que han hecho.
- Recoja los textos y analice las mejoras que se proponen. Si le parece conveniente, puede sugerir a sus alumnos que vuelvan a escribir el texto con las ideas propuestas, a fin de mejorarlo.
- Corrija usted los textos y explíqueles los cambios o sugerencias.

Archivo de léxico

Palabras en compañía
Historia y acontecimientos

√ **Competencia léxica**

√ **Observación y reflexión sobre el funcionamiento del sistema formal**

1

Objetivo
Observar algunas colocaciones con verbos relacionados con acontecimientos históricos.

📹 12   📄 26   A-Z Llegar

Desarrollo
- Remita a sus estudiates al apartado 1 del Archivo de léxico e invítelos a observar las colocaciones que allí aparecen.
- Explíqueles que se trata de verbos que se emplean frecuentemente para referirse a acontecimientos históricos.
- Anime a sus alumnos a trabajar en parejas para buscar otras palabras o unidades léxicas que pueden acompañar a estos verbos.
- Si dispone de los medios necesarios, complete las series sobre la ficha proyectable 12.

❗ **A tener en cuenta**
Explique a sus alumnos que muchos de estos verbos se construyen en **forma impersonal** cuando no queremos especificar el sujeto o se quiere dar más énfasis a la acción que al autor/sujeto en sí.

La gramática de las palabras
Ser y haber

2

Objetivo
Observar el uso de los verbos **ser** y **haber** y escribir ejemplos.

📄 27

√ **Observación y reflexión sobre el funcionamiento del sistema formal**

√ **Personalización del aprendizaje**

Desarrollo
- Pida a sus estudiantes que observen las frases que aparecen en este apartado del Archivo de léxico y que reflexionen sobre cómo se utilizan los verbos que allí aparecen.
- Anímelos a poner en común con un compañero sus ideas y, en clase abierta, haga una puesta en común. Ayúdelos a comprender que usamos **hubo** para hablar de existencia y **fue/fueron** para identificar un hecho.
- Invítelos, para finalizar, a escribir sus propios ejemplos y a ponerlos en común con un compañero.

Palabras en compañía
Historia y acontecimientos

3

Objetivo
Observar estructuras para hablar de acontecimientos y escribir ejemplos.

📄 28

√ **Observación y reflexión sobre el funcionamiento del sistema formal**

√ **Personalización del léxico**

Desarrollo
- Escriba en la pizarra: **la Revolución mexicana empezó en 1910**. Subraye o rodee la palabra **empezó**. Pida a sus alumnos que aporten otros ejemplos y anótelos en la pizarra.
- Remítalos a este apartado del Archivo de léxico e invítelos a completar las series.
- Pídales que escriban ejemplos de la historia de su país para cada uno de los verbos y que lo pongan en común con un compañero.

Proyectos

Proyecto en grupo
Un concurso de historia

A

Objetivo
Escribir preguntas sobre hechos históricos.

📘 29-30 A-Z Ser (4)

√ Competencia léxica

√ Activación de conocimiento del mundo

Para empezar

• Prepare una serie de tarjetas como las que tiene de ejemplo en la actividad A de Proyectos.

Desarrollo

• Explique a sus alumnos que van a jugar a un concurso de preguntas y respuestas sobre hechos históricos y que deben preparar las tarjetas con las preguntas.

• Agrúpelos por parejas y pídales que escriban cinco preguntas y tres posibles respuestas para cada una de ellas. Acláreles que deben utilizar los interrogativos y los marcadores temporales, y remítalos a los ejemplos que se ofrecen en esta apartado.

• Pase por las mesas y corrija los textos.

• Entrégueles las tarjetas para que escriban las preguntas y las tres opciones de respuesta en un lado y la respuesta correcta al dorso.

B

Objetivo
Realizar las preguntas a nuestros compañeros y ver quién gana el concurso.

√ Competencia léxica

√ Interacción oral

√ Activación de conocimiento del mundo

Desarrollo

• Divida la clase en dos grupos (si la clase fuese muy numerosa, divídalos en grupos más pequeños de no más de cinco personas).

• Por turnos, una persona del grupo leerá una pregunta a los miembros de otro equipo, que tienen un minuto para contestar.

• Si responde correctamente, recibe dos puntos. Si falla, no recibe ninguno y el otro equipo puede responder (si hubiese más de dos grupos, lo haría el siguiente grupo) que, si lo hace correctamente, recibe un punto.

• Al final, contabilice los puntos de cada equipo y decidan quién es el ganador.

› **Para ir más allá**
Si trabaja con grupos numerosos, una buena solución para esta actividad es crear uno o varios test *online*. Para ello puede trabajar con las herramientas como Kahoot, Nearpod o Socrative que permiten crear cuestionarios *online*. Usted mismo puede subir las preguntas de los alumnos o, durante la clase, pedirles a ellos que las vayan escribiendo. Una vez concluido, solo necesita un proyector, un ordenador y los móviles o tabletas de sus alumnos.

Proyecto individual
La historia de nuestro país o nuestra ciudad

C

Objetivo
Escribir acontecimientos importantes de la historia de nuestra ciudad o nuestro país.

√ Personalización del aprendizaje

√ Competencia existencial

√ Competencia pragmática (discursiva)

Desarrollo

• Pregunte a sus alumnos cuál creen que es el hecho más importante de la historia de su país.

• Explíqueles, a continuación, que deben escoger los 4 o 5 acontecimientos históricos más importantes de su país o de su ciudad y escribirlos. Para ello, remítalos a los andamiajes de esta actividad. Si quiere, puede poner usted un ejemplo: **un hecho importante de la historia de España es la Guerra Civil, que comenzó en 1936 y duró 3 años**.

• Sugiérales que trabajen en grupos (si es posible, del mismo país o ciudad) y escriban sus frases de forma cooperativa.

D

Objetivo
Buscar información sobre la situación de nuestra ciudad o país durante un periodo histórico.

√ Investigación en internet

√ Competencias pragmáticas (funcional y organizativa)

Desarrollo

• Anime a sus estudiantes a buscar información en internet sobre los acontecimientos que seleccionaron en la actividad anterior. Pídales que añadan descripciones y circunstancias.

• Si lo considera conveniente, anímelos a acompañar su relato de fotografías que ilustren sus descripciones.

UNIDAD 6

E

Objetivo

Escribir un texto sobre la situación de nuestra ciudad o país durante diversos acontecimientos o periodos históricos.

√ **Expresión escrita**

√ **Competencia pragmática (funcional y organizativa)**

Desarrollo

- Explique a sus estudiantes que deben realizar una breve exposición escrita sobre los momentos históricos que han elegido en las actividades anteriores.

- Remítalos al ejemplo que tienen en esta actividad y a los andamiajes de las Agendas de aprendizaje 01 y 02.

- Anímelos a compartir sus textos con los demás compañeros, bien en clase, o bien en un espacio virtual compartido.

> **A tener en cuenta**
> Si su grupo es muy numeroso, puede proponer a sus estudiantes que trabajen en parejas.

› **Para ir más allá**

Puede proponerles a sus alumnos realizar esta actividad a modo de póster digital. De este modo, podrán incluir tanto imágenes, como músicas o vídeos sobre la época y el acontecimiento histórico en el que están trabajando. Si crearon un grupo en una red social o un servicio de mensajería en la unidad 5, esta es una buena ocasión para emplearlo y compartir por este medio el póster que hayan realizado. Puede utilizar herramientas como Canva o PixTeller, gratuitas y de manejo sencillo.

UNIDAD 7

DE USAR Y TIRAR

Punto de partida

Nube de palabras
Ahorrar, reciclar, tirar

A

Objetivo
Relacionar el vocabulario de la nube de palabras con diferentes verbos.

√ Competencia léxica

√ Activación de conocimientos previos

Para empezar

Lea en voz alta el título de la unidad y pregunte a sus alumnos si conocen la expresión **de usar y tirar**. Lleve a clase objetos que se usan y se tiran (servilletas y pañuelos de papel, bolsas de plástico, lentillas, etc.) y muéstreselos.

Desarrollo

• Remita a sus estudiantes, a continuación, a la nube de palabras de la página 94 y pídales que nombren las palabras que conocen. Si dispone de los medios necesarios, muéstreles la ficha proyectable 1 donde aparece la misma nube de palabras.

• Pregunte a sus alumnos por las palabras que no conocen y aclare el significado de las mismas.

• Remítalos, a continuación, a la actividad A del Punto de partida y pídales que relacionen las palabras de la nube con los verbos **reciclar**, **ahorrar**, **tirar** y **fabricar**.

• Haga una puesta en común con todo el grupo.

B

Objetivo
Escribir frases con los sustantivos **basura**, **aparatos** y **electrodomésticos**

√ Competencia léxica

√ Activación de conocimientos previos

Para empezar

• Llame la atención de sus estudiantes sobre la nube de palabras y la forma de la misma. Ayúdelos a identificar que es **una televisión**.

• Dígales que **la televisión es un electrodoméstico** y anímelos a nombrar otros electrodomésticos o aparatos que tengan en casa. Recuérdeles algunas palabras que vieron en la unidad 1, como **ordenador** o **móvil**.

Desarrollo

• Remítalos, a continuación, al ejemplo que tienen en la actividad B del Punto de partida y anímelos a escribir otras frases empleando las palabras **basura**, **aparatos** y **electrodomésticos.** Anímelos también a usar las palabras que han clasificado en la actividad anterior.

• Invítelos a compartir sus ejemplos con uno o dos compañeros y, posteriormente, haga una puesta en común con todo el grupo.

• Anime a sus estudiantes a hacer hipótesis sobre el contenido de la unidad. Para ello, pregúnteles: **¿De qué creéis que puede tratar la unidad? ¿Qué relación creéis que hay entre un televisor y el título de la unidad?**

• Haga una puesta en común y, a continuación, revise con ellos los contenidos y los objetivos de la unidad que aparecen en la página 95.

UNIDAD 7

Vídeo
Imanol Ossa

C

Objetivo
Ver un vídeo sobre la obra de un artista que trabaja con materiales reciclados.

√ **Competencia léxica**

√ **Competencia audiovisual**

√ **Competencia sociocultural**

▶ 📹 2

Para empezar

- Remita a sus alumnos a la actividad C del Punto de partida y pídales que observen la imagen. Permítales que hagan hipótesis sobre lo que ven.

- Si dispone de los medios necesarios, muestre a sus estudiantes la ficha proyectable 2A y pregúnteles si saben qué son y de qué material están hechos los objetos que allí aparecen. Explíqueles que son objetos creados a partir de materiales reciclados.

Desarrollo

- Diga a sus estudiantes que van a ver un vídeo sobre el artista que ha creado los objetos que acaban de ver (si ha trabajado con la ficha proyectable). Su nombre es Imanol Ossa.

- Remítalos, de nuevo, a la actividad C del Punto de partida o muestre la ficha proyectable 2B y pídales que, tras ver el vídeo, respondan a las preguntas que allí aparecen.

- Haga una puesta en común y aclare las dudas que hayan podido surgir. Puede servirse, si cuenta con los medios necesarios, de la ficha proyectable 2B.

> ❗ **A tener en cuenta** 📕 30-31
> En los ejercicios 30 y 31 del Cuaderno de ejercicios encontrará una explotación más detallada del vídeo. Le recomendamos que los haga con sus alumnos al final de la unidad.

🔑 **Solución**
Imanol es un artista que trabaja con materiales reciclados. Lo hace para concienciar a la gente de que los materiales tienen una segunda vida y de que generamos mucha basura.

01 Nueva vida para los materiales

Antes de leer
Reciclar y crear

A

Objetivo
Interpretar el título del texto a partir de unas imágenes.

√ **Activación de conocimiento del mundo**

√ **Interacción oral**

√ **Activación de conocimientos previos**

Desarrollo

- Lea el título del texto y pregunte a sus alumnos por su significado.

- Si lo considera necesario, ayúdelos con estas preguntas: **¿Qué podemos hacer con los materiales de las cosas que ya no usamos? ¿Qué nueva vida les podemos dar?** Espere a que sus estudiantes respondan que podemos reciclarlos y hacer nuevos objetos con ellos.

B

Objetivo
Describir las imágenes que acompañan al texto.

√ **Competencia léxica**

√ **Construcción de hipótesis**

√ **Activación de conocimiento del mundo**

📹 3

Desarrollo

- Remita a sus estudiantes a las imágenes de los objetos de la página 96 del Libro del alumno. Si dispone de los medios necesarios, muéstreselas en la ficha proyectable 3.

- Escriba, a continuación, en la pizarra: **Es... Está hecho/a de...** y anime a sus alumnos a que hagan hipótesis sobre los objetos.

UNIDAD 7

Texto y significado
Leemos el texto

C

Objetivo
Leer un texto y comprobar de qué están hechos los objetos que aparecen en las imágenes.

📄 1-2

✓ Competencia léxica
✓ Comprensión de lectura
✓ Interacción oral

Desarrollo

- Remita a sus alumnos a los textos que acompañan a cada una de las imágenes y anímelos a que comprueben sus hipótesis.
- Haga una puesta en común y aclare las posibles dudas.

🔑 **Solución**

1. Es una lámpara. Está hecha con una tetera; **2.** Son unas sandalias tradicionales de Menorca. Están hechas de piel y las suelas con neumáticos reciclados; **3.** Es un anillo. Está hecho de objetos tecnológicos reutilizados; **4.** Es un macetero. Está hecho de bolsas de plástico recicladas; **5.** Es un bolso. Está hecho con materiales usados en campañas publicitarias.

Texto y significado
Trucos originales

D

Objetivo
Escuchar a varias personas que explican lo que hacen con cosas que ya no usan.

🔊 28-31   📹 4

✓ Comprensión auditiva
✓ Competencia léxica

Para empezar

- Diga a sus alumnos que van a escuchar a unas personas que reciclan productos para hacer distintas cosas.
- Remítalos a la actividad D del Dosier 01 y pídales que, después de escuchar, completen con las cosas que cada persona aprovecha y lo que hace con ellas. Explique que **aprovechar** significa **usar de forma útil algo, sacándole el mayor rendimiento posible.** Póngales este ejemplo u otro similar: **cuando usamos trozos de neumáticos viejos para hacer suelas de zapatos, estamos aprovechando los restos de neumáticos.**

Desarrollo

- Reproduzca la grabación y anime a sus alumnos a compartir sus notas con un compañero.
- Vuelva a reproducir el audio y haga una puesta en común con todo el grupo. Si dispone de los medios necesarios, puede servirse de la ficha proyectable 4.

🔑 **Solución**

1. Aceite usado. Hace jabón con aceite usado, sosa cáustica, agua y sal.
2. Ropa vieja. Disfraces, vestidos para las muñecas, cuadros.
3. Café. Prepara compost, con restos de fruta y verdura.
4. Cápsulas de aluminio. Decoraciones para el árbol de Navidad.

› **Para ir más allá**
Muestre a sus estudiantes la ficha proyectable 4B y pregúnteles qué harían para reciclar los objetos de las imágenes. Déjeles unos minutos para que lo discutan en grupos y luego haga una puesta en común con todo el grupo. Escriba en la pizarra sus propuestas.

Texto y significado
Buenos hábitos

E

Objetivo
Expresar las recomendaciones que seguimos para un consumo responsable.

📄 4

✓ Comprensión de lectura
✓ Competencia léxica
✓ Competencia existencial

Desarrollo

- Pregunte a sus alumnos si compran nuevos aparatos cuando se estropean los que tienen o si tratan de arreglarlos.
- Pídales, a continuación, que lean las recomendaciones para consumir de forma responsable y que marquen cuáles de ellas suelen seguir. Si lo considera conveniente, puede leerlas en voz alta y aclarar el significado del vocabulario que sus estudiantes no conozcan.
- Divida a la clase en grupos de cuatro o cinco personas y anímelos a hablar sobre las recomendaciones que siguen en su vida diaria.

Texto y lengua
El imperativo

F

Objetivo
Buscar en el texto las formas del imperativo y escribir su infinitivo.

✓ Competencia léxica
✓ Observación y reflexión sobre el funcionamiento del sistema formal

Desarrollo

- Pida a sus estudiantes que marquen los verbos que aparecen en el texto.
- Anímelos, a continuación, a que los escriban en su cuaderno junto al infinitivo correspondiente.

87

UNIDAD 7

G

Objetivo
Reflexionar sobre la formación del imperativo y sobre el modo de dar consejos.

✓ Observación y reflexión sobre el funcionamiento del sistema formal

✓ Aprender a aprender

Desarrollo

- Pida a sus alumnos que observen las formas de imperativo que han marcado en el texto y pregúnteles: **¿Se parecen a alguna forma verbal que conocéis?** Deberían establecer una relación con las formas del presente de indicativo.

- Pregúnteles, a continuación: **¿Cómo se forma la segunda persona del singular?** Déjeles unos minutos para reflexionar y haga una puesta en común. Ayúdelos a llegar a la conclusión de que estas formas son iguales a la segunda persona del singular del presente, pero sin la **-s** final.

- Hágales la pregunta: **¿De qué otro modo podemos expresar recomendaciones?** Recuérdeles la estructura **tener que** + infinitivo.

› **Para ir más allá**
Explique a sus alumnos que existen estas otras formas para hacer recomendaciones en español: **deber** + infinitivo (para expresar obligación) o **se debe** + infinitivo (para expresar obligación de una manera impersonal).

01 Agenda de aprendizaje

Reglas y ejemplos
Imperativo afirmativo: formas regulares

✓ Observación y reflexión sobre el funcionamiento del sistema formal

✓ Competencia pragmática (funcional)

1

Objetivo
Analizar la formación del imperativo afirmativo de algunos verbos regulares.

📹 5

Para empezar
Remita a sus alumnos a las recomendaciones de la página 97 y recuérdeles cómo se forma la segunda persona singular de las formas regulares del imperativo.

Desarrollo

- Si dispone de los medios necesarios, muestre a sus estudiantes la ficha proyectable 5. Si no, remítalos a la tabla con los verbos en imperativo del apartado 1 de la Agenda de aprendizaje 01.

- Recuérdeles que la forma **tú** del imperativo es igual que la segunda persona del singular del presente de indicativo, pero sin la **-s** final.

- Llame su atención sobre la forma **vosotros/as**. Explíqueles que esta persona se forma sustituyendo la **-r** final del infinitivo por una **-d**.

- Invítelos a reflexionar sobre la formación de **usted** y **ustedes**. Explíqueles que en los verbos que terminan en **-ar** estas formas se obtienen sustituyendo la **-a** final de la segunda persona singular del imperativo (**tú**) por una **-e**, mientras que en los verbos terminados en **-er/-ir**, se sustituye la **-e** final por una **-a**.

› **Para ir más allá**
Anime a sus estudiantes a hacer una o dos recomendaciones más para consumir menos o mejor, usando verbos en imperativo. También puede pedirles que den un consejo a los compañeros que en la actividad E de la página 97 mostraron ser consumidores menos responsables.

> ❗ **A tener en cuenta**
> Explique a sus estudiantes que los verbos que presentan un cambio vocálico en la raíz en presente de indicativo, también presentan este cambio en las personas **tú**, **usted** y **ustedes** del imperativo. Aporte algunos ejemplos: **volver-vuelve**; **pedir-pida** o **cerrar-cierre**

Reglas y ejemplos
Imperativo afirmativo: formas irregulares

2

Objetivo
Observar la formación del imperativo de algunos verbos irregulares.

✓ Observación y reflexión sobre el funcionamiento del sistema formal

✓ Competencia léxica

📹 6 📄 3-4-5-6-7-8

Para empezar

- Llame la atención de sus alumnos sobre la forma **haz** que aparece en la recomendación 6 de la página 97 y dígales que se trata de la forma **tú** del imperativo del verbo **hacer**.

- Si dispone de los medios necesarios, muestre la ficha proyectable 6A y llame la atención de sus estudiantes sobre la forma **tú** de los verbos **poner**, **hacer**, **tener** y **ser**.

Desarrollo

- Remita a sus estudiantes a la tabla que tienen en este apartado y pídales que la completen con las formas que faltan.

- Si dispone de los medios necesarios, complete la tabla sobre la ficha proyectable. Si no, escriba las formas en la pizarra. Haga ver a sus estudiantes que la persona **vosotros/as** siempre es regular y se forma sustituyendo la **-r** del infinitivo por una **-d**.

- Dirija, a continuación, la atención de sus estudiantes hacia las formas **usted** y **ustedes**. Pregúnteles por la primera persona del singular (**yo**) del presente de indicativo de los verbos que aparecen en la tabla y hágales ver la relación que existe entre esta forma y la del imperativo de las personas **usted** y **ustedes**. Explíqueles que todos los verbos cuya primera persona del singular es irregular en presente

UNIDAD 7

de indicativo, son irregulares, también, en imperativo, formándose las personas **usted** y **ustedes** a partir de esta irregularidad.

- Acláreles que el verbo **ser**, por su parte, no sigue ninguna norma.

- Anímelos, para finalizar, a completar la tabla para la formación del imperativo de los verbos **salir**, **venir** y **decir** disponible en la ficha proyectable 6B.

Reglas y ejemplos
Posición de los pronombres de objeto directo

3
Objetivo
Reflexionar acerca de la posición de los pronombres átonos de objeto directo.

√ **Observación y reflexión sobre el funcionamiento del sistema formal**

√ **Competencia léxica**

√ **Competencia pragmática (funcional)**

🎬 7   📖 1   📝 9-10-11-12-13-14

Para empezar

- Escriba en la pizarra la siguiente frase: **Cuando tengo un ordenador viejo que ya no uso, lo vendo.**

- Llame la atención de sus alumnos sobre el pronombre **lo** y recuérdeles el uso de los pronombres de objeto directo. Puede remitirlos, si lo estima conveniente, al apartado 1 de la Agenda de aprendizaje 02 de la unidad 1.

Desarrollo

- Remita a sus estudiantes, a continuación, al apartado 3 de la Agenda de aprendizaje 01 y pídales que se fijen en los ejemplos que se ofrecen. Si tiene la posibilidad, muestre la ficha proyectable 7.

- Explíqueles que, tanto con imperativo como con infinitivo y con perífrasis, los pronombres **lo**, **la**, **los**, **las** se usan después del verbo. Hágales que observen que estos pronombres van unidos a él.

- Dirija la atención de sus estudiantes hacia las perífrasis y pídales que observen la posición del pronombre de objeto directo. Acláreles que en este caso puede ir antes de la perífrasis y aislado, o bien al final, unido a ella; Adviértales de que, en ningún caso, se usa el pronombre entre los verbos que forman la perífrasis.

- Anime a sus estudiantes a completar la actividad con los objetos que aparecen al final de la misma.

- Haga una puesta en común con todo el grupo.

> **Para ir más allá**

Recorte las tarjetas de la ficha fotocopiable 3 y llévelas a clase. Forme grupos de cuatro estudiantes y reparta ocho tarjetas por grupo. Explíqueles que en ellas hay objetos que ya no quieren. Haga que cada persona coja dos tarjetas y explique a sus compañeros por qué no quieren esos objetos. Estos deben darle una recomendación, por ejemplo: **véndela**, **regálala**, **puedes reciclarlo**, etc.

01 Taller de uso

En parejas o en grupos
Qué hacemos con...

√ **Competencia sociocultural**

√ **Interacción oral**

A
Objetivo
Explicar qué hacemos con algunos objetos usados.

📝 15-16

Desarrollo

- Divida a sus estudiantes en grupos de tres personas y remítalos a la actividad A del Taller de uso 01. Pídales que hablen sobre lo que hacen con las cosas que aparecen en la columna de la izquierda. Asegúrese, antes de empezar, de que entienden el significado de todas las palabras de la lista.

- Recuerde a sus alumnos el uso de los pronombres de complemento directo: **lo**, **la**, **los**, **las** y explíqueles que tenemos que usarlos si nos referimos a un complemento directo que aparece antes. Ponga este ejemplo: **el papel usado** lo **llevo a reciclar**. Insista en que en estos casos, no podemos omitir el pronombre.

- Explíqueles, también, que solemos mencionar el complemento directo antes del verbo cuando los interlocutores lo han mencionado con anterioridad.

- Anímelos a poner en práctica este tipo de construcciones. Déjeles un tiempo para la interacción y después haga una puesta en común preguntándoles: **¿Quién de vosotros tiene hábitos más ecológicos? ¿Quién es menos ecológico? ¿Por qué?**

B
Objetivo
Escribir consejos para mejorar los hábitos poco ecológicos de los compañeros.

√ **Expresión escrita**

√ **Competencia pragmática (funcional)**

√ **Trabajo cooperativo**

A-Z **Servir (1)**

Desarrollo

- Anime a sus alumnos a escribir consejos para mejorar los hábitos poco ecológicos de sus compañeros. Mantenga los grupos de la actividad anterior.

- Remita a sus estudiantes a los verbos que se proponen en esta actividad y anímelos a usarlos.

- Lea el modelo de consejo que se da en la actividad y recuerde a sus estudiantes que los pronombres átonos de objeto directo van detrás

UNIDAD 7

de los verbos (y unidos a ellos) en imperativo afirmativo. Ponga un ejemplo: **las gafas viejas,** llévalas **a una farmacia**.

- Pídales que, en un papel, escriban un consejo para un compañero del grupo que consideren poco ecológico. Este recibirá el papel y comentará si es un buen consejo o no.

- Haga una puesta en común con todo el grupo y anime a sus estudiantes a comentar cuál ha sido el mejor consejo que ha recibido, quién ha recibido más consejos, etc.

En grupos
Objetos y aparatos

C

Objetivo
Completar fichas con información sobre aparatos importantes para cada persona.

√ **Personalización del léxico**

√ **Interacción oral**

📄 2

Para empezar

Pregunte a sus alumnos: **¿Cuáles son los electrodomésticos más importantes en vuestro día a día?** Haga una lluvia de ideas y anote las aportaciones de sus alumnos en la pizarra.

Desarrollo

- Entregue a sus estudiantes la ficha fotocopiable 2 y dígales que completen las fichas con los cinco aparatos o electrodomésticos que consideren más importantes. Remítalos, para ello, al ejemplo que tienen en esta actividad.

- Proponga a sus estudiantes que compartan con un compañero o dos las fichas que han completado.

- Pregunte, para finalizar, si han encontrado coincidencias con sus compañeros o qué aparato les ha parecido el más raro de entre los elegidos por sus compañeros.

02 De segunda mano

Antes de leer
De segunda mano

A

Objetivo
Relacionar palabras y expresiones con el concepto **de segunda mano**

√ **Construcción de hipótesis**

√ **Activación de conocimiento del mundo**

√ **Competencia léxica**

Desarrollo

- Escriba en la pizarra la expresión **de segunda mano** y pregunte a sus alumnos: **¿Qué relacionáis con el concepto** de segunda mano**?**

- Haga una lluvia de ideas con todo el grupo y anote sus aportaciones en la pizarra. Puede remitirlos a la fotografía que acompaña el texto de las páginas 100 y 101.

> **Para ir más allá**

Llame la atención de sus alumnos sobre el título de la fotografía de las páginas 100 y 101 que aparece en la parte superior derecha, *Mercado de las Pulgas de San Alejo*. Anime a sus alumnos a hacer una pequeña investigación sobre el uso de este y otros nombres que reciben tanto los mercados de segunda como otros mercadillos. Si no los mencionan sus estudiantes, dígales algunos de estos nombres: mercado sobre ruedas, mercado al aire libre, rastrillo, bazar, feria libre, mercado de antigüedades, mercado persa, rastro, invasores o tianguis.

B

Objetivo
Hablar sobre las posibles razones para comprar cosas de segunda mano.

√ **Competencia léxica**

√ **Construcción de hipótesis**

Para empezar

Pregunte a sus alumnos: **¿Habéis ido alguna vez a una tienda de segunda mano? ¿Os gusta comprar cosas de segunda mano? ¿Por qué?** Escriba en la pizarra las palabras clave de las intervenciones de sus estudiantes.

Desarrollo

- Explique a sus alumnos que en el texto que leerán más adelante se habla de seis razones por las que comprar cosas de segunda mano.

- Anímelos a hacer hipótesis, antes de leer el texto, sobre cuáles creen que son las principales razones para comprar cosas de segunda mano. Sugiérales trabajar en parejas y anotar aquellas que ellos consideran más importantes. Remítalos a la muestra de lengua.

UNIDAD 7

Texto y significado
Seis razones

C

Objetivo
Leer un texto sobre las compras de segunda mano y comprobar las hipótesis de la actividad anterior.

> √ Comprensión de lectura
> √ Competencia léxica

17

Desarrollo

• Explique a sus alumnos que van a leer un texto sobre las razones por las que comprar artículos u objetos de segunda mano.

• Anímelos a comentar, en parejas, cuáles de las razones que habían escrito aparecen en el texto. Pregúnteles, también, si hay algo que les ha parecido curioso o interesante.

• Pídales que vuelvan a leer el texto y que señalen las unidades léxicas o expresiones que no conozcan. Anímelos a ponerlas en común con un compañero.

Texto y significado
¿Tú qué compras?

D

Objetivo
Escuchar a dos personas que hablan sobre sitios para comprar cosas de segunda mano.

> √ Comprensión auditiva
> √ Activación de conocimiento del mundo
> √ Competencia léxica

32 **8** **18**

Desarrollo

• Explique a sus alumnos que van a escuchar una conversación entre dos personas que hablan sobre las compras de segunda mano.

• Si dispone de los medios necesarios, muestre a sus estudiantes la ficha proyectable 8 y anímelos a completar el cuadro con la información que van a escuchar. Si no tiene la posibilidad de proyectar, diga a sus estudiantes que anoten el nombre de la aplicación y el nombre del mercadillo, así como las características de cada uno de ellos.

• Haga una puesta en común con todo el grupo.

🔑 **Solución**
1. Una aplicación móvil. Wallapop. Se pueden comprar y vender objetos de segunda mano con personas que están cerca de tu casa. Es fácil, práctica y gratuita.
2. Mercadillo de San Telmo, en Buenos Aires. Se pueden comprar muebles y cosas de segunda mano. La calidad está bien, pero ahora es un poco más caro que antes.

E

Objetivo
Hablar sobre las compras de segunda mano.

> √ Interacción oral
> √ Personalización del léxico
> √ Competencia sociocultural

19

Desarrollo

• Pregunte a sus alumnos: **¿Conocéis algún lugar para comprar cosas de segunda mano?** Anímelos a reflexionar y a compartir sus ideas con todo el grupo.

• Remita a sus estudiantes a las preguntas que aparecen en este apartado del Libro del alumno: **¿Compramos cosas de segunda mano? ¿Es habitual en nuestro país?** Invíteles a conversar sobre este tema con los demás compañeros y a describir cómo son las tiendas, mercadillos o ferias de segunda mano en sus país, cuáles son los más famosos, qué se suele hacer, etc.

Texto y lengua
Posición de los pronombres

F

Objetivo
Observar el uso de los pronombres de objeto directo e indirecto.

> √ Interacción oral
> √ Observación y reflexión sobre el funcionamiento del sistema formal

Desarrollo

• Remita a sus alumnos a los ejemplos que tienen en el apartado F del Dosier 02 y anímelos a situarlos en el texto.

• Pregúnteles: **¿A qué palabras se refieren los pronombres en negrita?** Deles un tiempo para responder.

• Explíqueles, para finalizar, que se trata de los pronombre objeto directo y objeto indirecto que ya conocen y que, a continuación, van a ver cómo se usan ambos en la misma frase.

🔑 **Solución**
La impresora
Alguien para arreglar tu bici.
A tu vecino / una lámpara original.

91

UNIDAD 7

02 Agenda de aprendizaje

Reglas y ejemplos
Combinación de pronombres de objeto directo e indirecto

1

Objetivo
Observar la combinación de los pronombres de objeto directo y objeto indirecto en la misma frase.

◦ 9 ◦ 20

√ Observación y reflexión sobre el funcionamiento del sistema formal

√ Competencia pragmática (funcional)

Desarrollo

• Si dispone de los medios necesarios, muestre a sus estudiantes la ficha proyectable 9; de lo contrario, remita a sus alumnos a los ejemplos que tienen en el apartado 1 de la Agenda de aprendizaje 02.

• Pídales que se fijen en el primero de los ejemplos: **Luis le ha dado un anillo a Ana** y que identifiquen cada uno de los elementos subrayados.

• Remítalos, a continuación, a la frase: **Luis se lo ha regalado** y anímelos a identificar, de nuevo, los elementos subrayados. Invítelos a reflexionar sobre el uso de ambos pronombres.

• Explíqueles que cuando en una misma frase aparece un pronombre de objeto directo y uno de objeto indirecto, los pronombre **le** y **les** se convierten en **se** para evitar la cacofonía. Anímelos a observar todos los ejemplos que tienen en este apartado.

• Pídales que contesten a las preguntas que tienen al final de este apartado, empleando ambos pronombres. Haga una puesta en común con todo el grupo.

🗝 **Propuesta de solución**
1. Sí, se lo he mandado / No, no se lo he mandado.
2. Sí, te lo he comprado / No, no te lo he comprado.
3. Nos las ha/n regalado...
4. Devuélveselo.

Palabras para actuar
Usos del imperativo

2

Objetivo
Observar los usos del imperativo y escribir nuestros propios ejemplos.

◦ 10 ◦ 21

√ Observación y reflexión sobre el funcionamiento del sistema formal

√ Competencia pragmática (funcional)

√ Aprender a aprender

Desarrollo

• Si dispone de los medios necesarios, muestre la ficha proyectable 10 y pida a sus alumnos que observen los diversos usos del imperativo.

• Explíqueles que con el imperativo pretendemos influir sobre otra persona con diferentes fines, como por ejemplo **dar instrucciones**, **aconsejar**, **invitar**, **dar permiso**, **dar órdenes** o **hacer peticiones en registros informales**.

• Pídales que lean los diferentes ejemplos y que, en parejas, escriban un ejemplo más para cada uno de los usos del imperativo.

• Anímelos a compartir sus ejemplos con otros compañeros.

02 Taller de uso

En parejas
¿Qué pasó con las cosas de Óscar?

A

Objetivo
Relatar la historia de los objetos de Óscar.

◦ 11

√ Competencia léxica

√ Expresión escrita

√ Competencia pragmática (discursiva)

Desarrollo

• Remita a sus estudiantes a la actividad A del Taller de uso 02 y preséntales a Óscar. Dígales que se ha ido a vivir a otro país y que ha dejado sus cosas a familiares y amigos, tal y como muestra la ilustración. Si dispone de los medios necesarios, muéstreles la ilustración en la ficha proyectable 11 y pregúnteles: **¿Qué pasó con los objetos de Óscar?**

• Remita a sus alumnos al modelo de lengua que tienen en la actividad y anímelos a continuar por escrito la historia de los tres primeros objetos: **su cuadro favorito**, **dos sillas antiguas** y **su moto**.

• Recuérdeles que deben usar los pronombres de objeto directo e indirecto cuando sea necesario, a fin de no repetir constantemente las mismas palabras y para conseguir un discurso más fluido y natural.

UNIDAD 7

- Anímelos a trabajar con un compañero y a poner en común su historia con la de otros compañeros.
- Haga una puesta en común con las historias de todos sus alumnos.

B

Objetivo
Completar la historia de Leo e inventar una historia para otro objeto.

√ **Competencia léxica**

√ **Competencias pragmáticas (organizativa y discursiva)**

3

Desarrollo

- Remita a sus alumnos a la última columna de la historia de los objetos de Óscar y pídales que, individualmente, completen la última viñeta de la historia de Leo. Para ello, entrégueles la ficha fotocopiable 3 y pídales que dibujen allí la última viñeta.
- Pídales que intercambien su dibujo con el de un compañero y que interpreten el final de la historia que su compañero ha dibujado. Este tendrá que confirmar si la interpretación es correcta o no.
- Remítalos, a continuación, a la sección B de la ficha fotocopiable 3 y pídales que dibujen la historia de otro objeto de Óscar.
- Anímelos a intercambiar su viñeta con un compañero. Deles un tiempo para interpretarla y, a continuación, anímelos a que cuente cuál es la historia del objeto, qué pasó y qué representa cada imagen. El alumno autor de la historia deberá confirmar si la interpretación que hace su compañero es acertada o no.

Archivo de léxico

La gramática de las palabras
Estropear, estropearse, estar estropeado

√ **Competencia léxica**

√ **Observación y reflexión sobre el funcionamiento del sistema formal**

1

Objetivo
Comprender la diferencia entre **estropear**, **estropearse** y **estar estropeado**.

22-23-24-25-26-27

Para empezar

- Remita a sus estudiantes al apartado 1 del Archivo de léxico e invítelos a mirar las imágenes, leer las tres frases que las acompañan y hacer hipótesis sobre su significado. Déjeles unos minutos para discutirlo en parejas o en pequeños grupos y haga después una puesta en común con toda la clase.

- Acláreles que en la primera imagen es Rubén el que interviene para estropear el ordenador (de forma voluntaria o involuntaria). En cambio, en la segunda imagen no hay ninguna intervención humana. La última imagen describe el estado del aparato, el resultado de un cambio.
- Llame la atención de sus alumnos sobre el uso del singular y del plural en las frases **La impresora está estropeada / las impresoras están estropeadas**.
- Invite a sus alumnos a fijarse en los ejemplos que tienen con **los teléfonos móviles**, **las tabletas**, **los muebles**, etc. y el uso de la forma reflexiva con **se**.
- Anímelos, para finalizar, a escribir sus propios ejemplos. Puede pedirles que piensen en dos cosas suyas que están rotas o estropeadas. Pregúnteles si las han roto o estropeado ellos o bien si se han roto o estropeado.

Palabras en compañía
Material

2

Objetivo
Clasificar objetos según el material del que están hechos.

√ **Memoria a corto y largo plazo**

√ **Personalización del léxico**

12 **28-29**

Desarrollo

- Remita a sus estudiantes al apartado 2 del Archivo de léxico y sugiérales que piensen en objetos importantes para ellos y que los clasifiquen según el material del que están hechos. Si dispone de los medios necesarios, muéstreles la ficha proyectable 12 y pídales que clasifiquen los objetos que allí aparecen según el material del que están fabricados.
- Pídales que compartan sus ejemplos con uno o dos compañeros y, finalmente, haga una puesta en común con todo el grupo.

UNIDAD 7

Proyectos

Proyecto individual
Objetos de reciclaje

A

Objetivo
Buscar en internet objetos hechos con distintos materiales reciclados y presentarlos a la clase.

√ **Investigación en internet**

√ **Expresión oral**

√ **Trabajo cooperativo**

Desarrollo

• Proponga a sus alumnos una búsqueda en internet para encontrar objetos interesantes hechos con materiales reciclados. Sugiérales que lo hagan en grupo y déjeles un tiempo para seleccionarlos.

• Aconséjeles que impriman una fotografía del objeto y tomen notas para poder describirlo a sus compañeros. Pídales también que digan en qué página web lo han encontrado y cómo han llegado a ella (qué palabras clave han escrito en el buscador, por ejemplo).

Proyecto en grupo
Concurso de ideas

B

Objetivo
Hacer un concurso de ideas para reutilizar diferentes objetos.

√ **Competencia léxica**

√ **Interacción oral**

√ **Activación de conocimiento del mundo**

Desarrollo

• Distribuya a sus alumnos en grupos de tres o cuatro personas y explíqueles que van a participar en un concurso.

• Remítalos a los objetos que aparecen en este apartado (**botellas de plástico, CD viejos, bolsas de plástico** y **envases de yogur**) y explíqueles que el concurso consiste en buscar ideas para reutilizar estos objetos de manera original.

• Si le parece oportuno, puede remitirlos a los ejemplos de la página 96 y explicarles que deben presentar ideas similares.

• Invítelos a trabajar en grupo y a poner sus ideas por escrito.

• Sugiérales que nombren un portavoz de grupo para exponer sus ideas para cada uno de los objetos al resto de la clase.

• Una vez presentadas todas las propuestas, invítelos a votar la más original para cada uno de los objetos.

Proyecto en grupo
Mercadillo de intercambio

C

Objetivo
Buscar productos en una página web de venta de segunda mano.

√ **Investigación en internet**

√ **Competencia existencial**

√ **Interacción oral**

Para empezar

• Explique a sus alumnos que van a organizar un mercadillo de segunda mano en la clase.

• Forme grupos de tres personas, pídales que piensen en tres productos que les gustaría comprar y anímelos a que lo compartan con sus compañeros.

Desarrollo

• Proponga a sus estudiantes que busquen los objetos que desean en webs de segunda mano. Si no lo ha hecho en la actividad anterior, averigüe si sus alumnos conocen páginas web de segunda mano, además de las mencionadas en el enunciado de la actividad.

• Fije un tiempo para la búsqueda. Pasado ese tiempo, pídales que informen a sus compañeros sobre los productos que han encontrado.

• Haga una puesta en común para ver qué objetos han encontrado sus estudiantes. Puede preguntarles qué procedimiento han seguido para buscarlos y si la oferta que han encontrado les parece buena.

D

Objetivo
Escribir anuncios para vender objetos usados.

√ **Expresión escrita**

√ **Competencia pragmática (discursiva)**

Desarrollo

• Pregunte a sus alumnos: **¿Tenéis algún objeto en casa que ya no utilicéis y que os gustaría vender?** Anímelos a que hablen sobre ello con un compañero y a que decidan, de manera conjunta, de qué objetos quieren deshacerse.

• Propóngales que escriban dos anuncios para vender esas dos cosas que ya no necesitan. Remítalos al modelo de anuncio que tienen en la actividad D de Proyectos y propóngales escribir uno similar.

• Ofrezca su ayuda mientras sus estudiantes trabajan.

E

Objetivo
Exponer los productos que queremos vender y convencer a los compañeros para que los compren.

√ **Interacción oral**

√ **Competencia pragmática (funcional)**

📋 4

Para empezar

- Explique a sus alumnos que en esta actividad van a vender a los demás compañeros los productos de los anuncios que han escrito en la actividad D de Proyectos.

- Entrégueles la ficha fotocopiable 4, ya que los ayudará en la interacción.

- Distribuya a las parejas en un círculo de forma que todas se vean y anímelos a que vayan exponiendo sus objetos según los modelos de lengua que tienen en los andamiajes.

- Invite a sus alumnos a hacer preguntas sobre los objetos e incluso a tratar de rebajar los precios.

UNIDAD 8

¿IGUALES, PARECIDOS O DIFERENTES?

Punto de partida

Nube de palabras
Experiencias culturales

A

Objetivo
Reconocer palabras que se emplean para hablar de hábitos y costumbres.

√ Competencia léxica

√ Activación de conocimientos previos

√ Competencia sociocultural

🎥 1

Desarrollo

• Remita a sus alumnos a la nube de palabras y pídales que identifiquen los objetos que representa. Aclare que son **una copa** y **una jarra**.

• Invítelos a anotar las palabras y expresiones de la nube que se emplean para hablar de hábitos y costumbres.

• Haga una puesta en común con todo el grupo. Si dispone de los medios necesarios, muestre a sus estudiantes la ficha proyectable 1 y señale en ella las diferentes unidades léxicas.

B

Objetivo
Hablar de la relación que se tiene con otras culturas.

√ Activación de conocimiento del mundo

√ Competencia sociocultural

Para empezar

• Explique a sus alumnos que en esta unidad van a trabajar sobre diferentes hábitos y costumbres de los países de habla hispana.

• Lea con ellos los contenidos de la unidad 8, en la página 107, así como los proyectos que se proponen para realizar al final de la misma.

Desarrollo

• Remita a sus estudiantes a las preguntas de la actividad B del Punto de partida y déjeles unos minutos para que, de manera individual, piensen en las respuestas. Recuérdeles que pueden recurrir al vocabulario que aparece en la nube de palabras.

• Anímelos a compartir sus respuestas con uno o dos compañeros y recuérdeles que pueden encontrar ayuda en la muestra de lengua que aparece al final de esta actividad.

• Haga una puesta en común con todo el grupo.

Vídeo
Un alemán en España

C

Objetivo
Ver un vídeo de una persona alemana que vive en España.

√ Competencia léxica

√ Competencia audiovisual

√ Competencia sociocultural

▶ 🎥 2 📄 1

Para empezar

• Si dispone de los medios necesarios, muestre a sus estudiantes la ficha proyectable 2 y pregúnteles qué hacen o cómo se comportan en las situaciones que representan las imágenes: cuando nos encontramos con un conocido en la calle, cuando vamos a tomar un café o cuando quedamos con un amigo.

• Anímelos a hablar en parejas sobre estas cuestiones. Puede sugerirles algunas preguntas, como: **¿De qué hablamos con un conocido en la calle? ¿Dónde tomamos café? ¿Cómo lo pedimos? ¿Cuánto tiempo antes organizamos un encuentro con amigos? ¿Dónde solemos quedar?**

• Haga una puesta en común con todo el grupo y anote las ideas principales en la ficha proyectable 2.

UNIDAD 8

Desarrollo

- Explique a sus alumnos que van a ver un vídeo sobre un hombre alemán, Rainer, que vive en España. En él explica cómo es su vida y qué diferencias encuentra con respecto a la cultura de su país.

- Dígales que hagan hipótesis sobre las diferencias culturales de las que Rainer va a hablar con respecto a los temas que acaban de ver (cuando se encuentran con un desconocido por la calle, cuando toman café o cuando quedan con amigos). Anímelos a conversar sobre el tema en pequeños grupos y anote sus hipótesis en la pizarra.

- Entregue a sus estudiantes la ficha fotocopiable 1 y pídales que completen la sección A, donde deberán recopilar los temas de los que habla Rainer, añadir algunos datos y explicar cómo son esas costumbres en España y en Alemania.

- Tras la primera proyección del vídeo, haga una puesta en común y aclare las dudas que hayan podido surgir.

- Remita a sus estudiantes a la sección B de la ficha fotocopiable 1, vuelva a proyectar el vídeo y pídales que respondan a las preguntas.

- Anímelos a poner en común con un compañeros sus respuestas y, a continuación, haga una puesta en común con toda la clase.

> **A tener en cuenta** 34-35-36
> Al final de la unidad puede ampliar el vocabulario y las estructuras que aparecen en el vídeo con la realización de los ejercicios 34, 35 y 36 del Cuaderno de ejercicios. Además, podrá trabajar el diálogo entre Rainer y su amiga de una manera mas detallada.

Solución de la ficha fotocopiable

A
1. Conversaciones espontáneas con amigos en la calle, cómo tomar el café y hacer planes con gente.
2. En España es muy normal encontrarse con conocidos por la calle y pararse a conversar, algo que no ocurre tan a menudo en Alemania. En España siempre te preguntan cómo quieres el café y la leche; en Alemania solo en los bares más chic.
Hacer planes con gente en España es muy fácil porque no requiere hacerlo con mucha antelación, pero eso también provoca que si se cancelan los planes no hay mucho tiempo para organizarse.

B
1. 10 años; **2.** Es músico; **3.** Tiene pareja e hijos; **4.** Descafeinado de máquina con leche; **5.** En una terraza de un bar; **6.** Con una amiga; **6.** Quedan para el día siguiente con otra amiga más en un bar detrás de la biblioteca.

01 La paella de Pablo

Antes de leer
La paella de Pablo

A

Objetivo
Hacer hipótesis sobre lo que ocurre en las viñetas de un cómic.

√ Competencia sociocultural

√ Interacción oral

√ Construcción de hipótesis

Para empezar

- Remita a sus alumnos al cómic de la página 108 y pídales que lean el título: "*La paella de Pablo*".

- Invite a sus estudiantes a mirar las diferentes viñetas del cómic y a hacer hipótesis sobre la trama o idea principal. Anote sus respuestas en la pizarra. Si sus estudiantes no lo mencionan, dígales que se trata de una comida familiar y de amigos en casa de Pablo.

Desarrollo

- Pídales, a continuación, que observen las distintas viñetas del cómic y que, en parejas, describan qué ocurre en cada una de ellas. Puede remitirlos al andamiaje que aparece en esta actividad.

- Haga una puesta en común con las hipótesis de sus alumnos.

B

Objetivo
Comparar hábitos entre diferentes culturas.

√ Competencia intercultural

√ Activación de conocimiento del mundo

√ Competencia léxica

Desarrollo

- Pida a sus alumnos que vuelvan a observar los comportamientos o hábitos que aparecen en las viñetas del cómic. Pregúnteles si esos hábitos o costumbres son habituales en su país o si son diferentes.

- Haga una puesta en común con los comentarios de sus estudiantes.

UNIDAD 8

Texto y significado
¿Qué dicen?

C

Objetivo
Hacer hipótesis sobre los diálogos que acompañan a unas viñetas.

🔊 33-45   📹 3   📄 2

> √ Construcción de hipótesis
>
> √ Competencia léxica
>
> √ Comprensión auditiva

Para empezar

Lleve a clase cada una de las viñetas recortadas que encontrará en la ficha fotocopiable 2.

Desarrollo

- Distribuya a sus estudiantes en parejas y reparta a cada una dos viñetas consecutivas del cómic. Anímelos a escribir los diálogos correspondientes.

- Revise los diálogos y anime a sus estudiantes a que, por orden, los representen. Si dispone de los medios necesarios, muestre las viñetas a medida que se van representando en la ficha proyectable 3. Si no, vaya remitiendo a las viñetas que se encuentran en el Libro del alumno.

- Explíqueles que, a continuación, van a escuchar los diferentes audios que corresponden a las diferentes escenas del cómic. Pídales que comparen su diálogo con el del audio y hágales estas preguntas: **¿Se parece? ¿Hay semejanzas? ¿Hay muchas diferencias?**

- Haga una puesta en común con todo el grupo.

> ❗ **A tener en cuenta**
> Una costumbre muy extendida, tanto en España como en muchos países de Latinoamérica, es comer o *picar* algo antes de la comida principal. Se trata de un aperitivo o "tapa" que se toma antes de la comida. Normalmente se trata de una copa de vino o una cerveza acompañados de algo de embutido, queso, aceitunas o algún tipo de *snack* o entrante.

Texto y lengua
¿Cómo lo decimos?

D

Objetivo
Leer la transcripción de un audio e identificar algunas acciones.

📹 4   📄 1-2-3

> √ Comprensión de lectura
>
> √ Competencia sociocultural
>
> √ Competencia léxica

Desarrollo

- Remita a sus alumnos al texto de la página 109, donde se encuentra la transcripción de los diálogos que acompañan al cómic. Si lo considera conveniente, ponga el audio al mismo tiempo que lo leen.

- Anímelos a poner en común con un compañero las dudas de vocabulario que tengan.

- Haga una puesta en común con todo el grupo y aclare dudas o responda a cuestiones de sus estudiantes.

- Pídales, a continuación, que en parejas, identifiquen en los diálogos las diversas acciones que se detallan en la actividad D del Dosier 01.

- Anímelos a comentar los resultados con otros dos estudiantes y, finalmente, haga una puesta en común con toda la clase. Puede servirse, para ello, de la ficha proyectable 4.

🔑 **Solución**

Invitar a comer: Mira, que te llamaba porque el domingo vamos a hacer una paella en casa. ¿Cómo lo tenéis?
Se excusan por no poder asistir: Pues el domingo... es que es el aniversario de bodas de mis suegros.
Se citan, quedan: Y... ¿a qué hora vamos? - ¿Qué te parece sobre la una y media?, ¿sobre las dos?
Ofrecen ayuda: Pero así te echo una mano...
Ofrecen un regalo: Oye, dime: ¿Qué llevamos? ¿Llevo postre, vino...? / ¿Hago una tarta de chocolate o algo?
Enseñan la casa: Venid, venid, que os enseño la casa, que vosotros no habéis venido nunca, ¿no? / Y bueno, este es el cuarto de la plancha.
Se presentan: Mira, esta es Julie. Mi hermana Esther.
Hablan de la comida: Mmm... ¡Qué bien huele! ¡Y qué buena pinta! Oye, ¿le pones pollo y conejo o solo pollo? / Oye, Pablo, esta paella te ha quedado muy buena/ Es que estaba todo tan rico, tan rico.
Elogian algo: Uy, tenéis una casa preciosa. Y muy grande, ¿no?/ Mmm... ¡Qué pinta! Corta, corta... Buenísimo, tío. / Oye, Pablo, esta paella te ha quedado muy buena, ¿eh? ¡Riquísima! Es que estaba todo tan rico, tan rico.
Se despiden: Venga, nosotros nos vamos a ir ya, que mañana Emilio trabaja.
Hablan de la hora: Y... ¿A qué hora vamos? ¿Qué te parece sobre la una y media?, ¿sobre las dos? / No, no, no, en serio, en serio, que es tardísimo. Yo mañana me tengo que levantar a las seis.

> ❗ **A tener en cuenta**
> En los diálogos aparecen muchas costumbres o hábitos propios de los españoles cuando se reúnen. Algunas de ellas pertenecen a un código no escrito pero que todo el mundo respeta: llevar un postre o un vino cuando te invitan a una comida o cena, elogiar la casa y la comida del anfitrión, hablar de comida mientras se come y, en la sobremesa, invitar a realizar otro encuentro o insistir en que los invitados se queden más tiempo en casa.

UNIDAD 8

01 Agenda
de aprendizaje

Construir la conversación
Invitaciones

1

Objetivo
Observar y sistematizar las estructuras para realizar invitaciones.

📺 5   📄 4-5-6-7-8-9-10-11

> √ **Observación y reflexión sobre el funcionamiento del sistema formal**
>
> √ **Competencia pragmática (funcional)**
>
> √ **Aprender a aprender**

Desarrollo

• Remita a sus alumnos al apartado 1 de la Agenda de aprendizaje 01 y pídales que observen el esquema que se ofrece en el mismo. Si dispone de los medios necesarios, explique la secuenciación de una invitación con ayuda de la ficha proyectable 5A. Si no fuera así, remítalos al Libro del alumno.

• Invítelos a leer los recursos que tienen en la parte superior de la actividad y, en parejas, a introducirlos en el recuadro correspondiente.

• Haga una puesta en común con todo el grupo. Para ello puede emplear la ficha proyectable 5B.

• Anímelos a escribir en parejas tres breves conversaciones utilizando los recursos de todos los cuadros.

› **Para ir más allá**
Pida a sus estudiantes que seleccionen una de las tres conversaciones que han escrito y que la representen en clase. De este modo, trabajarán las estructuras de la actividad y se preparan para la actividad D del Taller de uso 01.

🔑 **Solución**
1. ¿Tenéis algún plan para el fin de semana? **2.** ¿Te apetece venir?
3. Perfecto, ¿a qué hora? **4.** Vaya, el domingo no podemos. Es que tenemos un compromiso familiar; **5.** ¿Qué tal te viene?
6. ¿Podemos ayudar en algo?

En español y en otras lenguas
Mira, oye, perdona

2

Objetivo
Observar el uso de algunas palabras y compararlas con nuestra lengua.

📄 12

> √ **Observación y reflexión sobre el funcionamiento del sistema formal**
>
> √ **Competencia plurilingüe**

Desarrollo

• Remita a sus alumnos al apartado 2 de la Agenda 01 e invítelos a leer los ejemplos que se muestran en el mismo.

• Explíqueles que las palabras que aparecen en negrita se emplean para captar la atención del interlocutor: **oye** se usa para pedir la atención del interlocutor. En cambio, cuando se quiere indicar que se va a explicar algo, se emplea **mira**. Finalmente, cuando se interrumpe a un desconocido en la calle, solemos usar **perdona** o **perdone**, dependiendo del contexto (tú/usted).

• Anímelos a comparar estas palabras con las que usarían en su lengua materna en semejantes situaciones.

> ❗ **A tener en cuenta**
> En muchas ocasiones, estas palabras no tienen un significado literal dentro del contexto de la frase y solo buscan captar la atención de nuestro interlocutor. **Oye** y **mira** se usan en un contexto coloquial y familiar, mientras que **perdona** / **perdone** se usan en situaciones más formales.

› **Para ir más allá**
Proponga a sus estudiantes que identifiquen y analicen el uso de las interjecciones y palabras que se usan para llamar la atención del interlocutor en los diálogos de la página 109.

UNIDAD 8

01 Taller de uso

En parejas
Reaccionamos

A

Objetivo
Reconocer y escribir lo que dicen cinco personas.

✓ Competencia sociocultural
✓ Comprensión auditiva
✓ Competencia léxica

📹 6   🔊 46-50

Para empezar
Si dispone de los medios necesarios, muestre la ficha proyectable 6 y pida a sus estudiantes que le digan qué representa cada fotografía.

Desarrollo
• Explique a sus alumnos que van a escuchar a cinco personas y que deben escribir lo que dicen.

• Dígales que van a escuchar el audio dos veces.

• Tras la segunda audición, anímelos a comparar sus respuestas con las de un compañero y, a continuación, haga una puesta en común con todo el grupo.

🔑 **Solución**
1. Oye, mira, que el viernes hacemos una cenita en casa con unos amigos que han venido de Chile. ¿Te apetece venir?
2. Mira, te he traído unos pastelitos típicos de mi ciudad. A ver si te gustan.
3. ¡Guau, qué casa más bonita! Me encanta.
4. Mmm… ¡Qué rico! ¿Lo has hecho tú? ¡Está delicioso!
5. Come un poquito más, ¿no? Si es que no comes nada…

B

Objetivo
Reaccionar a invitaciones, elogios y cumplidos.

✓ Competencia pragmática (funcional)
✓ Interacción oral
✓ Competencia léxica

Desarrollo
• Explique a sus alumnos que en esta actividad deben reaccionar a las frases que han escuchado en la actividad anterior.

• Remítalos al apartado 1 de la Agenda de aprendizaje 01 por si tuvieran alguna duda y recuérdeles los diferentes usos.

• Anímelos a trabajar en parejas y a poner en común con otros compañeros sus reacciones.

C

Objetivo
Grabar las reacciones a distintas invitaciones o elogios y compararlas con las de los compañeros.

✓ Competencia léxica
✓ Competencia intercultural
✓ Competencia ortoépica

Desarrollo
• Explique a sus alumnos que tienen que grabar sus reacciones para poder compararlas con las de los compañeros.

• Anímelos a preparar el texto y a ensayarlo, en parejas, antes de proceder a la grabación.

• Dígales que un miembro de la pareja debe leer una de las frases de la actividad A y su compañero tiene que reaccionar a ella. A continuación, deben intercambiar los papeles. Pídales que lo graben.

• Invítelos a poner en común las grabaciones con sus compañeros. Si tiene un grupo muy numeroso, puede animarlos a trabajar en grupos formados por dos o tres parejas.

• Haga una puesta en común con todo el grupo y comenten las diferencias que han encontrado en la manera de reaccionar.

En grupos
Hacemos teatro

D

Objetivo
Representar una situación asignando diferentes papeles para cada integrante del grupo.

✓ Competencia léxica
✓ Competencia intercultural
✓ Competencia ortoépica

📄 2

Para empezar
• Recorte y lleve preparadas las tarjetas que se encuentran en la ficha fotocopiable 2.

• Distribuya a sus alumnos en grupos de tres personas y entregue a cada uno una de las tarjetas.

Desarrollo
• Explique a sus alumnos que van a hacer un poco de teatro.

• Lea con ellos el papel que desempeñará cada uno dentro de la representación y aclare las dudas que puedan surgir.

• Repase con ellos las reglas del juego que tienen en la actividad D del Taller de uso 01.

• Anímelos a escribir el guion de la escena y a ensayarla. Remítalos a la Agenda de aprendizaje 01 en caso de que necesiten ayuda para repasar los contenidos necesarios.

UNIDAD 8

- Déjeles unos minutos para trabajar y preste su ayuda.
- Invite a los diferentes grupos a representar su escena. Mientras actúan, puede pedir a otro compañero que grabe la escena o, si le parece más conveniente, hágalo usted mismo.
- Anímelos, para finalizar, a ver su propia actuación y a evaluarla.

02 El iceberg de la cultura

Antes de leer
Contacto entre culturas

A

Objetivo
Hablar sobre costumbres en diferentes culturas.

◯ 7

> √ Construcción de hipótesis
> √ Activación de conocimiento del mundo
> √ Competencia intercultural

Para empezar

- Escriba en la pizarra **choque cultural** y pregunte a sus alumnos si saben a qué nos referimos con este término.
- Haga una puesta en común con las ideas de sus alumnos. Si no lo han mencionado, explíqueles que es la situación que se produce cuando alguien viaja a otro país o vive en otra cultura y se enfrenta a una serie de costumbres o reglas que le parecen raras o le molestan.

Desarrollo

- Si dispone de los medios necesarios, muestre a sus estudiantes la ficha proyectable 7 y pídales que hagan hipótesis sobre lo que ven en las diferentes imágenes.
- Remita a sus alumnos a los temas que tienen en la actividad A del Dosier 02 y pídales que los relacionen con algunas de las imágenes de la ficha proyectable 7.
- Anímelos a hablar, en pequeños grupos, sobre los posibles choques culturales que se pueden dar en los diferentes aspectos que se proponen en el Libro del alumno.
- Haga una puesta en común con las conclusiones de cada grupo.

> **A tener en cuenta**
> Recuerde a sus alumno que el objetivo de la actividad es analizar en qué aspectos es posible que se den más choques culturales y no comparar reglas o costumbres o hablar de si son mejores o peores. Para ello, puede remitirlos al vídeo de la unidad y señalarles que el protagonista solo anota las diferencias existentes entre ambas culturas en distintos aspectos de la vida, sin entrar en valoraciones.

Texto y significado
El iceberg de la cultura

B

Objetivo
Hacer hipótesis sobre el significado de unas frases y comprobar con el texto.

◯ 13

> √ Competencia léxica
> √ Comprensión de lectura
> √ Expresión escrita

Para empezar

- Muestre a sus estudiantes una imagen de un iceberg o dibuje uno en la pizarra y pregúnteles: **¿Cuál es la parte que se ve?**
- Explíqueles que la parte del iceberg que se ve es la más pequeña, pues la gran masa de hielo está oculta debajo del agua.
- Remítalos al título del texto de la página 112, "El iceberg de la cultura", y anímelos a hacer hipótesis sobre su significado y sobre el contenido del texto.
- Haga una puesta en común con las diferentes ideas de sus alumnos y anote las palabras clave o más importantes en la pizarra.

Desarrollo

- Explique a sus estudiantes que van a leer un texto sobre los encuentros entre culturas y sobre los choques culturales.
- Remítalos a las frases que tienen en la actividad B del Dosier 02 y anímelos, en parejas o en grupos de tres personas, a explicar con sus palabras el significado de las diferentes frases. Pídales que anoten esas explicaciones en su cuaderno.
- Haga una puesta en común con todo el grupo.
- Invítelos, a continuación, a leer el texto y pídales que comprueben si la explicación que han dado para las diversas frases coincide con el contenido del texto.
- Haga una puesta en común y anime a sus alumnos a comentar las diferencias entre sus definiciones y el contenido del texto.

> 🗝 **Solución**
> **1.** Todos llevamos las mismas marcas de zapatillas, todos usamos los mismos móviles, todos comemos las mismas hamburguesas y todos vemos las mismas series de televisión.
> **2.** La cultura es como un iceberg porque algunas normas se ven, pero la mayoría no.
> **3.** No comprender las "reglas" de otra cultura causa muchos malentendidos, problemas personales y sociales.
> **4.** Cuando aprendemos un idioma, tenemos que aprender a hablar y a callar; saber qué decir, cuándo decirlo y a quién decirlo.
> **5.** Son actitudes o costumbres que los miembros de un grupo comparten desde la infancia y, por eso, no hablan de ellas (¡la mayoría de gente no sabe que sigue esas reglas!).

UNIDAD 8

Texto y significado
Extranjeros en España

C

Objetivo
Leer los testimonios sobre choques culturales de algunos extranjeros residentes en España.

📄 14-15-16

> ✓ Comprensión de lectura
>
> ✓ Competencia léxica

Desarrollo

- Remita a sus alumnos al texto "Extranjeros en España" de la página 113 y lea con ellos la introducción del mismo.

- Pídales que, de manera individual, lean los testimonios que tienen a continuación y que los relacionen con los temas de la actividad A del Dosier 02.

- Anímelos a poner en común con un compañero sus conclusiones y a comentar el porqué de su elección.

- Haga una puesta en común con todo el grupo.

🔑 **Solución**
Giovanna Bavaresco: los horarios.
Thiago Velasco: el contacto físico, el tratamiento.
Sven Heitmann: las relaciones familiares.
Sachiko Sakamoto: el contacto físico.

Texto y significado
Una extranjera en Argentina

D

Objetivo
Escuchar el testimonio de una chica española que ha vivido en Buenos Aires.

🔊 51   📺 8   📄 3   📄 17

> ✓ Comprensión auditiva
>
> ✓ Activación de conocimiento del mundo
>
> ✓ Competencia léxica

Para empezar

- Si dispone de los medios necesarios, muestre a sus estudiantes la ficha proyectable 8 y pregúnteles: **¿Qué sabéis de Argentina y de los argentinos?**

- Haga una lluvia de ideas con las aportaciones de sus alumnos y escriba en la pizarra las ideas principales..

Desarrollo

- Explique a sus estudiantes que van a escuchar una conversación en la que una chica española que ha vivido en Argentina habla sobre sus impresiones.

- Entrégueles la ficha fotocopiable 3 y remítalos a la sección A. Pídales que, durante la primera audición, anoten debajo de cada imagen las ideas del audio que relacionan con cada una de ellas.

- Invítelos a que comparen con un compañeros sus anotaciones y, a continuación, haga una puesta en común con todo el grupo.

- Dígales que van a volver a escuchar el audio e invítelos a responder a las preguntas que tienen en la sección B de la ficha fotocopiable.

- Tras comprobar sus respuestas con un compañero, haga una puesta en común con todo el grupo. Puede servirse, para ello, de la ficha proyectable 8.

🔑 **Solución de la ficha fotocopiable 3**
1. Hospitalarios, estresados, amables, preguntones, buenos conversadores y buenos anfitriones.
2. Que se reúnen para comer asado y toman mucho mate.
3. Los porteños están muy estresados, a causa del tráfico de Buenos Aires; los argentinos son muy preguntones, porque quieren saber muchas cosas de España, ya que muchos proceden de españoles o tienen familia allí; los argentinos son buenos anfitriones, porque se reúnen a menudo para comer asado y para beber mate; para ellos es un acto social.

Texto y lengua
Cuando

E

Objetivo
Identificar en el texto las frases que comienzan con **cuando** y analizar su uso.

> ✓ Competencia léxica
>
> ✓ Observación del sistema formal

Desarrollo

- Remita a sus alumnos a los textos de las páginas 112 y 113.

- Anímelos a encontrar las frases que comienzan con **cuando** y a completar las frases que aparecen en la actividad E del Dosier 02.

- Haga una puesta en común y, a continuación, pregúnteles: **¿A qué palabra o palabras equivale en vuestro idioma?**

- Invítelos a reflexionar sobre su uso y significado y a ponerlo en común con un compañero.

- Haga una puesta en común con todo el grupo.

UNIDAD 8

02 Agenda de aprendizaje

Reglas y ejemplos
Frases compuestas: cuando

1

Objetivo
Observar la formación de algunas frases temporales y escribir ejemplos.

📄 18

√ **Observación y reflexión sobre el funcionamiento del sistema formal**

√ **Personalización del aprendizaje**

√ **Competencia existencial**

Desarrollo

- Remita a sus alumnos al ejemplo que tienen en el apartado 1 de la Agenda de aprendizaje 02 y pregúnteles si comparten esa afirmación.

- Explíqueles que empleamos **cuando** en algunas oraciones compuestas para expresar una acción secundaria que ocurre de manera simultánea a la principal.

- Invítelos a completar los ejemplos que tienen en este apartado con información personal, según lo que es habitual en su cultura.

- Anímelos a compartir con un compañero las frases que han escrito y, finalmente, haga una puesta en común con todo el grupo.

Palabras para actuar
Recomendaciones impersonales

2

Objetivo
Observar las reglas para hacer recomendaciones de tipo impersonal y escribir ejemplos propios.

📄 19

√ **Observación y reflexión sobre el funcionamiento del sistema formal**

√ **Personalización del aprendizaje**

Desarrollo

- Explique a sus alumnos que van a ver dos formas de hacer recomendaciones de tipo impersonal que se emplean para hablar en general, sin referirnos directamente a nuestro interlocutor.

- Remítalos a los andamiajes y construcciones que tienen en este apartado y explíqueles que **hay que** + infinitivo tiene un marcado carácter impersonal, sin referirnos a persona alguna, y marca cierta obligación o recomendación enfática que se debería seguir.

- En el caso de **tener que** + infinitivo, se trata de una recomendación que, en algunos casos se dirige al interlocutor o interlocutores, y en otros puede entenderse como una recomendación de carácter general.

- Anímelos a subrayar en el texto de la página 112 las frases que contienen estas estructuras, a ponerlas en común con un compañero y a analizarlas.

- Preste su ayuda si la necesitan.

Palabras para actuar
Describir y valorar: es/me parece + adjetivo + infinitivo

3

Objetivo
Observar las estructuras usadas para describir o valorar y escribir nuestros propios ejemplos.

🎥 9 📄 20-21-22

√ **Observación y reflexión sobre el funcionamiento del sistema formal**

√ **Personalización del aprendizaje**

√ **Competencia intercultural**

Para empezar

- Escriba en la pizarra: **en España no es normal aceptar una invitación a la primera**. Explique a sus alumnos que en España no es normal aceptar una invitación a la primera, no se considera apropiado. Por ello, para los españoles es normal insistir varias veces para que la otra persona acepte.

- Subraye en la frase de la pizarra **es**, **normal** y **aceptar** y diga a sus alumnos que empleamos la estructura **es/me parece** + adjetivo + infinitivo para valorar o describir acciones.

Desarrollo

- Si dispone de los medios necesarios, muestre a sus estudiantes la ficha proyectable 9, donde aparecen diferentes fotografías con diversas costumbres. Invite a sus alumnos a describir lo que ven e identificar qué ocurre en cada una de ellas.

- Remítalos, a continuación, a los andamiajes de este apartado y anímelos a comentar las fotografías de la ficha proyectable 9.

- Pídales que escriban sus propios ejemplos, con costumbres de su país o experiencias que hayan tenido con otras culturas.

- Anímelos a poner sus frases en común con un compañero y, a continuación, haga una puesta en común con todo el grupo.

UNIDAD 8

En español y en otras lenguas
Dirigirse a alguien

4

Objetivo
Observar las formas para dirigirse a alguien según el contexto y compararlas con nuestra lengua materna.

📄 23

√ Observación y reflexión sobre el funcionamiento del sistema formal

√ Personalización del léxico

√ Competencia plurilingüe

Desarrollo

- Recuerde a sus estudiantes que en el vídeo del principio de la unidad, cuando el chico alemán se encuentra con su amiga, esta se dirige a él diciéndole **guapo**.

- Explíqueles que en contextos de mucha confianza (amigos y familia) es muy normal emplear este tipo de términos para dirigirse a la otra persona, de manera cariñosa.

- Remítalos a los andamiajes que tienen en este apartado e invítelos a que, en parejas, analicen los diferentes ejemplos.

- Recuérdeles que las formas **señor** y **señora** únicamente se emplean con la forma **usted**, mientras que llamar a una persona por su nombre de pila nos permite poder elegir entre **tú** (personas de nuestra edad o situaciones no formales) y **usted** (personas mayores o situaciones formales).

- Pida a sus estudiantes que, en grupos, expliquen cómo sería este tipo de tratamientos en su país.

> ❗ **A tener en cuenta**
> Explique a sus estudiantes que, tanto en España como en América Latina, existen muchas formas coloquiales y cariñosas de dirigirse a una persona: **colega**, **pibe**, **amigo**, **flaco**, **pana**... Por otro lado, el hecho de que una persona se dirija a nosotros con este tipo de términos o con otros (**cielo**, **cariño**, **guapo**, etc.) expresa cierta cercanía y afecto, lo que no debe confundirnos o resultarnos incómodo, pues es simplemente una manera afectuosa de hablar.

Reglas y ejemplos
El mismo, la misma, los mismos, las mismas

5

Objetivo
Observar y practicar el uso de algunas unidades léxicas para expresar similitud o igualdad.

√ Observación y reflexión sobre el funcionamiento del sistema formal

√ Personalización del léxico

√ Competencia léxica

Desarrollo

- Remita a sus estudiantes al apartado 5 de la Agenda de aprendizaje 02, pídales que lean las frases que allí aparecen y recuérdeles que al comienzo del texto "El iceberg de la cultura" de la página 112 vieron frases similares.

- Explíqueles que empleamos **el mismo**, **la misma**, **los mismos**, **las mismas** para expresar que se trata de cosas semejantes, muy parecidas o iguales.

- Anímelos a trabajar en parejas y a reescribir la frase que tienen como modelo, cambiando los objetos que aparecen en la misma.

- Haga una puesta en común con las frases de sus estudiantes.

02 Taller de uso

En parejas
Lo normal, lo raro

A

Objetivo
Hablar sobre costumbres en diferentes culturas.

√ Interacción oral

√ Competencia intercultural

Desarrollo

- Remita a sus alumnos a las preguntas de esta actividad y explíqueles que la situación es la siguiente: **invitas a tu compañero a tu casa y te hace estas preguntas**.

- Lea con ellos las preguntas que tienen en la actividad A del Taller de uso 02 y aclare las dudas que pudieran surgir.

- Pídales que comenten con un compañero si les parecen normales, frecuentes o poco frecuentes, o les resultarían muy raras estas situaciones desde la perspectiva de su cultura.

- Anímelos a anotar en su cuaderno las conclusiones que obtengan y a compartir sus ideas con otra pareja.

- Haga una puesta en común con todo el grupo.

UNIDAD 8

B

Objetivo
Escoger cinco costumbres características de nuestra cultura y explicar si nos identificamos con ellas.

√ Competencia léxica

√ Competencias pragmáticas (organizativa y discursiva)

√ Competencia existencial

📘 24-25-26

Desarrollo

• Remita a sus alumnos a las preguntas de la actividad anterior y pídales que escojan las cinco más características de su cultura.

• Puede ponerles un ejemplo: **los españoles, en situaciones poco formales o entre amigos y familiares, se suelen saludar con dos besos o incluso con un abrazo.**

• Forme grupos de tres estudiantes (si es posible de diferente nacionalidad), pídales que compartan las cinco costumbres que han elegido y que expliquen si se identifican con ellas. Remítalos, para ello, a los andamiajes de la actividad B del Taller de uso 02.

• Haga una puesta en común con las aportaciones de sus alumnos y anímelos a comentar las intervenciones de sus compañeros.

En grupos
¿Tú o usted?

C

Objetivo
Decidir si se ha de usar **tú** o **usted** y compararlo con nuestra lengua materna.

√ Competencia pragmática (funcional)

√ Competencia sociocultural

√ Competencia plurilingüe

🎬 10 📘 27-28-29

Desarrollo

• Divida la clase en grupos de tres o cuatro estudiantes y muéstreles las imágenes que tienen en la actividad C del Taller de uso 02. Si dispone de los medios necesarios, muestre la ficha proyectable 10, donde también aparecen estas imágenes.

• Recuérdeles que, dependiendo del contexto y de la persona con la que hablamos, nos dirigimos de una manera u otra. Para ello, remítalos al apartado 4 de la Agenda de aprendizaje 02.

• Pídales que comenten cómo se dirigirían en español (**tú** o **usted**) a las personas que tienen en las fotografías.

• Haga una puesta en común con todo el grupo y pregúnteles cómo lo harían en su lengua.

Archivo de léxico

Palabras en compañía
Hacer

1

Objetivo
Observar las colocaciones con el verbo **hacer**, completar las series y escribir ejemplos.

√ Personalización del léxico

√ Observación y reflexión sobre el funcionamiento del sistema formal

√ Aprender a aprender

🎬 11 📘 30 A-Z Hacer

Desarrollo

• Si dispone de los medios necesarios, muestre la ficha proyectable 11 y lea con sus alumnos las posibles colocaciones con el verbo **hacer**. Si no puede proyectar, remítalos al apartado 1 del Archivo de léxico.

• Anímelos a trabajar en parejas o en pequeños grupos y a completar cada una de las series. Si le parece oportuno, puede emplear un diccionario de uso o uno combinatorio.

• Haga una puesta en común con todo el grupo y complete cada una de las series con las aportaciones de los alumnos.

• Pídales, a continuación, que escriban, al menos, tres ejemplos con las unidades léxicas de la tabla.

• Ofrezca su ayuda y corrija lo que fuera necesario.

En español y en otras lenguas
Diminutivos

2

Objetivo
Observar la formación y el uso de los diminutivos.

√ Competencia léxica

√ Competencia sociocultural

√ Observación y reflexión sobre el funcionamiento del sistema formal

📘 31

Desarrollo

• Remita a sus alumnos a los ejemplos que tienen en este apartado y observe con ellos las palabras destacada.

• Pídales que, en parejas o en grupos de tres personas, identifiquen el uso que tienen los diminutivos en los tres ejemplos y que expliquen si sería similar en su lengua.

• Haga una puesta en común con todo el grupo y aclare a sus estudiantes que en español se emplean los diminutivos, por un lado, para hablar de cosas que por su tamaño son pequeñas, pero también

105

UNIDAD 8

por cortesía, para quitarle valor a algo o para darle un tono más familiar e íntimo.

• Si le parece oportuno, puede comparar el uso de los diminutivos entre las lenguas de sus alumnos.

› **Para ir más allá**
Remita a sus alumnos al texto de *La paella de Pablo* y pídales que identifiquen los diminutivos.

La gramática de las palabras
Superlativos

3

Objetivo
Observar cómo se construyen las formas del superlativo.

√ Competencia léxica

√ Observación y reflexión sobre el funcionamiento del sistema formal

📹 12 📄 32

Desarrollo

• Si dispone de los medios necesarios, muestre a sus estudiantes la ficha proyectable 12 y pídales que observen la gradación que existe entre **una carne rica**, **una carne muy rica**, **una carne riquísima**.

• Explíqueles que, en español, el superlativo se construye de dos maneras: con **muy** + adjetivo; o con el sufijo **-ísimo/-ísima**.

• Dirija la atención de sus estudiantes hacia la muestra de lengua que tienen en el apartado 3 de Archivo de léxico y dígales que empleamos el superlativo para intensificar la fuerza descriptiva de un adjetivo y para enfatizar su significado.

• Pídales que completen la tabla y corríjala con ayuda de la ficha proyectable 12.

Proyectos

Proyecto individual
Costumbres que hay que conocer

A

Objetivo
Realizar una lista con las costumbres que es necesario conocer de una determinada cultura.

√ Expresión escrita

√ Competencia sociocultural

√ Competencia existencial

Para empezar
Remita a sus alumnos al texto "El iceberg de la cultura" y recuérdeles estas dos frases que se dicen en él : "No comprender las "reglas" de otra cultura causa muchos malentendidos, problemas personales y sociales y "Cuando aprendemos un idioma tenemos que aprender a hablar y a callar; saber qué decir, cuándo decirlo y a quién decirlo".

Desarrollo

• Explique a sus estudiantes que van a realizar una "guía de buenas prácticas" para personas que visitan su país.

• Remítalos a los temas que tienen en la actividad A de Proyectos y al ejemplo escrito en la nota y pídales que comenten cada una de los temas con una o dos aportaciones que ellos consideren las más importante que un extranjero debería conocer.

• Si lo considera conveniente, puede pedirles que realicen esta actividad fuera del aula, para poder corregirla y ponerla en común al día siguiente.

B

Objetivo
Hacer una presentación sobre aspectos culturales que un extranjero debe conocer de una cultura determinada.

√ Interacción oral

√ Competencia sociocultural

√ Competencias pragmáticas (funcional y organizativa)

Desarrollo

• Pida a sus estudiantes que preparen una pequeña presentación con las ideas que han escrito en la actividad anterior. Si cuenta con un grupo numeroso donde haya varias nacionalidades, puede animarlos a trabajar en parejas de la misma nacionalidad. Si el grupo es más pequeño, las presentaciones pueden hacerse individualmente.

• Remítalos a la muestra de lengua que se ofrece en el apartado B de Proyectos y anímelos a preparar su presentación sobre los cinco aspectos que consideran más importantes que un extranjero que visita su país debería conocer.

• Explíqueles que tras la presentación sus compañeros podrán hacerles preguntas para comprender mejor sus costumbres o explicar si ellos hacen algo semejante en su cultura.

Proyecto en grupo
Nuestros choques culturales

C

Objetivo
Hacer una lista de los choques culturales existentes con los países hispanohablantes.

√ Competencia intercultural

√ Competencia léxica

√ Expresión escrita

Desarrollo

• Pregunte a sus alumnos si han visitado o vivido en algún país de habla hispana o si conocen a personas que lo hayan hecho.

• Anímelos a hacer una pequeña lista de los choques culturales que hayan vivido o que les hayan contado. Si sus alumnos se encuentran actualmente en algún país hispanohablante, pueden comentar también su experiencia.

UNIDAD 8

› **Para ir más allá**
Si dispone de tiempo y le parece oportuno, puede llevar a clase películas como *Spanglish* o *El ciudadano ilustre*, donde se observan diversos choques culturales o el encuentro entre diversas culturas. Por otro lado, el documental *Bebés* ofrece una visión de cómo nacen y viven bebés de diversos países, entornos y culturas.

D

Objetivo

Comparar experiencias propias con las de otros compañeros.

√ **Interacción oral**

√ **Competencia intercultural**

√ **Competencia pragmática (discursiva)**

Desarrollo

- Forme grupos pequeños y anime a sus estudiantes a conversar sobre los choques culturales que han anotado en la lista de la actividad anterior.

- Pídales que comparen sus listas con las de los demás miembros del grupo y que observen si tuvieron choques culturales semejantes.

- Haga una puesta en común con todo el grupo y comenten las experiencias semejantes y cómo actuaron.

UNIDAD 9

DE IDA Y VUELTA

Punto de partida

Nube de palabras
Cambios y experiencias

A

Objetivo
Introducir el tema de la unidad a partir del título y de la imagen de la nube de palabras.

√ Competencia léxica

√ Activación de conocimientos previos

Para empezar

• Remita a sus alumnos al título de la unidad y pregúnteles en qué contextos se usa la expresión **de ida y vuelta**. Si no lo mencionan, recuérdeles que se usa en el contexto de los viajes, para hablar de un billete de un medio de transporte (tren, autobús, avión, etc.).

• Relacione las palabras **ida** y **vuelta** con los verbos **ir** y **volver**. Anímelos a hacer hipótesis sobre el tema de la unidad: **los viajes**.

Desarrollo

• Si dispone de los medios necesarios, muestre a sus estudiantes la ficha proyectable 1 con la nube de palabras y anímelos a nombrar el vocabulario que conocen. Si no dispone de medios para proyectar, haga la misma actividad, pero remitiendo a sus estudiantes a la nube de palabras de la página 118.

• Remítalos, a continuación, a la actividad A del Punto de partida y pídales que seleccionen una palabra de la nube para cada una de las series. Anímelos a trabajar en parejas.

• Haga una puesta en común con todo el grupo.

Propuesta de solución

Echar de menos **a mi novio**, **a mi familia**, **mi ciudad**; ir/volver **a casa, a mi país, del trabajo**; recorrer **todo el sur del país, quinientos kilómetros a pie, la Antártida**; tenía **muchos amigos en el Colegio, una casa muy bonita, un perro que se llamaba Pancho**; cambiar **de vida, de casa, de trabajo**; ¿qué piensas hacer **después de clase, el verano que viene**, el **fin de semana?**; Cuando era: **estudiante, joven, niño**; Pasar unos años: **en otro país, viajando, sin trabajar**.

Vídeo
El viaje de Iván y Mónica

B

Objetivo
Ver un vídeo sobre los cambios en la vida de dos personas.

√ Competencia léxica

√ Competencia audiovisual

√ Competencia existencial

Para empezar

• Explique a sus alumnos que van a ver un vídeo en el que dos personas hablan de un viaje que hicieron y de sus vidas antes y después del mismo.

• Pregúnteles: ¿**Habéis hecho algún viaje que os haya cambiado la vida o vuestra forma de pensar?** Deles tiempo para contestar y para compartir sus experiencias con el resto de compañeros.

Desarrollo

• Entregue a sus estudiantes la ficha fotocopiable 1 y lea con ellos las preguntas de la sección A. Pídales que las contesten después de haber visto el vídeo.

• Anímelos a poner en común sus respuestas con un compañero.

• Vuelva a poner el vídeo y pídales que respondan a las preguntas de la sección B de la ficha fotocopiable 1.

• Invítelos a compartir sus respuestas con un compañero y haga una puesta en común con todo el grupo.

UNIDAD 9

• Si dispone de los medios necesarios, muestre a sus estudiantes la ficha proyectable 2 y pídales que completen las columnas con la máxima información de la que dispongan.

🔑 **Solución de la ficha fotocopiable 1**

A
1. Muy estresante, solo trabajo y casa, con problemas de salud a causa del estrés; **2.** Un viaje por América Central; **3.** Conocieron todo tipo de gente, trabajaron en una escuela con niños de la calle y vivían en la naturaleza; **4.** Su vida ahora es más relajada; **5.** Disfrutar de sus hijas y su familia y planean un viaje alrededor del mundo con sus hijas.

B
1. México, Guatemala, Honduras y Nicaragua; **2.** Su vida era muy diferente. Vivían en la naturaleza, en casas sin puertas, con camas colgadas y todo lleno de bichos; **3.** La forma de ver y afrontar la vida y el trabajo; **4.** Iván es guía de viajes y profesor de antropología e historia de las religiones y Mónica trabaja en ayuntamientos pequeños.

❗ **A tener en cuenta**   📘 29-30-31-32
Para un trabajo más detallado sobre el vídeo, le recomendamos que al final de la unidad realice con sus estudiantes los ejercicios 29, 30, 31 y 32 del Cuaderno de ejercicios.

› **Para ir más allá**
En un momento del vídeo, Mónica afirma que, tras el viaje, su forma de ver la vida ha cambiado y que ahora **trabaja para vivir y no vive para trabajar**. Escriba esta frase en la pizarra y divida a sus alumnos en grupos de cuatro personas. Pídales que decidan cuáles son las tres o cuatro cosas más importantes que pierdes en tu vida si solo vives para trabajar.

C

Objetivo
Hacer una descripción de las personas que aparecen en el vídeo.

√ **Competencia léxica**

√ **Competencia sociocultural**

Desarrollo

• Pregunte a sus estudiantes: **¿Cómo son Iván y Mónica?** Apunte en la pizarra las palabras clave de sus intervenciones.

• Pídales que, en parejas, elijan los tres adjetivos que definen mejor a Iván y a Mónica.

• Anímelos a comparar sus respuestas con otros compañeros y a comprobar si coinciden o no.

• Haga una puesta en común con todo el grupo.

01 Kilómetros de sonrisas

Antes de leer
El biciclown

A

Objetivo
Hacer hipótesis sobre el contenido del texto a partir del título y de las imágenes.

√ **Competencia léxica**

√ **Interacción oral**

√ **Construcción de hipótesis**

Desarrollo

• Llame la atención de sus alumnos sobre las fotografías de la página 120 y pregúnteles: **¿Qué creéis que hace este hombre? ¿A qué se dedica?** Anímelos a formular hipótesis al respecto.

• Pídales, a continuación, que se fijen en el título del texto, "Kilómetros de sonrisas". Anímelos a deducir el contenido del texto a partir del dibujo que tienen junto al título.

Texto y significado
La aventura de Álvaro

B

Objetivo
Leer el texto y comentarlo con un compañero.

√ **Comprensión de lectura**

√ **Interacción oral**

📘 1   📖 2   A-Z Parecer (3)

Desarrollo

• Pida a sus alumnos que lean el texto para comprobar sus hipótesis de la actividad anterior y para saber más sobre la vida de Álvaro Neil, el personaje de las fotografías.

• Escriba en la pizarra las siguientes preguntas y pídales que las contesten: **¿Qué hace Álvaro Neil? ¿Desde cuándo? ¿Qué hacía antes? ¿En qué países ha estado? ¿Cuáles son sus planes?** Déjeles un tiempo para trabajar de manera individual.

• Anímelos a comparar sus respuestas con las de un compañero y a comentar sus impresiones sobre lo que dice el texto: qué les ha sorprendido más, qué les parece lo que hace Álvaro, cómo lo describirían, etc.

• Haga una puesta en común con todo el grupo. Remítalos al modelo de lengua que tienen en la actividad B del Dosier 01 y, si lo considera necesario, revise algunas expresiones que usamos para hacer valoraciones, como **me parece**, o algunos adjetivos para describir el carácter de las personas.

109

UNIDAD 9

> **A tener en cuenta**
> Llame la atención de sus alumnos sobre la frase con la que empieza el texto en la página 120: **Érase una vez...** Explíqueles que se trata del modo tradicional con el que empiezan los cuentos e historias en español.

C

Objetivo
Hacer hipótesis sobre los motivos por los que Álvaro decidió dar la vuelta al mundo.

√ **Construcción de hipótesis**

√ **Competencia léxica**

√ **Activación de conocimiento del mundo**

Desarrollo

- Diga a sus estudiantes que este podría ser un breve resumen del texto que acaban de leer: **Álvaro vivía en Madrid y tenía un buen trabajo, pero un día decidió dejarlo todo para dar la vuelta al mundo como embajador de la organización Payasos sin Fronteras**.

- Pregunte a sus estudiantes: **¿Por qué creéis que tomó esta decisión? ¿Por qué decidió hacer este viaje? ¿Para qué?**

- Escriba en la pizarra las hipótesis de sus estudiantes e invítelos a argumentar sus respuestas.

Texto y lengua
Marcadores y conectores temporales

D

Objetivo
Señalar en el texto marcadores y conectores temporales.

√ **Comprensión de lectura**

√ **Competencia léxica**

√ **Observación de funcionamiento del sistema formal**

Desarrollo

- Remita a sus alumnos al texto de la página 121 y pídales que subrayen en él las palabras o expresiones que hacen referencia a fechas o periodos de tiempo. Puede darles algunos ejemplos: **En 2001, ese mismo año**...

- Haga una puesta en común con todo el grupo.

Solución
En 2001, ese mismo año, desde aquel día, el 18 de octubre, durante los dos años siguientes, en 2003, un año más tarde, en noviembre de 2004, durante los dos años siguientes, a finales de 2007, de 2008 a 2011, en 2011, en 2014, en 2016, durante esos años, actualmente.

E

Objetivo
Escribir una cronología con las expresiones temporales del texto.

√ **Expresión escrita**

√ **Competencia léxica**

√ **Competencias pragmáticas (discursiva y organizativa)**

Desarrollo

- Explique a sus alumnos que van a realizar una cronología del viaje de Álvaro.

- Si dispone de los medios necesarios, muestre a sus estudiantes la ficha proyectable 3 y pídales que completen la línea de tiempo que allí aparece. Si no tiene la posibilidad de proyectar, dibuje una línea en la pizarra y, con ayuda de sus estudiantes, escriba las fechas importantes de la vida de Álvaro Neil.

- Anímelos a trabajar en parejas e indíqueles que deben emplear las palabras o expresiones temporales que subrayaron en el texto en la actividad anterior.

- Invítelos a compartir lo que han escrito con otra pareja y a comparar si existen muchas diferencias o elementos que no se han añadido.

- Haga una puesta en común con todo el grupo.

Propuesta de solución
En 2001: deja su vida en España y comienza su viaje como biciclown. Viaja a América del Sur.
En 2002: recorre diversos países de América del Sur.
En 2003: vuelve a España para preparar su siguiente proyecto.
En 2004: se va de España a recorrer el mundo.
Entre 2005 y 2006: recorre África.
A finales de 2007: llega a Jordania.
Entre 2008 y 2011: recorre toda Asia.
En 2011: llega a Nueva Zelanda.
En 2014: recorre Estados Unidos.
En 2016: recorre países del norte de Europa (Suecia, Noruega, Lituania y Polonia).

› **Para ir más allá**
Puede realizar la cronología de la vida de Álvaro Neil sirviéndose de algunas herramientas web como TimeToast o Tiki-Toki. Podrá crear con ellas líneas de tiempo visualmente muy atractivas e incluir fotografías. Además, si dispone de un espacio virtual para su clase, podrá compartirlas en él.

UNIDAD 9

F

Objetivo
Buscar en la página web de Álvaro Neil las razones por las que hizo su viaje.

√ **Comprensión de lectura**

√ **Investigación en internet**

√ **Memoria a corto y largo plazo**

Desarrollo

- Invite a sus alumnos a entrar en la página de Álvaro Neil (www.biciclown.com) y buscar las razones por las que decidió convertirse en biciclown.

- Propóngales que trabajen en grupos de cuatro personas y fije un tiempo para la búsqueda.

- Adviértales de que no van a encontrar la respuesta exacta a lo que buscan, sino que tendrán que inferirlo a partir de los textos, extraer sus propias conclusiones y expresarlo con sus propias palabras.

- Anímelos a poner en común con otro grupo los resultados de la búsqueda y a comparar sus respuestas.

- Haga que cada grupo presente sus conclusiones al resto de la clase. Remítalos, para ello, al andamiaje que tienen en la actividad F del Dosier 01. Pídales que expliquen también en qué lugares de la web han encontrado la información en la que se basan.

- Anímelos a comparar los resultados de su investigación con las hipótesis que hicieron en la actividad C de este Dosier.

G

Objetivo
Buscar en la página web de Álvaro Neil dónde se encuentra actualmente y qué está haciendo.

√ **Comprensión de lectura**

√ **Investigación en internet**

√ **Memoria a corto y largo plazo**

📖 2

Desarrollo

- Mantenga los grupos de la actividad anterior y pídales que busquen información sobre el lugar en el que se encuentra Álvaro en este momento y qué proyecto está llevando a cabo. Si lo considera conveniente, pídales que hagan esta actividad fuera del aula.

- Realice una puesta en común con todo el grupo.

Texto y significado
El viaje de Alicia

H

Objetivo
Escuchar una conversación sobre un viaje y contestar a diversas preguntas sobre el mismo.

√ **Comprensión auditiva**

√ **Competencia léxica**

🔊 52   📹 4   📄 2   📖 3

Para empezar

Si dispone de los medios necesarios, muestre a sus estudiantes la ficha proyectable 4. En ella aparecen varias imágenes relacionadas con el audio que van a escuchar. Pregúnteles a sus alumnos si las reconocen.

Desarrollo

- Explique a sus alumnos que van a escuchar una conversación entre dos amigas en la que Alicia cuenta sus experiencias e impresiones sobre un viaje que ha realizado.

- Entrégueles la ficha fotocopiable 2 y pídales que respondan a las preguntas de la sección A.

- Anímelos a comparar sus respuestas con las de un compañero y aclare dudas que hayan podido surgir.

- Vuelva a poner el audio y pídales que completen la sección B de la ficha fotocopiable 2.

- Haga una puesta en común con todo el grupo.

🔑 **Solución de la ficha fotocopiable 2**

A
1. 9 meses; **2.** Perú, Chile, Bolivia y Brasil; **3.** Trabajó en un proyecto con mujeres tejedoras del Valle Sagrado de los Incas; **4.** El proyecto en Perú, porque estuvo en contacto con las personas y la cultura y conoció a mucha gente.

B
1. Un mes; **2.** Visitó comunidades rurales de la zona y trabajó con mujeres tejedoras; **3.** Ropa, ponchos, zapatos, chullos, muñecas; **4.** Poder vender los productos que realizan las mujeres tejedoras en tiendas de comercio justo en España.

› **Para ir más allá**
Pida a sus estudiantes que realicen la última sección de la ficha fotocopiable 2. Anímelos a buscar en internet información sobre tiendas de comercio justo, qué venden, de dónde son los productos que pueden encontrar, cómo se fabrican, si hay alguna en su ciudad, etc.

UNIDAD 9

01 Agenda de aprendizaje

Palabras para actuar
Marcadores y conectores temporales

1

Objetivo
Conocer el uso de diferentes marcadores y conectores temporales.

√ Observación y reflexión sobre el funcionamiento del sistema formal

√ Competencia pragmática (funcional)

√ Personalización del aprendizaje

📹 5 📄 4-5

Para empezar
Si dispone de los medios necesarios, muestre a sus estudiantes la ficha proyectable 5. Si no puede proyectar la ficha, remita a sus alumnos al apartado 1 de la Agenda de aprendizaje 01.

Desarrollo
- Pida a sus estudiantes que observen las frases y las ilustraciones que las acompañan. Déjeles unos minutos para leerlas y anímelos a expresar sus dudas.
- Diga a sus estudiantes que, de manera individual, escriban ejemplos sobre su propia vida.
- Forme grupos de tres estudiantes y anímelos a compartir las frases que han escrito. Sugiérales que pidan más información sobre los hechos de la vida de sus compañeros que les parezcan interesantes.
- Haga una puesta en común con todo el grupo y pida a sus estudiantes que expresen qué cosas de la vida de sus compañeros les han parecido interesantes o curiosas.

En español y en otras lenguas
Países, regiones y ciudades con artículo

2

Objetivo
Observar qué nombres de ciudades y regiones llevan o pueden llevar artículo.

√ Observación y reflexión sobre el funcionamiento del sistema formal

√ Competencia léxica

📄 6-7-8

Para empezar
Remita a sus estudiantes al texto del Dosier 01 y pídales que busquen los países y ciudades en los que ha estado Álvaro Neil. Escriba en la pizarra las respuestas de sus estudiantes y hágales ver que la mayoría de los países y ciudades no llevan artículo, pero dígales que algunos sí lo llevan (en el texto se menciona La Paz).

Desarrollo
- Remita a sus alumnos al apartado 2 de la Agenda de aprendizaje 01 y pídales que observen los ejemplos de países, ciudades y regiones que llevan artículo.
- Llame su atención sobre la diferencia entre los que tienen que llevar artículo porque forma parte del nombre (**El** Cairo o **El** Salvador), los que suelen llevarlo porque incluyen un nombre común (**la** República Checa o **el** País Vasco) y los que pueden aparecer con o sin artículo (**(el)** Perú).
- Invítelos a comparar cómo serían los nombres de estas ciudades, regiones o países en sus lenguas y si existe algo parecido al artículo.

01 Taller de uso

En parejas
La vida de Paulina. Dictado cooperativo

A

Objetivo
Reconstruir la vida de una mujer a partir de las imágenes.

√ Construcción de hipótesis

√ Competencia sociocultural

√ Competencia léxica

📹 6

Desarrollo
- Si dispone de los medios necesarios, muestre a sus estudiantes la ficha proyectable 6 con las imágenes de la vida de Paulina. Si no dispone de estos medios, remita a sus alumnos a las imágenes de la actividad A del Taller de uso 01.
- Explíqueles que van a escuchar un audio donde se cuenta la vida de Paulina, pero antes deben de reconstruir su biografía a partir de las imágenes.
- Anímelos a trabajar en parejas y a hacer hipótesis sobre los hechos que representan cada una de las imágenes de las ilustraciones.
- Invítelos a compartir sus hipótesis con otra pareja y a comentar las diferencias que encuentren.

UNIDAD 9

B

Objetivo
Escuchar un audio y comprobar las hipótesis realizadas en la actividad anterior.

🔊 53

> √ Competencia pragmática (funcional)
> √ Comprensión auditiva
> √ Competencia léxica

Desarrollo

- Explique a sus alumnos que van a escuchar el audio con la biografía de Paulina.
- Pídales que tomen nota de todo lo que entiendan para comparar con las hipótesis que habían hecho en la actividad anterior.
- Anímelos a poner en común sus notas con un compañero y aclare posibles dudas que puedan surgir.

C

Objetivo
Escuchar de nuevo el audio y completar las notas sobre el contenido.

🔊 53

> √ Competencia pragmática (funcional)
> √ Comprensión auditiva
> √ Competencia léxica

Desarrollo

- Vuelva a poner el audio sobre la biografía de Paulina.
- Pida a sus alumnos que completen las notas que han tomado en la actividad anterior.
- Anímelos a ponerlas en común con un compañero y aclare posibles dudas de vocabulario.

D

Objetivo
Reconstruir una biografía a partir de las notas tomadas de un audio.

> √ Competencia léxica
> √ Competencias pragmáticas (discursiva y funcional)
> √ Expresión escrita

Desarrollo

- Explique a sus alumnos que deben reconstruir la biografía de Paulina (tal y como aparece en el audio) a partir de las notas que han tomado durante la audición.
- Anímelos a trabajar en grupos de cuatro personas y a compartir sus notas con los compañeros de clase.

- Pídales que organicen las notas que han tomado y que escriban entre todos un único texto.
- Pase por los grupos y ofrezca su ayuda.

E

Objetivo
Comparar el texto de la actividad anterior con el de otros compañeros.

> √ Comprensión de lectura
> √ Observación y reflexión sobre el funcionamiento del sistema formal

Desarrollo

- Explique a sus alumnos que deben comparar su texto con el de otro grupo. Pídales que comprueben si han empleado bien, tanto los verbos en pasado, como los marcadores y conectores temporales.
- Invite a sus estudiantes a proponer mejoras para el texto que han escrito los compañeros de otros grupos.

F

Objetivo
Realizar una versión definitiva de la biografía de Paulina y comprobar con la transcripción.

> √ Competencia léxica
> √ Expresión escrita
> √ Aprender a aprender

Desarrollo

- Explique a sus estudiantes que deben comparar el texto que han escrito en la actividad D de este Dosier con la transcripción del audio.
- Pídales que realicen una última revisión de su texto consensuada entre todos los miembros del grupo.
- Proyecte la transcripción del audio o entrégueles el texto fotocopiado e invítelos a marcar en otro color las diferencias.
- Pase por los grupos, compruebe las diferencias que pueda haber en los textos y aclare las dudas que puedan surgir durante el proceso.

UNIDAD 9

02 Volver a Buenos Aires

Antes de leer
Argentina: ida y vuelta

A
Objetivo
Poner en común los conocimientos sobre Buenos Aires.

√ Construcción de hipótesis

√ Activación de conocimiento del mundo

Desarrollo

• Pregunte a sus alumnos: **¿Qué sabéis sobre Buenos Aires?** En caso de contar con un grupo numeroso, anímelos a poner en común en pequeños grupos sus conocimientos sobre Buenos Aires.

• Si sus alumnos no tuviesen muchos conocimientos sobre Buenos Aires, puede pedirles que hagan una búsqueda en Wikipedia. Anímelos a que, en pequeños grupos, busquen algunos datos, como gentilicio, población, barrios, atractivos turísticos o localización.

• Haga una puesta común con todo el grupo.

B
Objetivo
Construir hipótesis sobre el contenido del texto a partir del título del mismo.

√ Competencia léxica

√ Construcción de hipótesis

√ Activación de conocimiento del mundo

Para empezar

• Remita a sus estudiantes a las imágenes que acompañan al texto del Dosier 02 y pregúnteles si saben qué ciudades representan. Es posible que reconozcan algunas de ellas, como el Partenón de Atenas o la Casa Milà de Barcelona.

• Déjeles que las describan e intenten deducir en qué lugares están tomadas. Pídales que se fijen también en los destinos marcados en el mapa: España, Italia, Grecia y Buenos Aires.

Desarrollo

• Remita a sus estudiantes al título del texto, "Volver a Buenos Aires", y anímelos a que hagan hipótesis sobre el contenido del mismo.

• Haga una puesta en común con todo el grupo y anote las palabras clave en la pizarra.

🔑 **Solución**

Fotografías: Buenos Aires (Argentina), Barcelona (España), Atenas (Grecia), Bogliasco (Italia).

C
Objetivo
Comentar con los compañeros si en nuestra ciudad hay personas de América Latina.

√ Activación de conocimiento del mundo

√ Competencia existencial

Desarrollo

• Pregunte a sus alumnos si conocen a alguna persona de Argentina y qué relación tienen con ella.

• Anímelos a hablar en grupos sobre la comunidad latina que pueda haber en su ciudad, si conocen a personas de algún país de América Latina, qué relación tienen con ellos, etc.

• Haga una puesta en común con los comentarios de cada grupo.

Texto y significado
De Kallithea a Almagro

D
Objetivo
Leer la introducción del texto "Volver a Buenos Aires" y hablar sobre los argentinos que viven fuera de su país.

√ Construcción de hipótesis

√ Activación de conocimiento del mundo

√ Comprensión de lectura

📄 9·10·11

Para empezar

• Pregunte a sus alumnos si conocen a alguien de otro país que viva en el lugar donde ellos viven y anímelos a contar lo que sepan de él: por qué se fue de su país, qué hace, si tiene pensado regresar, etc.; dígales que a estas personas se les llama **inmigrantes**.

• Hágales, a continuación, esta pregunta: **¿Cómo se llaman las personas que salen de su país para ir a vivir a otro país?** Ayúdelos a llegar a la respuesta: **emigrantes**.

• Pregúnteles si Argentina es un país de **emigrantes** o de **inmigrantes** y anímelos a hablar sobre ello en pequeños grupos.

Desarrollo

• Pida a sus estudiantes que lean la introducción del texto y pregúnteles si hay algún dato que les sorprenda. Probablemente mencionarán el elevado número de inmigrantes. Explíqueles que entre 1850 y 1939, aproximadamente, llegaron muchos inmigrantes, la mayoría de España e Italia, pero también de otros países, como el Líbano o Siria, y, tras la Segunda Guerra Mundial, de Alemania.

• Pregunte a sus estudiantes si en su país de origen hay más emigrantes que inmigrantes y averigüe las causas.

UNIDAD 9

E

Objetivo
Leer una entrevista a una mujer argentina que ha regresado a su país.

√ **Competencia léxica**
√ **Comprensión de lectura**

🔲 7 📖 12-13

Para empezar

• Explique a sus alumnos que van a leer una entrevista a Bibiana, una mujer argentina que vivió durante un tiempo fuera de su país.

Desarrollo

• Invite a sus estudiantes a leer, de manera individual, la entrevista a Bibiana e identificar las fotografías que tienen relación con su vida. Sugiérales que lo comenten con un compañero.

• Haga una puesta en común con todo el grupo y pregunte: **¿Dónde ha vivido Bibiana? ¿A qué se dedicaba allí? ¿Dónde vive ahora? ¿A qué se dedica ahora?**

• Proponga a sus alumnos que vuelvan a leer la entrevista y que escriban en la tabla que tienen en la actividad E del Dosier 02 los aspectos positivos y los aspectos negativos de la vida de Bibiana en Atenas y en Buenos Aires.

• Invítelos a comparar sus notas con las de un compañero y luego haga una puesta en común con todo el grupo. Tenga en cuenta que algunos aspectos pueden ser considerados positivos o negativos, según la interpretación.

• Anímelos a que valoren, en pequeños grupos, los cambios que ha habido en la vida de Bibiana. Remítalos, para ello, a los andamiajes de la actividad.

• Si dispone de los medios necesarios, muestre a sus estudiantes la ficha proyectable 7 y escriba sobre ella los aspectos positivos y los negativos de la estancia de Bibiana en Atenas y Buenos Aires.

› **Para ir más allá**
Pregunte a sus alumnos si alguien ha vivido en otra ciudad diferente a la que vive en la actualidad. Anímelos, en grupos, a compartir sus experiencias.

🔑 Propuesta de Solución

Antes, en Atenas

☺
Vivía en un piso grande, cerca del mar y del centro de la ciudad. Tenía su propia academia de español. Tenía una vida muy organizada.

☹
Vivía en un piso viejo. Su barrio tenía mucho tráfico. Trabajaba mucho.

Ahora, en Buenos Aires

☺
Vive en un barrio cerca del centro de la ciudad. El barrio le gusta mucho por su vida cultural y porque tiene todo lo necesario. Tiene muchos amigos y su trabajo le gusta.

☹
Su piso es muy pequeño. Echa de menos a sus amigos de Atenas, su casa y el mar.

Texto y significado
Carolina y Graciela

F

Objetivo
Escuchar unas entrevistas y relacionar su contenido con el del texto de la actividad anterior.

√ **Competencia léxica**
√ **Comprensión auditiva**
√ **Activación de conocimiento del mundo**

🔊 54-55 🎬 8 📄 3 📖 14

Para empezar

Explique a sus alumnos que van a escuchar dos entrevistas a otras dos mujeres argentinas que, como Bibiana, han vivido en Europa. Adviértales de que las entrevistas son largas y proporcionan mucha información.

Desarrollo

• Una vez que han escuchado a las dos mujeres, pregunte a sus estudiantes: **¿Qué tienen en común las vidas de Carolina, Graciela y Bibiana? ¿Qué es diferente?** Si lo considera conveniente, escriba estas preguntas en la pizarra.

• Entrégueles la ficha fotocopiable 3 y remítalos a la sección A. Dígales que van a escuchar de nuevo el audio y pídales que tomen notas sobre la información que se les pide.

• Si dispone de los medios necesarios, muestre a sus estudiantes la ficha proyectable 8 para hacer una puesta en común. Si no dispone de medios para proyectar, escriba las respuestas en la pizarra.

• Remita a sus estudiantes a la sección B de la ficha fotocopiable 3 y vuelva a poner el audio. Pídales que completen las frases.

• Haga una puesta en común con todo el grupo y aclare las dudas que puedan surgir.

• Remítalos a la sección C de la ficha fotocopiable 3, pídales que la completen con un compañero y haga después una puesta en común con todo el grupo.

🔑 Solución de la ficha fotocopiable 3

A
Carolina: Era camarera, trabajaba en un café, primero en la barra y luego fue encargada; vivía en Barcelona, en el barrio Gótico, en un departamento muy antiguo; se lo pasó muy bien, viajó mucho y conoció mucha gente diferente.
Ahora es actriz y da clases de teatro para jubilados; vive en Buenos Aires, en San Telmo, en un apartamento antiguo y muy luminoso; echa de menos la playa, estar cerca de la montaña, el ritmo de la ciudad y los amigos.
Graciela: Era ama de casa, llevaba una vida muy tranquila; vivía en un departamento en un pueblo cerca de Génova, al lado del mar; era un poco aburrido; tenía un grupo grande de amigos y familia; fue una experiencia fantástica, aprendió italiano, conoció muchos lugares de Europa.
Ahora trabaja como secretaria-recepcionista en una escuela de arte y está estudiando Sociología; vive en Buenos Aires, en el barrio de La Boca, en un departamento moderno, chiquitito; echa

115

UNIDAD 9

de menos la comida italiana, estar cerca del mar, estar en un lugar chiquitito.

B
1. departamento; **2.** La pasé rebién; **3.** extraño; **4.** relindos; **5.** extraño; **6.** acá

C
muy bonitos: relindos; **echo de menos:** extraño; **apartamento/ piso:** departamento; **me lo pasé muy bien:** la pasé rebién; **aquí:** acá

> **A tener en cuenta**
> Llame la atención de sus estudiantes sobre algunas características propias de la variante dialectal rioplatense. Pregunte a sus alumnos en qué notan que las dos entrevistadas son argentinas. Puede que hagan alusión a aspectos relacionados con la pronunciación (como la pronunciación de la **y** o de la **ll**) o a algunas palabras, como **departamento**, **acá**, etc.

G

Objetivo
Anotar los planes de futuro de las tres mujeres argentinas entrevistadas.

√ **Competencia léxica**
√ **Comprensión auditiva**
√ **Comprensión escrita**

Desarrollo

• Recuerde a sus alumnos que Bibiana, Carolina y Graciela hablan al final de sus entrevistas sobre sus planes de futuro. Permítales que vuelvan a leer el texto y ponga de nuevo el final del audio.

• Anímelos a contestar las preguntas **¿Dónde va a estar?** y **¿Qué va a hacer?** que aparecen en esta actividad G del Dosier 02 y luego pídales que comparen sus respuestas con las de un compañero.

• Si dispone de los medios necesarios, muestre la ficha proyectable 9 y haga la corrección escribiendo sobre ella.

Solución

Bibiana	Va a estar en Buenos Aires; va a mudarse de departamento; va a seguir con su trabajo en la academia y va a terminar su doctorado.
Carolina	Va a estar en Argentina; en Navidad va a ir a España y a Francia; en los próximos meses va a viajar por su país con su compañía de teatro y, si encuentra un local adecuado, va a abrir una escuela.
Graciela	Va a estar en Buenos Aires; su hija va a tener un bebé; y los próximos años, ella y su marido van a disfrutar de su hija y de su primer nieto.

02 Agenda de aprendizaje

Reglas y ejemplos
Perífrasis verbales: ir a + infinitivo, pensar + infinitivo

1

Objetivo
Comprender el uso de la perífrasis **ir a** + infinitivo y **pensar** + infinitivo para hablar de planes de futuro.

√ **Observación y reflexión sobre el funcionamiento del sistema formal**
√ **Personalización del aprendizaje**
√ **Competencia existencial**

Para empezar

• Pregunte a sus estudiantes si recuerdan alguno de los planes de las tres mujeres argentinas de las actividades anteriores. Escriba alguna de las frases, como por ejemplo **voy a seguir en la academia** o **¿piensas volver a Grecia?**

• Explíqueles, a continuación, que para referirnos a los planes que tenemos para el futuro podemos usar las perífrasis **ir a** + infinitivo o **pensar** + infinitivo.

Desarrollo

• Si dispone de los medios necesarios, muestre la ficha proyectable 10; si no, remita a sus alumnos a las frases que aparecen en este apartado.

• Pregúnteles por la estructuras que se usan en su lengua materna para expresar planes de futuro. Permítales que lo discutan con compañeros de su misma nacionalidad.

• Anímelos a comentar las diferencias y semejanzas que encuentren.

• Invítelos a escribir planes para el el futuro remitiéndolos a la última parte del apartado 1 de la Agenda de aprendizaje 02.

• Haga una puesta en común con todo el grupo.

UNIDAD 9

Palabras para actuar
Preguntas y respuestas sobre el pasado

2

Objetivo
Escribir preguntas para conocer aspectos de la vida del profesor

√ Observación y reflexión sobre el funcionamiento del sistema formal

√ Personalización del aprendizaje

√ Competencia sociocultural

📄 19

Desarrollo

• Explique a sus alumnos que van a preparar tres preguntas que podrán realizarle a usted para conocer aspectos de su pasado.

• Remítalos a los andamiajes que tienen en el apartado 2 de la Agenda de aprendizaje 02 y aclare las dudas que hubiera.

• Anímelos a trabajar en parejas y a formular las preguntas tomando como modelo los andamiajes de este apartado. Ofrezca su ayuda mientras trabajan.

• Pídales, a continuación, que pongan en común las preguntas con los demás compañeros, a fin de no repetir ninguna.

• Anímelos a que le hagan las preguntas por turnos y comente con ellos aspectos curiosos.

En español y en otras lenguas
Conectores lógicos

3

Objetivo
Reflexionar sobre el uso y el significado de algunos conectores del discurso.

√ Observación y reflexión sobre el funcionamiento del sistema formal

√ Competencia plurilingüe

📽 11   📄 20-21-22

Desarrollo

• Muestre a sus estudiantes la ficha proyectable 11 o remítalos al apartado 3 de la Agenda de aprendizaje 02 y lea con ellos los ejemplos que aparecen en él.

• Llame su atención sobre los andamiajes, que incluyen conectores del discurso de diferente tipo. Explíqueles que **en cambio** expresa un contraste con lo que se ha dicho antes y que por eso expresa una relación de causa y efecto entre dos partes de la oración.

• Dígales que **la verdad es que** introduce un matiz expresivo (por ejemplo, si el hablante introduce una información que considera inesperada); **o sea que**, reformula la idea o introduce una conclusión; **además,** añade información; **por eso** expresa una consecuencia

• Anímelos a comparar estos conectores y expresiones con los que existen en su lengua materna o en otra lengua que conozcan y haga que lo pongan en común con un compañero.

02 Taller de uso

En grupo
La vida de nuestros abuelos

A

Objetivo
Hacer comparaciones sobre la vida de nuestros abuelos y la nuestra.

√ Competencia léxica

√ Interacción oral

√ Activación de conocimiento del mundo

📄 23-24-25-26

Para empezar

• Pregunte a sus estudiantes: **¿Hay muchas diferencias entre vuestra vida y la de vuestros abuelos?** Anímelos a mencionar algunas. Puede darles este ejemplo: **mi abuelo empezó a trabajar a los 10 años. En cambio, yo empecé a los 23, después de mis estudios en la universidad.**

• Anímelos a discutir sobre el tema. Pídales que reflexionen acerca de **cómo era** y **cómo es ahora** la vida en los diferentes ámbitos que tienen en la actividad A del Taller de uso 02 y a discutir sobre qué ha mejorado y qué ha empeorado.

• Haga una puesta en común e invítelos a reflexionar sobre las propuestas de los compañeros.

> **❗ A tener en cuenta**
> En esta actividad se pretende que sus alumnos reflexionen sobre los cambios que se han producido en distintos ámbitos de la vida durante el último siglo, pero partiendo de casos concretos de su entorno, lo que les llevará a involucrarse en la discusión de forma personal e influirá de una manera positiva en la motivación y en la significatividad de la interacción.

UNIDAD 9

En parejas
Cambios

B

Objetivo
Buscar información sobre un personaje o un lugar y hablar de los cambios que ha sufrido.

√ Competencia léxica

√ Competencia pragmática (organizativa y discursiva)

√ Activación de conocimiento del mundo

Para empezar

• Muestre a sus alumnos la fotografía de Shakira y pregúnteles si saben quién es. Si no lo saben, dígales usted de quién se trata.

• Muéstreles, a continuación, una fotografía actual de Shakira y pregúnteles: **¿Cómo ha cambiado?**

Desarrollo

• Explique a sus estudiantes que van a preparar una exposición oral sobre los cambios que se han producido en un lugar o en la vida de un personaje.

• Anímelos a formar grupos y a decidir el lugar o el personaje del que van a hablar.

• Invítelos a buscar fotografías del pasado y del presente y a preparar su presentación basándose en ellas.

• Sugiera a sus estudiantes que propongan preguntas a sus compañeros durante o después de cada presentación.

• Comente con ellos los cambios más sorprendentes.

En grupos
Nuestras aventuras

C

Objetivo
Preparar un plan de viaje y presentarlo a los compañeros.

√ Competencia pragmática (funcional)

√ Competencia existencial

Para empezar

• Pregunte a sus alumnos si les gustaría hacer un viaje como el del biciclown o vivir alguna otra aventura. Haga una pequeña puesta en común con sus ideas o aportaciones.

Desarrollo

• Invítelos a formar grupos de tres o cuatro personas y dígales que piensen en un plan que les gustaría hacer o una aventura que les gustaría vivir. Déjeles un tiempo para que lleguen a un acuerdo y remítalos, después, a la ficha que tienen en la actividad C del Taller de uso 02 para que les sirva de guion.

• Recuérdeles algunas de las expresiones para expresar sugerencias: **¿y si?, ¿por qué no?, ¿qué os parece si?**, etc., o para expresar deseos: **a mí me gustaría**...

• Revise el uso de la perífrasis **ir a** + infinitivo y de **pensar** + infinitivo para hablar de planes. Puede remitir a sus alumnos al apartado 1 de la Agenda de aprendizaje 02.

• Pida a cada grupo que explique su plan a los demás compañeros y anime a sus estudiantes a hacer preguntas sobre el viaje: los motivos, los lugares por los que van a pasar, etc.

• Si lo considera conveniente, tome notas de los errores que se producen durante la interacción y coméntelos con todo el grupo al final de la puesta en común.

Archivo de léxico

Palabras en compañía
Viajes y recorridos

1

Objetivo
Familiarizarse con algunas unidades léxicas para hablar de viajes.

√ Competencia léxica

√ Observación y reflexión sobre el funcionamiento del sistema formal

√ Personalización del léxico

📄 27   A-Z **Ir**   A-Z **Viajar**   A-Z **Volver (1)**

Para empezar

• Remita a sus alumnos al texto de la página 121 y a la cronología del viaje de Álvaro Neil que elaboraron en la actividad E del Dosier 01.

• Haga que se fijen en los verbos que aparecen, especialmente en los que rigen una preposición: **ir a**, **irse de**, **irse a**, **volver a**, **viajar por**.

Desarrollo

• Remita a sus alumnos al apartado 1 del Archivo de léxico y anímelos a continuar las series, con ayuda del texto de la página 121.

• Permítales que lo comparen con un compañero y, a continuación, haga una puesta en común con todo el grupo

• Invítelos a escribir sus propios ejemplos.

La gramática de las palabras
Ir y venir

2

Objetivo
Observar y comprender el uso de los verbos **ir** y **venir**.

√ Competencia léxica

√ Observación y reflexión sobre el funcionamiento del sistema formal

📹 12   📄 28   A-Z **Ir**   A-Z **Venir**

Desarrollo

• Muestre a sus estudiantes la ficha proyectable 12 o, si no dispone de los medios para proyectar, remítalos al apartado 2 del Archivo de léxico y pídales que observen las viñetas y las frases que acompañan a cada una.

- Anímelos a comentar con un compañero el significado y uso de los verbos **ir** y **venir**.

- Haga una puesta en común con todo el grupo y explíqueles que tanto **ir** como **venir** funcionan desde el punto donde se encuentra el hablante y no desde el punto de destino o del interlocutor.

- Analice con ellos los diversos ejemplos de las viñetas y anímelos a completar la actividad que tienen al final del apartado.

- Anímelos a trabajar en parejas y a poner sus conclusiones en común con otra pareja.

- Haga una puesta en común con todo el grupo y aclare las dudas que pueda haber.

Solución

1. a; **2.** b; **3.** d; **4.** c; **5.** f, **6.** e.

A tener en cuenta
El Diccionario panhispánico de dudas aclara la diferencia entre estos dos verbos de movimiento. **Ir(se)**: moverse de un lugar hacia otro; **venir(se)**: moverse hacia el lugar en el que está el que habla e ir(se) a algún lugar en compañía del que habla. No debe emplearse **venir** con el significado de ir, error que se comete debido al influjo de otras lenguas, en las que el que habla emplea el verbo **venir** cuando desea expresar la acción de ir hacia su interlocutor.

Proyectos

Proyecto en grupo
La línea del tiempo de la clase

A

Objetivo
Escoger los cinco hechos más importantes de nuestra vida en los últimos 20 años.

√ Expresión escrita
√ Interacción oral
√ Competencia existencial

Desarrollo

- Explique a sus alumnos que entre todos van a crear una línea de tiempo con los hechos más importantes de la vida de los miembros de la clase en los últimos 20 años.

- Anímelos a escoger individualmente los cinco hechos más importantes de su biografía, a escribirlos en su cuaderno y a anotar alguna información clave o importante relacionada con ellos.

- Invítelos a compartir esos hechos con un compañero y a que, entre ambos, los comenten, haciéndose preguntas para conocerse mejor.

B

Objetivo
Crear la línea del tiempo de los últimos 20 años con la información de los compañeros.

√ Expresión escrita
√ Competencia existencial
√ Competencias pragmáticas (funcional y organizativa)

Para empezar

- Lleve a clase un rollo de papel y rotuladores de colores. Extienda el papel sobre la pared o el suelo y dibuje sobre él una línea continua lo más recta posible.

- Si no dispone de estos materiales o de un aula donde pueda colgar o extender el rollo de papel para trabajar, puede servirse de herramientas TIC como TimeToast, que permiten crear este tipo de actividades.

Desarrollo

- Explique a sus alumnos que van a componer la línea del tiempo de los miembros de la clase de los últimos 20 años.

- Remítalos a las indicaciones que tienen en la actividad B de Proyectos, así como a la imagen que aparece en ella para que se hagan una idea del trabajo que van a realizar.

- Entrégueles los rotuladores e invítelos a señalar en la línea fechas o periodos importantes.

- Cuando se hayan añadido todas las fechas y periodos, anímelos a añadir la información correspondiente a cada uno de ellos. De este modo podrá organizar mejor el espacio sobre el papel.

C

Objetivo
Leer y comentar los acontecimientos incluidos en la línea de tiempo.

√ Comprensión escrita
√ Interacción oral

Desarrollo

- Invite a sus alumnos a leer todos los acontecimientos o hechos recopilados en la línea del tiempo.

- Aclare las posibles dudas de vocabulario y anímelos a comentar los diferentes acontecimientos con sus compañeros.

- Pídales que escojan dos o tres acontecimientos que les interesen y que pregunten acerca de ellos. Por ejemplo: ¿Quién se fue de viaje a Marruecos en 2003?

- Haga usted también preguntas a sus alumnos sobre los hechos o acontecimientos que aparecen en la línea de tiempo.

PREPARACIÓN AL DELE

PREPARACIÓN AL DELE

Qué son los DELE

Pregunte a sus estudiantes si saben qué significan las siglas DELE. Acláreles que significan **Diploma de Español Lengua Extranjera** y que se trata del título oficial que otorga el Instituto Cervantes.

Si dispone de conexión a internet en su aula, explore con sus alumnos el sitio web de los diplomas DELE (examenes.cervantes.es). En la parte superior de la página web, en la sección DELE, encontrará información de carácter práctico como la siguiente:

• **Qué es**

Se explica la utilidad de los diplomas, su reconocimiento nacional e internacional y los distintos niveles que se ofrecen.

• **Cuándo**

Lea con sus estudiantes las fechas de exámenes y busque la más adecuada.

• **Dónde**

Haga una búsqueda con sus estudiantes del centro de examen más próximo al lugar donde estudian español.

• **Cuánto**

Los precios del DELE varían de un país a otro e incluso, dentro del mismo país, los centros examinadores ofrecen precios diferentes. Anime a sus estudiantes a buscar el centro que mejor se ajuste a sus necesidades.

• **Cómo inscribirse**

El Instituto Cervantes ofrece varias modalidades de inscripción al examen DELE, dependiendo de si el candidato desea realizarlo en España o fuera de este país. Es conveniente, por tanto, acceder a esta información y contactar con el Instituto Cervantes o centro acreditado de su zona, a fin de conocer los mecanismos para realizar la inscripción y el modo de pago.

Exámenes

En esta sección encontrará una breve descripción de cada uno de los niveles del DELE, así como de las pruebas, tareas, ítems y puntos de los que consta cada examen.

Preparar la prueba

Acceda a este sitio para ver un modelo completo del examen A2. Si lo considera conveniente, puede hacer más tarde la introducción a cada tarea mostrando el examen que se ofrece.

Si no cuenta con acceso a internet en su aula, elabore un documento con un resumen de esta información, haga fotocopias y distribúyalas.

Remítalos, a continuación, a la nube de palabras de la página 164 y pídales que encuentren las diferentes actividades comunicativas de la lengua que se incluyen en el examen DELE. Escriba en la pizarra sus respuestas y remítalos a la página 165 del Libro del alumno para comprobarlas. Luego explique el significado de los diferentes términos. Puede pedirles también que busquen otras acciones que se relacionan con cada actividad. Si lo estima necesario, puede repasar con ellos el léxico característico de estas pruebas, como **correcto**, **tarea**, **pregunta** o **respuesta**.

> ❗ **A tener en cuenta**
> Los diplomas DELE no tienen una fecha de validez definida. Informe de esta circunstancia a sus estudiantes.

🔑 **Propuesta de solución**
Comprensión auditiva: escucha, responde
Comprensión de lectura: lee, responde
Expresión oral / Interacción oral: habla, responde
Expresión escrita / Interacción escrita: escribe, responde

Estructura del DELE A2

Remita a sus estudiantes al Libro del alumno y lea con ellos el orden en el que se desarrollan cada una de las pruebas, así como el número de tareas y de ítems que deben responder en cada una de ellas.

Si dispone de conexión a internet en su aula, le recomendamos que acceda al enlace de **Preparar la prueba** y acceda al **Modelo 0 de examen DELE A2** y al **Examen DELE A2** administrado en 2010, donde sus alumnos podrán tener una visión general de todas las pruebas.

PREPARACIÓN AL DELE

Sistema de calificación

Informe a sus estudiantes de que la calificación final podrá ser **apto** o **no apto**. En la siguiente tabla puede ver la ponderación de cada una de las pruebas, así como la puntuación mínima exigida en cada una de ellas.

	Grupo 1		Grupo 2	
	Comprensión de lectura	Expresión e interacción escritas	Comprensión auditiva	Expresión e interacción orales
Puntuación máxima	25,00	25,00	25,00	25,00
Puntuación mínima exigida	30,00		30,00	
Puntuación obtenida	11,00 puntos	14,58 puntos	13,00 puntos	10,21 puntos
Calificación	25,58 puntos		23,21 puntos	
	(No apto)		(No apto)	
Calificación global	No apto			

> **A tener en cuenta**
> Para ampliar la información sobre calificaciones y otros aspectos del examen puede consultar la **Guía de examen A2** en la página web de los diplomas.

Prueba 1 Comprensión de lectura

CARACTERÍSTICAS DE LA PRUEBA

Lea con sus estudiantes las características de la prueba de Comprensión de lectura y resuelva sus dudas.

Ponga énfasis en el hecho de que deben responder en total a 30 ítems y en que la duración de la prueba es de 60 minutos.

INFORMACIÓN ÚTIL

Informe a sus alumnos de que deben leer cada texto de manera independiente.

Aconséjeles que realicen las tareas en el mismo orden en el que se proponen, ya que los primeros textos suelen ser más fáciles.

Ponga especial énfasis en la importancia de leer bien las Instrucciones y en hacer una lectura que les permita responder a las preguntas.

PRUEBA DE COMPRENSIÓN DE LECTURA
TAREA 1

Lea con sus estudiantes la información que le proporciona el Libro del alumno con respecto al tipo de texto, temas, número de ítems y tarea que hay que realizar y recuérdeles la importancia de activar los esquemas que preparan para la comprensión.

A continuación pase al apartado de Nuestros consejos y léalo con ellos. Insista en los siguientes puntos:

Hay tres mensajes que sobran.

Es importante leer primero los mensajes y después las frases, y establecer las relaciones de las que se está absolutamente seguro.

Recomiende, además, a sus estudiantes que se fijen en las imágenes de los anuncios, ya que, en algunos casos, pueden ser de ayuda para relacionar los textos con los enunciados.

Por último, recomiende a sus alumnos que identifiquen el tema o contenido general de los textos y lo relacionen con anuncios de semejante índole en su lengua y cultura, ya que ello puede ayudarlos a entender mejor el contenido del mensaje.

Solución

1.	2.	3.	4.	5.	6.	7.
I	A	J	B	D	F	H

PRUEBA DE COMPRENSIÓN DE LECTURA
TAREA 2

Lea con sus alumnos la información referente a los tipos de texto, temas, número de ítems y tarea que tienen que realizar.

Llame la atención de sus estudiantes sobre la sección Nuestros consejos que y anímelos a seguirlos. Haga especial hincapié en que, en una primera lectura, se fijen en el tema general (la primera pregunta suele referirse al significado global del texto, la idea principal, el tema del mensaje o la razón por la que se escribe) y luego hagan una segunda lectura para localizar la parte del texto donde se encuentra la información para responder a las preguntas. Anímelos, también, a identificar las palabras que no conocen e intentar deducir su significado por el contexto.

Por último, recomiende a sus alumnos que identifiquen la relación que existe entre el remitente y el destinatario, ya que ello los puede ayudar a entender mejor el contenido del mensaje.

> **A tener en cuenta**
> La tarea 2 de Comprensión de lectura ofrece un texto más complejo que la anterior tarea. Remarque la importancia de conocer el tipo de texto, pues les ayudará a comprender mejor el tipo de mensaje que van a encontrar.

Solución

8.	9.	10.	11.	12.
a	c	b	b	c

PREPARACIÓN AL DELE

PRUEBA DE COMPRENSIÓN DE LECTURA
TAREA 3

Lea con sus estudiantes la información que le proporciona el Libro del alumno con respecto al tipo de texto, temas, número de ítems y tarea que hay que realizar.

A continuación pase a la parte de Nuestros consejos y léalos con ellos. Insista en los siguientes puntos:

• Hay seis textos informativos o publicitarios, en los cuales se ha de identificar las ideas principales e información detallada.

• Es aconsejable leer primero los textos y señalar las palabras que se consideren importantes.

• Tras leer los textos, se recomienda leer el ítem y las tres opciones que se ofrecen y elegir la que se adapte mejor al contenido del texto. Recomiéndeles leer después el anuncio para comprobar su elección.

• Empezar por los textos que resultan más sencillos y dejar los más complicados para el final.

> **A tener en cuenta**
> La tarea 3 de Comprensión de lectura, en ocasiones, puede llevar a sus alumnos a confundir parte de la información que se ofrece, pues se busca que el candidato pueda comprender una información detallada, separándola de la idea general o principal del texto. Al hacer la corrección, pida a sus estudiantes que marquen en el texto la información que los ha ayudado a encontrar la respuesta.

Solución

0.	13.	14.	15.	16.	17.	18.
c	j	c	b	a	b	a

PRUEBA DE COMPRENSIÓN DE LECTURA
TAREA 4

Lea con sus estudiantes la información que le proporciona el Libro del alumno con respecto al tipo de texto, temas, número de ítems y tarea que hay que realizar.

A continuación pase a la parte de Nuestros consejos y léalos con ellos. Insista en que en esta tarea es recomendable leer primero los enunciados, ya que al hacerlo, podemos anticipar el contenido de los textos e imaginar qué debemos localizar en ellos: tipo de actividad, información sobre un evento, horario, fecha, un precio, etc.

Por último, pida a sus estudiantes que presten especial atención a los enunciados, porque muchas veces se usan en ellos sinónimos de palabras que aparecen en los textos o anuncios.

> **A tener en cuenta**
> La tarea 4 de Comprensión de lectura es una de las que pueden resultar más difíciles a sus estudiantes, ya que la cantidad de texto es mayor y de diversa índole o variedad. Es importante que, cuando haga la corrección con sus alumnos, les pida que señalen en qué texto y en qué parte del mismo han encontrado la información que los ha ayudado a dar la respuesta.

Solución

0.	19.	20.	21.	22.	23.	24.
h	e	b	c	i	f	a

PRUEBA DE COMPRENSIÓN DE LECTURA
TAREA 5

Lea con sus estudiantes la información que le proporciona el Libro del alumno con respecto al tipo de texto, temas, número de ítems y tarea que hay que realizar.

A continuación pase a la sección de **Nuestros consejos** y léalos con ellos. Haga hincapié en los siguientes puntos:

• La importancia del título y las imágenes que acompañan al texto, pues pueden ser de ayuda en la comprensión.

• Insista en que es recomendable hacer una primera lectura para comprender el tema general y las ideas más importantes del texto.

• Las preguntas suelen seguir el orden lineal del texto.

• Es importante empezar por las preguntas más sencillas y dejar las que presentan mayor dificultad para el final.

Solución

25.	26.	27.	28.	29.	30.
b	a	c	b	c	c

Ahora que ya ha terminado la preparación de la primera prueba, anime a sus estudiantes a compartir con sus compañeros las estrategias que les han resultado útiles para llevar a cabo cada una de las tareas y pídales que seleccionen los mejores consejos que han aparecido en el Libro del alumno.

Prueba 2
Comprensión auditiva

CARACTERÍSTICAS DE LA PRUEBA

Remita a sus estudiantes a las características de la prueba de Comprensión auditiva que aparecen en el Libro del alumno.

Ponga énfasis en el hecho de que deben responder a 30 preguntas y en que la duración total es de 35 minutos.

INFORMACIÓN ÚTIL

Subraye, de manera especial, los siguientes puntos que se encuentran en el Libro del alumno:

PREPARACIÓN AL DELE

- Cada diálogo se escucha dos veces.

- Antes de escuchar la primera vez hay un tiempo para leer las preguntas.

- Es importante que se concentren en encontrar la información que se les pide en la tarea, sin preocuparse si no entienden algunas cosas.

PRUEBA DE COMPRENSIÓN AUDITIVA
TAREA 1

🔊 56

Lea con sus estudiantes la información que le proporciona el Libro del alumno con respecto al tipo de texto, temas, número de ítems y tarea que hay que realizar.

A continuación, pase a la parte de Nuestros consejos y léalos con ellos. Insista en que para cada pregunta hay solo una respuesta correcta y en que deben leer las preguntas antes de escuchar la grabación, para concentrarse durante la audición en la información que se les pide.

❗ Más consejos

- Recuerde a sus estudiantes que, tras la segunda audición, deben marcar sus respuestas en la Hoja de respuestas.

- En la prueba de Comprensión auditiva e hay suficiente para marcar las respuestas en la Hoja de respuestas entre cada tarea y entre la primera y la segunda audición de una misma tarea.

- Utilice la transcripción que le proporcionamos para trabajar las partes del audio que no hayan quedado suficientemente claras o para señalar las palabra clave que implican la respuesta correcta.

🔑 Solución

0.	1.	2.	3.	4.	5.	6.	7.
a	a	a	c	b	a	b	b

Transcripción

Anuncio 1
La Oficina en Casa, nueva tienda online de materiales para la oficina y la escuela. En nuestro amplio catálogo encontrará todo el material necesario para comenzar el año escolar y para la oficina. Se lo llevamos a casa en 48 horas. Nuestra mejor tarjeta de presentación es nuestro excepcional servicio al cliente. Visite nuestra web laoficinaencasa.com.

Anuncio 2
¡Todotele!. ¿Te gusta ver la televisión? ¿No te puedes perder tu serie favorita o las noticias del día? A partir de ahora acceder a nuestro contenido va a ser más fácil. Descarga nuestra app en tu móvil. Fácil y gratuito para que no te pierdas tu programa favorito. ¡No lo dudes!.

Anuncio 3
¡Atención, estudiante! ¿Quieres trabajar este verano? ¿Te gustan los niños? ¿Quieres ganar experiencia trabajando en escuelas infantiles? ¿Tienes entre 16 y 25 años? Pues llámanos y trabaja con nosotros. Más información en www.trabajotemporal.net o llamando al 967788950.

Anuncio 4
Durante la semana del 10 al 17 de junio se va a celebrar en nuestra ciudad el Festival de las Tradiciones. Una oportunidad para conocer la historia de nuestras tradiciones musicales, artísticas, de artesanía o gastronomía, entre otras. Ya están a la venta las entradas en nuestra página web tradicionesycultura.com, o en la oficina del Centro Cultural a partir del 1 de junio.

Anuncio 5
¡Ven a celebrar el próximo 26 de mayo el Día del Árbol! Vamos a plantar árboles en el nuevo parque Antonio Machado para concienciar a los vecinos de nuestro barrio sobre la importancia del entorno y los espacios verdes. Ven con tu familia o tus amigos y participa en un acontecimiento que hará historia en la ciudad. ¡Te esperamos!

Anuncio 6
¡Deportes de aventura! Para todos los aventureros: pequeños, mayores, familias y grupos. Excursiones con todo incluido (alojamiento, comidas y transporte). De dos a cuatro días. Importantes descuentos para grupos de más de 10 personas. Visítanos en la calle Alegría, 107 o en nuestra web www.viajerosaventureros.com.

Anuncio 7
Te esperamos el sábado 21 de septiembre para el Recital de Música Clásica. Una oportunidad única para presenciar las actuaciones de grupos y solistas de guitarra y piano de distintos países de Centroamérica. El evento dará comienzo a las 3 de la tarde y es gratuito para todos los que tengan el carné de estudiante. Con la colaboración de la Asociación Amigos de la Música de Costa Rica.

PRUEBA DE COMPRENSIÓN AUDITIVA
TAREA 2

🔊 57

Lea con sus estudiantes la información que le proporciona el Libro del alumno con respecto al tipo de texto, temas, número de ítems y tarea que hay que realizar. Recuérdeles que antes de empezar a escuchar es recomendable anticipar el tipo de información que se solicita, por lo que es recomendable leer antes los ítems y las posibles respuestas.

A continuación, pase a la parte de Nuestros consejos y léalos con ellos. Insista en que van a escuchar un programa informativo de radio. Así mismo, remarque que es muy importante leer las Instrucciones, ya que proporcionan mucha información sobre el tema del que trata el monólogo. Por lo tanto, es recomendable tomar nota de las ideas generales e información que se ofrece en audio. Es aconsejable, así mismo, tomar apuntes durante la primera audición y responder a las preguntas durante la segunda.

❗ Más consejos

- Recuerde a sus estudiantes que, tras la segunda audición, deben marcar sus respuestas en la Hoja de respuestas.

- Utilice la transcripción para aclarar dudas, así como para trabajar el vocabulario necesario para realizar la tarea con éxito.

🔑 Solución

8.	9.	10.	11.	12.	13.
b	c	a	b	c	c

123

PREPARACIÓN AL DELE

Transcripción

Buenos días y bienvenidos a A día de hoy, nuestro programa de actualidad informativa. Vamos a empezar como todas las semanas: repasando los contenidos del programa de hoy. Primero vamos a hablaros de la nueva estación de tren en el barrio de la Luz, que se abre mañana. Vamos a presentaros este fantástico edificio y a entrevistar a su autora, la famosa arquitecta argentina Elisa Dana.

Después os vamos a informar de cómo asistir al Festival Mar de Músicas que se celebra todos los años en el castillo de nuestra ciudad. Este año, debido a las obras de rehabilitación, el nuevo local será el Museo de la Villa. Vamos a escuchar los nuevos trabajos de algunos de los grupos de jazz más famosos del mundo, como Mondo Sonoro y Project Trío. Os contaremos cómo, durante tres días, nuestra ciudad va a convertirse en un gran espectáculo, con actuaciones en lugares emblemáticos, desde iglesias a jardines privados. Nos lo va a contar el director del festival, Juan López.

También vamos a hablar con Elena Reina, nuestra directora de teatro, sobre su nuevo proyecto: la iniciativa "Teatro en la escuela", que quiere acercar el teatro clásico y contemporáneo a los más jóvenes. La iniciativa se va a realizar en diez escuelas de la zona y van a participar más de 1000 estudiantes de primaria a lo largo de todo el curso escolar. Para terminar, tendremos la oportunidad de recibir a uno de nuestros deportistas paralímpicos más conocidos, Esteban Martínez. Con él vamos a hablar de su pasión por la natación, sus últimas competiciones, sus éxitos más recientes y su carrera deportiva. Empezamos en unos segundos, después de nuestra pausa publicitaria. Un saludo y hasta dentro de unos momentos.

PRUEBA DE COMPRENSIÓN AUDITIVA
TAREA 3

🔊 58

Lea con sus estudiantes la información que le proporciona el Libro del alumno con respecto al tipo de texto, temas, número de ítems y tarea que hay que realizar.

A continuación, pase a la parte de Nuestros consejos y léalos con ellos. Explíqueles que van a escuchar siete mensajes que deben relacionar con uno de los enunciados que tienen en la tarea. Insista en los distractores: hay tres frases que no tienen que relacionar. Por último, recuérdeles que el audio sigue el orden de la columna de los números.

⚠ Más consejos

- Recuerde a sus estudiantes que, tras la segunda audición, deben marcar sus respuestas en la Hoja de respuestas.

- Utilice la transcripción que le proporcionamos para trabajar las partes del audio que no hayan quedado suficientemente claras o para señalar las palabras clave que implica la respuesta correcta.

🔑 Solución

0.	14.	15.	16.	17.	18.	19.
g	f	c	a	j	h	b

Transcripción

Mensaje 14
Estela, soy María. Oye, te dejo un mensaje porque me imagino que estás en el trabajo y no puedes atender el teléfono. Mira, que esta tarde no puedo quedar a tomar café, como habíamos quedado; lo siento. ¿Por qué no quedamos mañana? Te invito yo. Llámame, ¿vale?

Mensaje 15
Supermercados La Ideal. Informamos a nuestros clientes de que esta semana, comprando con nuestra tarjeta de cliente, obtendrán un 10 % de descuento en todas las compras superiores a 40 euros. Aproveche la ocasión y disfrute de las ventajas.

Mensaje 16
Este es un mensaje del servicio de telefonía FASTNET. Hemos recibido su solicitud de instalación del servicio de internet en su domicilio y confirmamos nuestra próxima visita el lunes 16 de octubre entre las 10 y las 12 de la mañana. Si tiene algún problema, por favor, póngase en contacto con nosotros llamando al 93 456 77 55. Gracias.

Mensaje 17
Atención, se ruega a Juan Alejandro Batea, del vuelo de Air Europa UX103 con destino a Málaga, acuda a la puerta D56 de la Terminal 1. El vuelo va a salir en pocos minutos. Gracias.

Mensaje 18
El pedido 34 está listo. Pasen a recogerlo por la caja 4. Gracias.

Mensaje 19
Le llamamos para invitarle a realizar una encuesta y valorar el servicio recibido hace dos días en la reparación de su lavadora. Si desea participar, pulse 1; si no desea hacerlo, pulse 2. Recuerde que su opinión es muy importante para nosotros.

PRUEBA DE COMPRENSIÓN AUDITIVA
TAREA 4

🔊 59

Lea con sus estudiantes la información que le proporciona el Libro del alumno con respecto al tipo de texto, temas, número de ítems y tarea que hay que realizar.

A continuación, pase a la parte de Nuestros consejos y léalos con ellos. Insista en que es muy importante leer las Instrucciones, ya que se proporciona mucha información sobre el tema del diálogo. También insista en el hecho de que deben leer bien las frases e intentar anticipar el tipo de información que se solicita que el candidato identifique.

⚠ Más consejos

- Recuérdeles que, tras la segunda audición, deben marcar sus respuestas en la Hoja de respuestas.

- Utilice la transcripción que le proporcionamos para trabajar las partes del audio que no han quedado suficientemente claras.

🔑 Solución

20.	21.	22.	23.	24.	25.
b	a	a	b	c	b

Transcripción

−Buenos días, Hotel Rosas, ¿en qué puedo ayudarle?
−Hola, buenos días... Mire, quería confirmar una reserva que tengo para la primera semana de julio y hacer también algunos cambios.
−Sí, claro, un momento, ¿a qué nombre se hizo la reserva?
−A nombre de Lara Sánchez.
−Un segundo, que compruebo en el sistema. Lara Sánchez... Sí, sí, sí, tenemos una reserva a ese nombre del 12 al 17 de julio.
−Eso es, sí. Y... ¿podría hacer algunos cambios?
−Sí, claro, sin ningún problema, dígame...
−Pues he reservado solo hotel, sin desayuno, pero me gustaría tener también desayuno y cena, ¿sería posible?
−Sí, ¡cómo no! Entonces hotel, desayuno y cena. Muy bien. Este cambio tendría un suplemento de 30 euros al día por la cena, pero como tiene nuestra tarjeta cliente, le hacemos un 20 % de descuento; por lo tanto, serían 24 euros.
−¡Ah, perfecto! Entonces, incluya este servicio por favor... Quería también información, si es tan amable, de los servicios del hotel... He visto en la web que hay pistas de tenis y que se puede alquilar bicicletas... ¿Son servicios gratuitos del hotel?
−La piscina está abierta solo a nuestros clientes del hotel y es totalmente gratuita. El alquiler de bicicletas es un servicio abierto a todo el público. Hay que pagar un depósito de 20 euros por bicicleta y una tarifa de 20 euros por un día completo o de 15 por medio día. Le puedo mandar información sobre el servicio a su correo electrónico.
−Ah, sí, sí, por favor. Muchas gracias. Ah, y por último, como voy a viajar con mis dos hijos de 4 y 6 años, quería saber si hay actividades infantiles en el hotel.
−Durante los meses de verano, hay dos tipos de actividades para los más pequeños: un servicio de guardería para los niños de 2 a 4, y actividades y talleres de deportes, música y arte para los niños de entre 5 y 12. También le mando la información por correo electrónico y si desea saber algo más, la atendemos con mucho gusto.
−Muchísimas gracias, muy útil. Adiós, buenos días.
−Gracias a usted por la confianza en nuestros hoteles. La esperamos pronto. Un saludo.

PRUEBA DE COMPRENSIÓN AUDITIVA
TAREA 5

🔊 60

Lea con sus estudiantes la información que le proporciona el Libro del alumno con respecto al tipo de texto, temas, número de ítems y tarea que hay que realizar.

A continuación, pase a la parte de Nuestros consejos y léalos con ellos. Insista en que es muy importante leer las Instrucciones, ya que se proporciona mucha información sobre el tema del diálogo. También insista en el hecho de que deben leer bien las frases e intentar anticipar el tipo de información que falta. Anímelos a observar las imágenes que deben seleccionar como respuestas a la tarea, para poder hacerse una idea aproximada del contenido del audio.

Más consejos

- Recuérdeles que, tras la segunda audición, deben marcar sus respuestas en la Hoja de respuestas.
- Utilice la transcripción que le proporcionamos para trabajar las partes del audio que no han quedado suficientemente claras.
- Indíqueles que hay más imágenes que ítems y, por lo tanto, hay cuatro imágenes que no deben seleccionar.

Al terminar la preparación de la segunda prueba, anime a sus estudiantes a compartir con sus compañeros las estrategias que les han resultado útiles para llevar a cabo cada una de las tareas y pídales que seleccionen los mejores consejos que han aparecido en el Libro del alumno o que usted les ha proporcionado.

🔑 Solución

26.	27.	28.	29.	30.
c	a	h	g	f

Transcripción

−¡Hola Pilar! ¿Qué tal? ¿Cómo estás? Hace un montón de tiempo que no te veía...
−Hola, Pepe, ¡qué alegría! ¿Tú por aquí? ¿No estabas en Francia, haciendo unas prácticas de empresa?
−Sí, sí, pero ya he vuelto. Hace dos semanas que estoy en Madrid.
−Ah, qué bien, ¿y qué tal te ha ido?
−La verdad es que genial. He estado viviendo en París seis meses, compartía apartamento con tres chicos y he hecho unas prácticas en una empresa internacional de transporte.
−Qué bueno, ¿no? ¿Y tu francés?
−Pues he mejorado mucho, la verdad, y además he aprendido mucho sobre logística y transporte, o sea, que genial.
−Qué bueno, me alegro un montón, la verdad es que suena genial.
−¿Y tú qué has hecho este año?
−Pues un montón de cosas también, la verdad es que no he parado. Primero hice un viaje por toda Irlanda y luego estuve ayudando a mi hermano con un proyecto de economía para su oficina. Y bueno, contenta porque el año que viene empiezo un máster de Economía en la universidad.
−¡Genial! Suena fenomenal.
−Sí, a mí me encantaría vivir en el extranjero, como tú. No sé, ¿tú lo recomendarías?
−Sí, sí, sin duda. Yo me lo he pasado genial. Me hice muy amigo de mis compañeros de piso y pasamos mucho tiempo juntos. Eso ha sido lo mejor. Salíamos mucho, casi todos los fines de semana, y hacíamos de todo: excursiones, cenas en casas de amigos, también formamos un club de fotografía... Ah, y aprendí a cocinar, así que ahora hago unas recetas fantásticas de cocina francesa e internacional.
−¡¡Suena genial!! Realmente no hay nada como los viajes. Para mí, Irlanda fue todo un descubrimiento: gente muy amable... y unos lugares increíbles. No mejoré mucho mi inglés, pero bueno.
−Oye, ¿sabes que es... el que hoy es el cumpleaños de Elena y hace una fiesta en su casa? ¿Por qué no te vienes?
−Sí, lo sabía... Me mandó un mensaje el otro día... Me da rabia, pero no puedo ir... Justo hoy es el aniversario de boda de mis padres y lo vamos a celebrar toda la familia.
−Vaya, ¡qué lástima! Lo entiendo, pero tenemos que quedar los tres, ¿eh? Ahora que estoy otra vez por aquí... ¿vale?
−Sí, me apetece mucho. ¿Por qué no venís a cenar a casa el viernes que viene?
−¡Por mí, genial! Hablo con Elena y llevamos bebida y postre, ¿te parece?
−Vale, hecho. Hablamos.
−Vale, hablamos. Venga, chao.

PREPARACIÓN AL DELE

Prueba 3
Expresión e interacción escritas

CARACTERÍSTICAS DE LA PRUEBA

Lea con sus estudiantes las características de la prueba de Expresión e interacción escritas que aparecen en el Libro del alumno.

Ponga énfasis en el hecho de que tienen 50 minutos para realizar las tres tareas.

INFORMACIÓN ÚTIL

Subraye, de manera especial, los siguientes puntos que se encuentran en el Libro del alumno:

- Es importante, antes de escribir el texto, componer un esquema con las ideas principales y las partes del mismo.

- Es recomendable fijarse en el tema de las tareas y hacer una pequeña lluvia de ideas mental para anticipar y refrescar el vocabulario que se va a emplear.

- Es aconsejable hacer una primera versión del texto y, en la segunda, repasar conectores y comprobar que se cumple todo lo que se pide.

- Es fundamental ceñirse al número de palabras, pues se penaliza el escribir menos palabras o más de las permitidas.

PRUEBA DE EXPRESIÓN E INTERACCIÓN ESCRITAS
TAREA 1

Lea con sus estudiantes la información que le proporciona el Libro del alumno con respecto al tipo de texto que tienen que completar.

A continuación, pase a la parte de Nuestros consejos y léalos con ellos. Enfatice que en algunas partes tendrán que marcar con una cruz (x) y en otras tendrán que escribir una palabra o una frase. Además, remarque la importancia de leer el texto una vez completado para corregir posibles errores en la ortografía, la puntuación, etc.

🔔 Más consejos

- Recuerde a sus estudiantes que no tienen que escribir datos reales; de hecho, es mejor inventarse los datos y escribir aquello de lo que estamos seguros que es correcto.

- Aconseje a sus estudiantes que escriban frases cortas y sencillas y, durante la revisión del texto, que intenten incluir los conectores.

- Advierta a sus estudiantes de que en esta prueba deben distribuir su tiempo entre tres tareas. Es conveniente escribir el texto y volver a revisarlo más tarde si se considera necesario.

🔑 Propuesta de solución

¿Qué desea? Anunciar apartamento en alquiler.
Nombre: Antonio Sánchez García
Email: antoniosanchezg@mail.com
Teléfono: 915862626
Descripción:
Se alquila apartamento de dos habitaciones en primera línea de playa. Amueblado. Salón-comedor, cocina americana y dos terrazas. Luminoso, espacioso. Dispone de ascensor y piscina comunitaria. Aire acondicionado. Cerca del paseo marítimo y de zona de restaurantes y bares. 700 €/mes.

(Número de palabras: 40)

PRUEBA DE EXPRESIÓN E INTERACCIÓN ESCRITAS
TAREA 2

Lea con sus estudiantes la información que le proporciona el Libro del alumno con respecto al tipo de texto que tienen que redactar.

A continuación, pase a la parte de Nuestros consejos y léalos con ellos. Insista, especialmente, en los siguientes puntos:

- Es fundamental leer y seguir las Instrucciones (en el orden en que aparecen).

- Es importante hacer una segunda lectura del texto para detectar posibles errores en la ortografía, la puntuación, etc.

- Se debe respetar el número mínimo y máximo de palabras.

🔔 Más consejos

- Aclare a sus alumnos que, aunque en el examen las Instrucciones se redactan en la forma **usted**, pueden usar la forma **tú** en su redacción.

- Recomiéndeles usar el papel borrador que se facilita antes de escribir la versión definitiva en las hojas de respuestas.

🔑 Propuesta de solución

Queridos amigos:
¿Qué tal? Espero que muy bien. Os escribo porque la semana que viene es el cumpleaños de Alberto. He pensado que podemos hacerle un regalo entre todos, ¿os parece bien? Así podemos comprarle algo un poco más caro.
¿Qué os parece si le compramos un reproductor de música o unas zapatillas de marca? Si compramos algo así, tenemos que pagar más o menos 25 € cada uno. ¿Qué pensáis?
Espero vuestra respuesta.
Un abrazo,
Miguel.

(Número de palabras: 76)

PRUEBA DE EXPRESIÓN E INTERACCIÓN ESCRITAS
TAREA 3

Lea con sus estudiantes la información que le proporciona el Libro del alumno con respecto al tipo de texto que tienen que redactar.

A continuación, pase a la parte de Nuestros consejos y léalos con ellos. Insista, especialmente, en que es fundamental leer y seguir las Instrucciones (en el orden en que aparecen), en que deben hacer una segunda lectura del texto para detectar posibles errores en la ortografía, la puntuación, etc., y en que deben respetar el número mínimo y máximo de palabras.

Por último, aclare a sus alumnos que, aunque en el examen las Instrucciones se redactan en la forma **usted**, pueden usar la forma **tú** en su redacción.

Propuesta de solución

Querida Helena:
¿Qué tal? Espero que muy bien. Te escribo porque ya he vuelto de mi viaje a Nicosia, en Chipre, donde estuve haciendo un curso de griego. ¡Ha sido genial!
El viaje en avión fue un poco largo, casi 12 horas. En las clases he conocido a mucha gente muy interesante de países diferentes. Hemos visitado toda la isla y muchos lugares históricos. Lo que más me gustó fue el teatro antiguo.
Espero verte pronto. Un beso,
Pablo.

(Número de palabras: 79)

Prueba 4
Expresión e interacción orales

CARACTERÍSTICAS DE LA PRUEBA

Lea con sus estudiantes las características de la prueba de Expresión e interacción orales que aparecen en el Libro del alumno.

INFORMACIÓN ÚTIL

Subraye, de manera especial, que disponen de 15 minutos de preparación para las tareas 1, 2 y 3. Comente con ellos la conveniencia de grabarse a sí mismos para mejorar su expresión oral. Si dispone de los medios, puede hacer estas grabaciones en vídeo, subirlas al espacio virtual de la clase y permitir que los estudiantes se evalúen entre ellos a través de comentarios.

Explíqueles también que no es necesario que aporten información personal verdadera y que pueden inventar lo que quieran.

PRUEBA DE EXPRESIÓN E INTERACCIÓN ORALES
TAREA 1. EXPOSICIÓN DE UN TEMA

Lea con sus estudiantes la información que le proporciona el Libro del alumno con respecto al tipo de texto que tienen que preparar (un monólogo sobre información personal).

A continuación, pase a la parte de Nuestros consejos y léalos con ellos. Insista en los siguientes puntos:

- No pueden leer las notas que tomen durante la fase de preparación, solo utilizarlas como guía para el monólogo.
- Deben tratar todos los temas planteados en la lámina y deben hablar entre tres y cuatro minutos.
- Es conveniente que elijan la lámina sobre la que estén más seguros que van a poder hablar.
- Pueden pedir al entrevistador que repita o hable más despacio si no lo entienden.

Más consejos

- Recuerde a sus estudiantes que, al ser la primera prueba, deben saludar al entrevistador. Este les hará algunas preguntas de introducción cuyo único fin es tranquilizarlos y crear un ambiente distendido para llevar a cabo la prueba. Haga hincapié en que estas preguntas no se califican.
- Remarque que esta prueba es un monólogo y que el entrevistador simplemente escuchará lo que el candidato le cuente.

Propuesta de solución

Voy a hablar sobre el punto 1: Fin de semana. No tengo mucho tiempo libre, pero me gusta hacer deporte y leer libros. Los fines de semana salgo a la montaña, porque me gusta pasear por el campo. Siempre llevo un libro conmigo para sentarme debajo de algún árbol, en la naturaleza, y leer. El fin de semana me gusta porque tengo tiempo para mí y para mis amigos y familia. El próximo fin de semana me voy a un festival de música que se celebra en una ciudad cercana a la mía. Voy con unos amigos. Vamos a pasar todo el fin de semana fuera. El fin de semana pasado no hice nada especial: fui a la montaña con mi hermana y con mi perro a pasear y disfrutar del tiempo. Un buen fin de semana que recuerdo fue hace tres años. Fui a un festival de teatro en mi ciudad. Había teatro por todas partes, en las calles, en las cafeterías… ¡Fue muy especial!

PRUEBA DE EXPRESIÓN E INTERACCIÓN ORALES
TAREA 2. DESCRIPCIÓN DE UNA FOTOGRAFÍA

Lea con sus estudiantes la información que le proporciona el Libro del alumno con respecto al tipo de texto que tienen que preparar (una descripción de una fotografía).

A continuación, pase a la parte de Nuestros consejos y léalos con ellos. Insista en la importancia de trabajar la fotografía de dos formas: en general y con más detalle. Asimismo, recomiéndeles que realicen un esquema con los puntos que van a tratar durante la descripción para no olvidar ninguno. Por último, explíqueles que tienen que hablar entre dos y tres minutos, pero que no es necesario estar pendiente del tiempo, ya que el examinador los avisará cuando se deba pasar a la siguiente tarea.

Si dispone de los medios necesarios, puede proyectar diferentes fotografías similares a las que se ofrecen en la tarea 2 y pedirles que las trabajen, primero de manera grupal y, posteriormente, en parejas.

PREPARACIÓN AL DELE

🛈 Más consejos

• Recuerde a sus estudiantes que se trata de un monólogo y, por lo tanto, el entrevistador no les va a hacer preguntas durante su exposición.

• En la lámina hay sugerencias sobre los temas de los que se puede hablar. Aconseje a sus estudiantes que preparen el esquema basándose en ellos.

• Diga a sus estudiantes que deben evitar los silencios prolongados; si se bloquean o no saben qué decir, pueden mirar sus notas o parafrasear, pero no pueden preguntar al entrevistador.

🗝 Propuesta de solución

En la imagen vemos a dos mujeres en una tienda. Al fondo se ve mucha ropa de mujer. Una de las mujeres es la dependienta y la otra es una clienta. Están en la caja de la tienda. Entre ellas podemos ver la máquina registradora y una bolsa con las cosas que ha comprado la chica de la derecha. La clienta está pagando algo que ha comprado. Lo está pagando con tarjeta.
La dependienta es joven, tiene el pelo castaño y largo y lo lleva recogido. Lleva una camiseta o jersey blanco.
La clienta también es joven, tiene el pelo castaño, largo y liso. Es bastante guapa y delgada. Lleva un jersey de color gris claro y un bolso beis y negro.

PRUEBA DE EXPRESIÓN E INTERACCIÓN ORALES
TAREA 3. DIÁLOGO EN SITUACIÓN SIMULADA

Lea con sus estudiantes la información que le proporciona el Libro del alumno con respecto al tipo de texto que tienen que preparar (conversación con el entrevistador sobre la fotografía de la tarea 2).

A continuación, pase a la parte de Nuestros consejos y léalos con ellos. Insista en que, durante la fase de preparación, es recomendable pensar en las posibles preguntas que les puede hacer el entrevistador. De esta manera activarán su vocabulario.

🛈 Más consejos

• Insista en el hecho de que no deben bloquearse si no conocen una palabra. En esta prueba pueden, incluso, preguntar al entrevistador.

• Diga a sus estudiantes que si no entienden algo, pueden preguntar al entrevistador usando los siguientes recursos: **¿Puede repetir, por favor?**; **lo siento, no entiendo**.

🗝 Propuesta de solución
Diálogo en una tienda de ropa

Entrevistador
En esta tarea vamos a mantener un diálogo. Yo voy a ser el dependiente de una tienda y tú vas a ser el cliente y quieres comprar un regalos para un/a amigo/a. Tienes que explicar qué objeto estás buscando, sus características y preguntar el precio. ¿Lo has entendido?

Candidato
Sí, perfecto.

Entrevistador
De acuerdo. Pues, entonces, comenzamos.

Candidato
Vale.

Entrevistador
Hola, buenos días. ¿En qué puedo ayudarlo?

Candidato
Hola, buenos días. Pues estoy buscando un regalo para un amigo.

Entrevistador
¿Y tiene alguna idea? ¿Sabe más o menos lo que le gustaría comprar?

Candidato
Sí, estoy buscando una chaqueta vaquera gris.

Entrevistador
De acuerdo, ¿sabe más o menos la talla de su amigo?

Candidato
Sí, tiene la talla mediana.

Entrevistador
Muy bien. Pues tenemos todas estas. Si quiere puede mirarlas y si necesita algo, puedo ayudarlo en lo que necesite.

Candidato
Muchas gracias. ¿Cuánto cuesta esta?

Entrevistador
Pues esta chaqueta está rebajada y cuesta solo 35€. Además, es muy bonita.

Candidato
Sí, es bonita y es barata. Creo que me la llevo.

Entrevistador
De acuerdo, ¿va a pagar en efectivo o con tarjeta?

Candidato
Con tarjeta.

Entrevistador
Perfecto. Pues aquí tiene la chaqueta y el recibo. Si necesita cambiarla, solo es necesario que venga con el recibo de compra.

Candidato
Vale, muchas gracias.

Entrevistador
A usted. Adiós.

Candidato
Adiós.

PRUEBA DE EXPRESIÓN E INTERACCIÓN ORALES
TAREA 4. CONVERSACIÓN PARA LLEGAR A UN ACUERDO

Lea con sus estudiantes la información que le proporciona el Libro del alumno con respecto al tipo de texto que tienen que preparar (una conversación con el entrevistador para llegar a un acuerdo).

PREPARACIÓN AL DELE

A continuación, pase a la parte de Nuestros consejos y léalos con ellos. Recuérdeles que para esta tarea no tienen tiempo de preparación, pero que disponen de unos segundos para leer la tarjeta con el entrevistador antes de la realización de la tarea. Insístales en que deben discutir educadamente con el entrevistador y respetar los turnos de palabra.

Más consejos

- Recuérdeles que no deben bloquearse si no conocen una palabra. En esta prueba pueden, incluso, preguntar al entrevistador o dar un rodeo. Lo importante es saber comunicar y llegar al objetivo de llegar a un acuerdo.

- Dígales que, si no entienden algo, pueden preguntar al entrevistador usando los siguientes recursos: **¿Puede repetir, por favor?**; **lo siento, no entiendo**.

- Explíqueles que el objetivo es llegar a un acuerdo y para ello deben poner de manifiesto los puntos positivos de su elección y los puntos negativos de su interlocutor, ofrecer varias opciones y alcanzar un acuerdo intermedio.

Propuesta de solución

Entrevistador
En esta tarea vamos a mantener un diálogo para llegar a un acuerdo sobre una decisión que debemos tomar en conjunto. El sábado por la noche tú quieres salir a cenar con un amigo. Yo voy a ser tu amigo. Tu prefieres la comida rápida, pero tu amigo no. Tenemos que hablar para decidir qué hacemos. En la tarjeta tienes los puntos de los que tienes que hablar y también los aspectos positivos de tu propuesta y los negativos de la mía. Tienes unos instantes para leerlo y cuando estés preparado, comenzamos. ¿Lo has entendido?

Candidato
Sí, perfecto.

Entrevistador
De acuerdo. Pues, entonces, comenzamos.

Candidato
Vale.

Entrevistador
Hola, Mario, ¿Qué tal?

Candidato
Hola, muy bien, ¿y tú?

Entrevistador
Muy bien, también. Oye, ¿qué te parece si el sábado por la noche salimos a cenar?

Candidato
Me parece muy buena idea. ¿Adónde quieres ir?

Entrevistador
Pues a mí me gustaría un lugar con comida internacional. No sé… un restaurante italiano o japonés.

Candidato
Bueno… yo prefiero ir a un restaurante de comida rápida. Es más barato y no tengo mucho dinero.

Entrevistador
Pero podemos buscar un restaurante más barato. Además, es solo un día.

Candidato
Sí, pero es que, además, no me gusta mucho la comida exótica. Prefiero un lugar de comida rápida porque tienen platos sencillos y bastante variedad para elegir si algo no te gusta.

Entrevistador
Pero es que la comida rápida no es muy sana y, además, en esos restaurantes siempre hay mucha gente.

Candidato
Sí, pero si vamos a un restaurante de comida internacional, tenemos que hacer reserva. Si vamos a uno de comida rápida, a lo mejor tenemos que esperar un poco pero no tenemos que hacer reserva. ¡Eso es un lío!

Entrevistador
Pues no sé qué podemos hacer. Tenemos que buscar una solución.

Candidato
¿Qué te parece si vamos a un restaurante chino? No hay que hacer reserva y tienen mucha variedad de platos. Además, es comida internacional y es barato.

Entrevistador
Pues me parece muy buena idea. ¿Te parece si quedamos el sábado a las ocho para ir juntos?

Candidato
Vale, perfecto. Paso por tu casa y vamos desde allí.

Entrevistador
De acuerdo. Pues nos vemos el sábado.

Candidato
Muy bien. ¡Hasta el sábado!

FICHAS FOTOCOPIABLES

Y

MI DICCIONARIO DE CONSTRUCCIONES VERBALES

UNIDAD 1 – FICHA FOTOCOPIABLE 1 (PUNTO DE PARTIDA D)

¿Qué llevan siempre encima?

Ramón    Nerea    Marta

¿Qué llevan hoy en el bolso?

Alba    Marta    Carmen    Emilio

¿Qué es lo más raro que llevan?

Elisa   Emilio   Carmen

Nerea    Carmen    Elisa

BITÁCORA 2 NUEVA EDICIÓN

UNIDAD 1 – FICHA FOTOCOPIABLE 2 (DOSSIER 01 E)

Nos fijamos en los complementos subrayados. ¿Qué información dan sobre los objetos?

1. Una tableta **para trabajar**
2. Unas gafas **para leer**
3. Una cámara de fotos **profesional**
4. Un wok **muy práctico**
5. Una pluma **muy bonita**
6. Una pluma **de plata**
7. Una pluma **para escribir poemas**

a. Material
b. Uso
c. Otras características

BITÁCORA 2 NUEVA EDICIÓN

UNIDAD 1 – FICHA FOTOCOPIABLE 3 (TALLER DE USO 01, B)

¿Qué cosas llevamos en la maleta? Hacemos una lista con nuestros compañeros y la comparamos con otros grupos.

Cosas que llevo yo	Cosas que llevamos todos

UNIDAD 1 – FICHA FOTOCOPIABLE 4 (TALLER DE USO 02 C)

UNIDAD 2 – FICHA FOTOCOPIABLE 1 (PUNTO DE PARTIDA C)

A
Miramos las imágenes y comparamos los dos tipos de vivienda.

B
Hablamos con algunos compañeros sobre estas cuestiones.

¿Qué te gusta de cada tipo de vivienda?

¿Hay viviendas parecidas en tu país? ¿Dónde están?

¿Cuál prefieres para …

   pasar las vacaciones?

   vivir permanentemente?

   hacer una fiesta con tus amigos?

   estudiar durante unos días?

   comprar?

   alquilar?

¿Cuál se parece más a la casa del futuro? ¿Por qué?

C
¿Cómo imaginamos que es una cabaña en un árbol? ¿Qué diferencias hay con una casa normal?

1. ¿Qué hay?

2. ¿Qué no hay?

3. ¿Qué cosas se pueden hacer y cuáles no?

UNIDAD 2 – FICHA FOTOCOPIABLE 2 (DOSIER 01 E)

Buscamos en los textos de las páginas 36 y 37 palabras que designen tipos de vivienda, partes de una casa y servicios que hay en una vivienda.

Tipos de vivienda	Partes de la casa	Servicios que hay en la vivienda

---

UNIDAD 2 – FICHA FOTOCOPIABLE 3 (DOSIER 01 F)

A 🔊 5

Escuchamos a Carlos que habla de sus vacaciones y completamos.

¿Adónde va Carlos?	¿Con quién?	¿Qué va a hacer allí?	¿Dónde se va a alojar?

B

¿Cuáles de estas cosas le gustan a Carlos? Escuchamos el audio y las marcamos.

	Le gusta	No le gusta
1. Un apartamento o una casita	☐	☐
2. Tenerlo todo incluido en el precio (comida, habitación, etc.)	☐	☐
3. Bucear	☐	☐
4. Tener libertad para hacer lo que quiere	☐	☐
5. Cocinar	☐	☐
6. Ir de cámping	☐	☐
7. Los hoteles grandes	☐	☐

C

Volvemos a escuchar y marcamos las características de la casa que van a alquilar Carlos y sus amigos.

- Tiene un gran comedor.
- Tiene un jardín.
- Tiene dos pisos.
- Tiene una piscina.
- Está lejos del mar.
- Está bien comunicada.

UNIDAD 2 – FICHA FOTOCOPIABLE 4 (01 TALLER DE USO D)

Corregimos el correo electrónico de nuestros compañeros. Tenemos en cuenta los siguientes criterios.

a) Las partes del correo. ¿Están todas?
- Encabezado con fórmula para saludar.
- Primer párrafo para anunciar los objetivos del correo.
- Segundo párrafo con preguntas sobre la casa.
- Fórmula de despedida y firma.

c) El léxico
- ¿Es el adecuado para hablar de la casa y las actividades que se pueden hacer en ella?
- ¿Es variado?

b) El registro
- Los saludos y las despedidas, ¿son adecuados a la situación?
- Las preguntas, ¿respetan las reglas de cortesía?

d) Corrección formal
- ¿Están las frases bien construidas?
- ¿Es correcta la forma de los verbos?
- ¿Se hace la concordancia entre el nombre y sus complementos? (ejemplo: una casa bonita)
- Otros posibles errores.

UNIDAD 2 – FICHA FOTOCOPIABLE 5 (02 AGENDA DE APRENDIZAJE 1)

Escribimos frases como en el ejemplo y buscamos otras similares en el texto de las páginas 40 y 41.

Acción	Resultado o situación
Las casas se construyen con materiales ecológicos	Las casas están construidas con materiales ecológicos

UNIDAD 3 – FICHA FOTOCOPIABLE 1 (PUNTO DE PARTIDA C)

A
Vemos la entrevista a Ana Alcaide y contestamos a las preguntas.

1. ¿Dónde nació y creció?

2. ¿Qué estudió?

3. ¿Dónde conoció el arpa de teclas?

4. ¿Se considera una mujer valiente?

B
Completamos esta línea del tiempo con la información que Ana Alcaide ofrece en la entrevista.

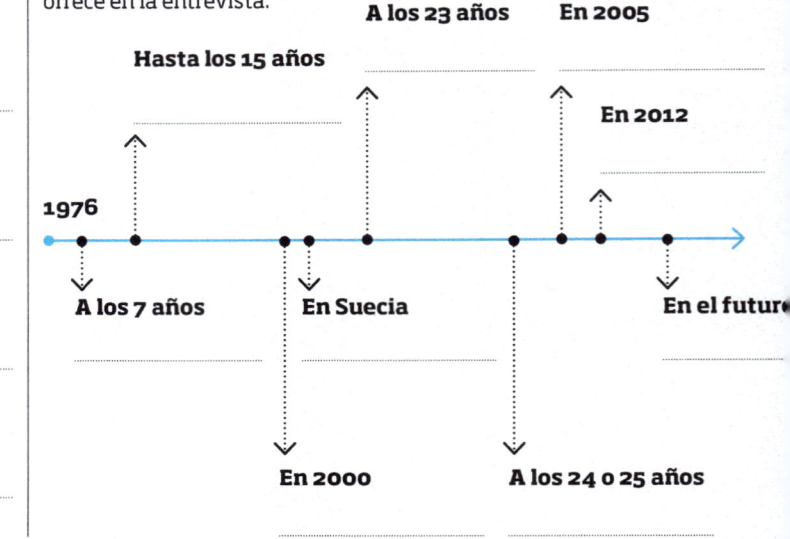

Arriba: Hasta los 15 años | A los 23 años | En 2005 | En 2012

1976

Abajo: A los 7 años | En 2000 | En Suecia | A los 24 o 25 años | En el futuro

---

UNIDAD 3 – FICHA FOTOCOPIABLE 2 (DOSIER 01 B)

A
Hablamos con un compañero sobre el significado de estos adjetivos y pensamos si podemos usarlos para describir a una persona, un trabajo o las dos cosas.

excepcional	apasionado/a	soñador/a	bueno/a	trabajador/a	optimista
útil	original	divertido/a	idealista	independiente	sensible
necesario/a	solidario/a	inteligente	creativo/a	peligroso/a	

B
Estos adjetivos son antónimos de algunos de los anteriores. ¿De cuáles? Hay más de una posibilidad.

normal	perezoso	inútil	realista	insolidario
pesimista	malo	insensible	aburrido	

C
Escribimos los antónimos del resto de adjetivos.

UNIDAD 3 – FICHA FOTOCOPIABLE 3 (01 AGENDA DE APRENDIZAJE 2)

comprar	volver	vivir
escribir	conocer	viajar
ir	ser	estar
nacer	hacer	tener
estudiar	recibir	terminar
iniciar	continuar	comenzar
trabajar	pasar	crear
casarse	convertirse	trasladarse

UNIDAD 4 – FICHA FOTOCOPIABLE 1 (PUNTO DE PARTIDA D)

A

Hablamos con un compañero sobre estas cuestiones:

¿Te gusta ir de compras?

¿Vas de compras con mucha frecuencia?

Cuando vas de compras, ¿compras mucho o solo miras?

¿Qué te gusta comprar?

¿Gastas mucho dinero cuando vas de compras?

B

Miramos el vídeo de las compras de Violeta y completamos.

Día de la semana	¿Adónde va?	¿Qué compra?

UNIDAD 4 – FICHA FOTOCOPIABLE 2 (DOSSIER 01 F)

¿Qué creemos que responde Pituca a estas personas? Lo escribimos.

UNIDAD 4 – FICHA FOTOCOPIABLE 3 (01 AGENDA DE APRENDIZAJE 2)

A

¿Sabemos qué significan las siguientes palabras y expresiones? Las clasificamos en la tabla según su estructura. ¿Podemos añadir alguna más en cada columna?

un horror / **una pesadilla** / **emocionante** / **un placer** / **estresante** / **agobiante** / **una tontería** / **una estupidez** / **pesado** / **una pérdida de tiempo** / **una terapia** / **una exageración** / **un juego** / **una forma de pasar el tiempo** / **aburrido** / **interesante** / **agradable**

es + adjetivo	es + un/una + sustantivo
emocionante	un horror

B

¿A qué puede referirse cada una?

Es divertido: un libro
Es una tontería: una idea

UNIDAD 4 – FICHA FOTOCOPIABLE 4 (01 TALLER DE USO A)

¿Qué tipo de comprador es nuestro compañero? ¿Por qué?

El comprador compulsivo
Tiene mucha ropa, le encanta comprar y va de compras muy a menudo.

El ahorrador
Compra poco y siempre ropa barata. Compra en tiendas de segunda mano o en mercadillos. Si puede, aprovecha la ropa de sus familiares.

El "buscaofertas"
Le encanta comprar cosas baratas. Compra mucho en época de rebajas y en *outlets*.

El indeciso
Le gusta comprar, mira mucho pero tarda bastante tiempo en decidir qué le gusta. Duda y duda, y al final no compra nada. Si compra algo, a menudo lo cambia.

El comodón
Nunca va a comprar porque no le gusta nada. Su madre le compra la ropa.

El "cibercomprador"
Solo compra por internet. Es miembro de muchos clubs de compra privados.

El especialista en moda
Siempre va a la moda, conoce todas las tendencias y todas las marcas de ropa.

UNIDAD 5 – FICHA FOTOCOPIABLE 1 (DOSSIER 01 C)

¿Cuáles de estos adjetivos de carácter son positivos, cuáles negativos y cuáles neutros? Los colocamos en el lugar adecuado.

positivos	negativos	neutros

callado	extrovertido	optimista	comunicativo	pesimista
introvertido	hablador	tímido	vergonzoso	pesado
seco	abierto	sociable	cerrado	curioso

UNIDAD 5 – FICHA FOTOCOPIABLE 2 (TALLER DE USO 1, B)

escuchar música	escribir en el móvil	hablar por teléfono
bailar	pasear	leer el periódico
comer	tomar café	pensar
cantar	hacer ejercicio	cocinar
hacer fotos	escribir en el ordenador	viajar en autobús

UNIDAD 5 – FICHA FOTOCOPIABLE 3 (DOSIER 02, E)

🔊 20-25

Escuchamos el audio. ¿Quién dice estas frases?

1. Ramón
2. José
3. Ágata
4. Raquel
5. Álex
6. Patricia

a. Ahora todos nos enteramos antes de los avances científicos.
b. Hoy en día puedes opinar de casi todo en periódicos, blogs y revistas.
c. Antes hablábamos más por teléfono.
d. Ahora tienes más comunicación con gente que está lejos, pero no tanto con gente que tenemos cerca.
e. Ahora soy ciudadano del mundo.
f. Ahora los consumidores miran en páginas web, comparan opiniones en foros de consumidores y saben más lo que quieren.

UNIDAD 6 – FICHA FOTOCOPIABLE 1 (01 AGENDA DE APRENDIZAJE 2)

Completamos con información de tres acontecimientos históricos de los que aparecen en el test de las páginas 84 y 85 del Libro del alumno.

Acontecimiento	¿Qué sucedió?	¿Cuándo sucedió?	¿cuánto duró?

UNIDAD 6 – FICHA FOTOCOPIABLE 2 (01 TALLER DE USO C)

A
Buscamos el verbo correspondiente a cada sustantivo de la actividad B de la página 87 del Libro del alumno.

Sustantivo	Verbo

B
Con los verbos de la actividad anterior y las fechas que aparecen en la actividad B de la página 87 del Libro del alumno formulamos frases.

Ejemplo:

En 1914 empezó la Primera Guerra Mundial.

UNIDAD 6 – FICHA FOTOCOPIABLE 3 (DOSIER 02, D)

Leemos los números a nuestro compañero.

Alumno A	Alumno B
1987	Mil trescientos
Mil doscientos setenta y ocho	Mil cuatrocientos sesenta
Quinientos treinta y cuatro	1789
621	Mil doscientos cincuenta
1300	1492
1460	2005
Mil cuatrocientos noventa y dos	534
1250	Seiscientos veintiuno
Dos mil cinco	1278
Mil setecientos ochenta y nueve	Mil novecientos ochenta y siete

UNIDAD 7 – **FICHA FOTOCOPIABLE 1 (01 AGENDA DE APRENDIZAJE 3)**

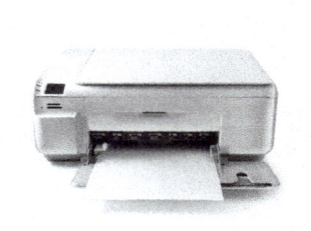

UNIDAD 7 – **FICHA FOTOCOPIABLE 2 (TALLER DE USO 01, C)**

UNIDAD 7 – FICHA FOTOCOPIABLE 3 (TALLER DE USO 02)

A

Sus libros de cocina

Leo, su amigo

B

UNIDAD 7 – FICHA FOTOCOPIABLE 4 (PROYECTOS E)

Estas son cosas que podemos decir cuando nos interesamos por un producto y queremos comprarlo o intercambiarlo por otro.

Preguntar por el objeto:

¿De qué material es?

¿Cuánto cuesta?

¿Es nuevo? / ¿Es viejo?

¿Lo/la/los/las has usado mucho?

¿Está en buen estado?

Negociar el intercambio:

Me parece muy caro. ¿Podemos negociar el precio?

¿Puedes hacerme un descuento?

Te lo cambio por…

Te lo/la/los/las compro si compras…

Aceptar o rechazar el intercambio:

De acuerdo, me interesa.

Vale, me gusta, te lo compro.

Lo siento, no me interesa.

Es demasiado caro, no lo quiero, gracias.

UNIDAD 8 – FICHA FOTOCOPIABLE 1 (PUNTO DE PARTIDA C)

A

Respondemos a estas preguntas.

1. ¿De qué temas habla Rainer?

2. ¿Cómo son estas costumbres en España y cómo son en Alemania?

B

Completamos con información del vídeo.

1. ¿Cuántos años lleva Rainer en España?

2. ¿A qué se dedica?

3. ¿Tiene familia en España?

4. ¿Cómo pide el café?

5. ¿Dónde lo toma?

6. ¿Con quién se encuentra?

7. ¿Dónde y cuándo quedan?

UNIDAD 8 – **FICHA FOTOCOPIABLE 2 (DOSIER 01 C)**

1. Viernes, día 8 
2. Sábado 9, 22.30 h 
3. Otra amiga, 23 h 
4. Domingo 17, 14 h. Llegan los primeros 
5. El hermano de Esther con su nueva novia
6. La casa
7. El cuarto de la plancha 
8. Los últimos preparativos
9. El aperitivo
10. La paella
11. En la mesa
12. La sobremesa
13. Después de diez minutos en la puerta 
14. ¡Por fin solos!

UNIDAD 8 – FICHA FOTOCOPIABLE 3 (TALLER DE USO 01 D)

ALUMNO A

El próximo fin de semana es tu cumpleaños y quieres invitar a tus dos compañeros a cenar en tu casa. En la cena también van a estar tu familia y algunos amigos más. Estás muy ilusionado e insistes mucho.

Tienes que:
- Interesarte por los planes de tus compañeros para el fin de semana.
- Informar del evento.
- Invitar a tus compañeros.
- Concretar día y hora.

ALUMNO B

Tu compañero te invita a cenar a su casa este fin de semana. Te apetece mucho ir y te parece muy buena oportunidad para divertirte y conocer gente. Aceptas la propuesta.

Tienes que:
- Aceptar la invitación.
- Confirmar el día y la hora.
- Ofrecer ayuda.
- Convencer a tu otro compañero para que te acompañe.

ALUMNO C

Tu compañero te invita a cenar a su casa este fin de semana. No te apetece nada. Inventas todo tipo de excusas para no ir. Declinas la invitación de manera constante.

Tienes que:
- Declinar la invitación.
- Justificar por qué declinas la invitación.
- Poner muchas excusas que te impiden ir.

UNIDAD 8 – FICHA FOTOCOPIABLE 4 (DOSIER 02 D)

A 🔊 51

Bruna menciona estas cuatro cosas en el audio. ¿Qué dice sobre cada una de ellas?

B

1. ¿Cómo describe Bruna a los argentinos?

2. ¿Qué costumbres de los argentinos le gustan?

3. ¿Por qué Bruna dice estas cosas?

Los porteños están muy estresados.

Los argentinos son muy preguntones.

Los argentinos son buenos anfitriones.

UNIDAD 9 – FICHA FOTOCOPIABLE 1 (PUNTO DE PARTIDA B)

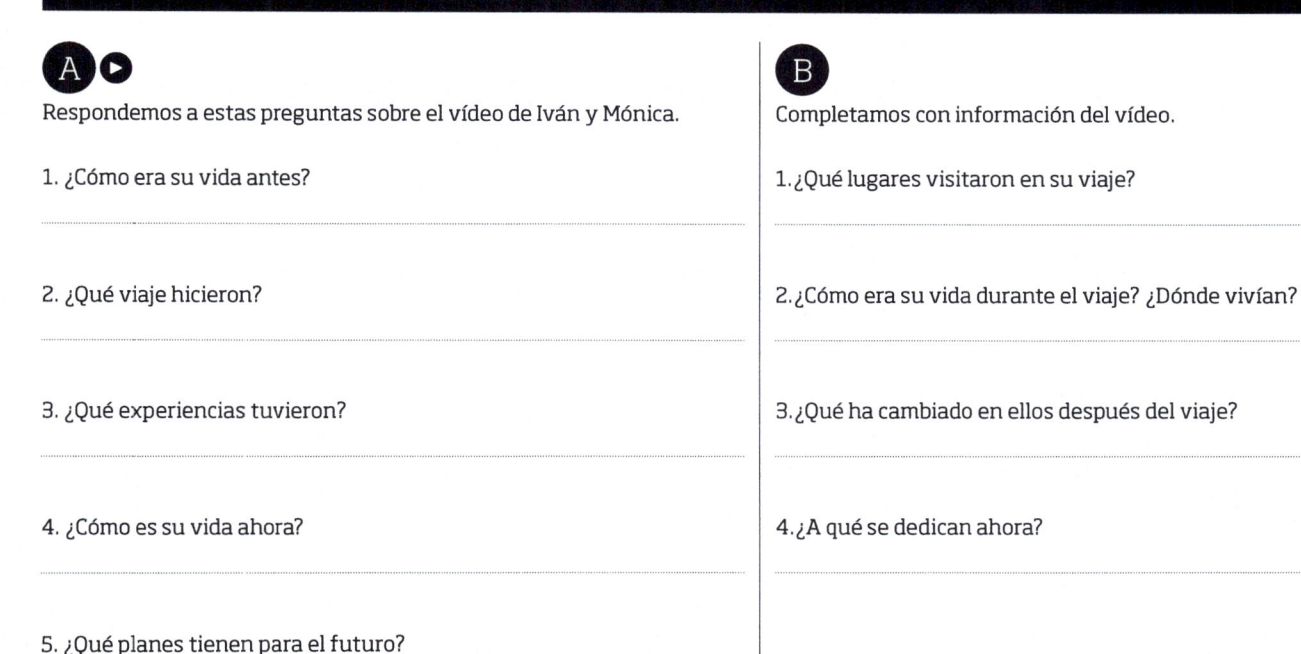

A

Respondemos a estas preguntas sobre el vídeo de Iván y Mónica.

1. ¿Cómo era su vida antes?

2. ¿Qué viaje hicieron?

3. ¿Qué experiencias tuvieron?

4. ¿Cómo es su vida ahora?

5. ¿Qué planes tienen para el futuro?

B

Completamos con información del vídeo.

1. ¿Qué lugares visitaron en su viaje?

2. ¿Cómo era su vida durante el viaje? ¿Dónde vivían?

3. ¿Qué ha cambiado en ellos después del viaje?

4. ¿A qué se dedican ahora?

UNIDAD 9 – FICHA FOTOCOPIABLE 2 (DOSIER 01 H)

A 🔊 52

Respondemos a estas preguntas con información del audio.

1. ¿Cuánto tiempo estuvo de viaje?

2. ¿Qué países visitó?

3. ¿Qué hizo en Perú?

4. ¿Cuál fue la experiencia más importante para ella? ¿Por qué?

B 🔊 52

En el audio, Alicia habla de un proyecto en el que participó. Respondemos a estas preguntas.

1. ¿Cuánto tiempo duró el proyecto en Perú?

2. ¿Qué hacía en el proyecto?

3. ¿Qué productos menciona?

4. ¿Qué se pretendía con el proyecto?

C

¿Sabes lo que son las tiendas de comercio justo? Busca en internet información sobre ellas: qué son, qué venden…

UNIDAD 9 – FICHA FOTOCOPIABLE 3 (DOSIER 02 F)

A 🔊 54-55

Escuchamos las entrevistas y completamos

Antes
1. ¿A qué se dedicaba?
2. ¿Dónde vivía?
3. ¿Cómo valora esos años?

Ahora
4. ¿A qué se dedica?
5. ¿Dónde vive?
6. ¿Qué echa de menos?

Carolina
Era camarera...
....
....
....

Graciela
....
....
....
....

B 🔊 54-55

Vuelve a escuchar las entrevistas y completa estas frases con las palabras o expresiones que faltan.

CAROLINA   **GRACIELA**

1. Vivía en un .... antiguo, en un cuarto piso sin ascensor.
2. - ¿Y cómo lo pasaste en Barcelona?
   - ....
3. Lo que más .... es la playa, estar cerca de la montaña, de Francia...
4. Conocí lugares .... de Italia.
5. .... vivir cerca del mar.
6. Estamos pasando un momento muy bueno .... en Buenos Aires.

C

¿Con cuál de estas palabras o expresiones usadas en España las relacionarías?

muy bonitos
....
....
....
....

echo de menos
....
....
....

apartamento / piso
....
....
....
....

me lo pasé muy bien
....
....
....

aquí
....
....
....

MI DICCIONARIO DE CONSTRUCCIONES VERBALES

VERBO
Mandar

SIGNIFICA
To send

Mis ejemplos: Últimamente hablo poco con mi hermana, pero le mando muchos mensajes por el móvil.

▶ COMBINACIONES FRECUENTES
mandar un correo electrónico,
mandar un mensaje

▶ ASOCIACIONES PERSONALES
enviar, recibir

VERBO

SIGNIFICA

Mis ejemplos:

▶ COMBINACIONES FRECUENTES

▶ ASOCIACIONES PERSONALES

VERBO

SIGNIFICA

Mis ejemplos:

▶ COMBINACIONES FRECUENTES

▶ ASOCIACIONES PERSONALES

VERBO

SIGNIFICA

Mis ejemplos:

▶ COMBINACIONES FRECUENTES

▶ ASOCIACIONES PERSONALES